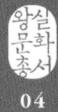

왕실문화총서
04

조선시대 궁중회화 2
—

조선 궁궐의 그림

04

조선시대 궁중회화 **2**

조선 궁궐의 그림

—

2012년 5월 29일 초판 1쇄 발행
2024년 5월 3일 초판 5쇄 발행

—

지은이   박정혜·황정연·강민기·윤진영

—

펴낸이   한철희
펴낸곳   주식회사 돌베개
등록   1979년 8월 25일 제406-2003-000018호
주소   (10881) 경기도 파주시 회동길 77-20 (문발동)
전화   (031) 955-5020
팩스   (031) 955-5050
홈페이지   www.dolbegae.co.kr
전자우편   book@dolbegae.co.kr

—

책임편집   윤미향·이현화
디자인   박정영·이은정
제작·관리   윤국중·이수민
마케팅   심찬식·고운성·조원형
인쇄·제본   상지사 P&B

—

ⓒ 한국학중앙연구원, 2012
이 도서는 2007년도 정부재원(교육인적자원부 학술연구조성사업비)으로
한국학중앙연구원의 지원에 의하여 연구되었음(AKS-2007-BC-2001).

ISBN 978-89-7199-487-0 04900
       978-89-7199-421-4 (세트)

이 도서의 국립중앙도서관 출판시도서목록(CIP)은 e-CIP홈페이지(http://www.nl.go.kr/ecip)와
국가자료공동목록시스템(http://www.nl.go.kr/kolisnet)에서 이용하실 수 있습니다.
(CIP제어번호: CIP2012002358)

왕실문화총서

04

조선시대 궁중회화 2

—

조선 궁궐의 그림

한국학중앙연구원 | 박정혜 · 황정연 · 강민기 · 윤진영 지음

돌베개

책머리에

『조선시대 궁중회화 2: 조선 궁궐의 그림』은 한국학중앙연구원
한국학진흥사업단의 왕실문화총서 발행 사업 중 왕실의 미술 분야
에 대한 두번째 결과물이다. 궁중회화를 형성하는 세 축을 왕, 궁
궐, 화원이라고 보고, 첫번째 결과물인 『왕과 국가의 회화』에서는
왕을 중심으로 조선시대 궁중회화를 넓은 시각에서 개관하는 쪽에
비중을 둔 바 있다. 이번에 출간되는 책에서는 궁궐이라는 특수한
공간과 궁중회화의 관계를 구체적으로 탐색하였다.

평상시에 궁궐의 실내를 장식하고 의례 공간을 장엄하였던 그림
들과 궁궐에서 왕을 비롯한 왕가王家가 여가시간에 개인적인 수신
과 취미를 위해 감상하였던 그림들에 대한 내용이 주로 다루어 졌
다. 궁중에서 장식과 감상의 용도로 사용되었던 그림은 2008년부
터 2010년까지 3년 동안 네 명의 공동연구자들이 가장 중점을 두
고 몰두하였던 주제이기도 하다.

제1부에서는 일월오봉도, 모란도, 장생도, 화조도, 곽분양행락
도, 요지연도, 한궁도, 책가도, 백동자도 등 주요 궁중 장식화를 화
목별로 그 기능과 의미, 그리고 유형과 특징에 대해 알아보았다.

제2부에서는 궁중에서 왕과 왕실의 예술적 호감을 반영하여 감계와 수신을 위해 제작된 그림들에 대해 서술하였다. 제3부에서는 이동이 불가능한 궁궐의 벽면을 장식했던 관습의 실체를 현전하는 벽화를 통해 살펴보았다. 제4부는 궁중 장식화가 대중에게 확산되어 민화로 저변화되는 양상을 다각적으로 조망한 내용을 담고 있다.

궁중 장식화가 궁궐에서 실제로 사용되었던 양상과 그 기능은 오늘날 궁궐의 활용 방안과도 직결되어 있다. 또 많은 사람들이 궁궐에서 벌어지는 일상을 가장 궁금해 한다는 측면에서도 궁중 장식화가 궁중회화에서 차지하는 중요성은 자못 크다. 그러나 그 기대만큼 명쾌하게 복원하고 증명하지 못한 측면이 많은 것 같아 아쉬움이 남는다. 반대로 생각하면 앞으로 그만큼 연구의 여지가 크다는 의미이므로, 후속 연구 성과를 기대해 봄직하다.

이 책에 도판 게재를 허가해 주시고 질 좋은 도판을 제공해 주신 국·공립 및 사립박물관과 여러 기관의 관계자분들, 개인 소장가분들께 진심으로 감사드린다. 책을 예쁘게 만들어 주신 돌베개 편집실, 특히 많은 도판을 다루느라 고생이 많았던 책임 편집자 윤미향 씨와 디자이너 박정영 씨에게도 감사의 말을 잊을 수 없다.

독자 여러분의 많은 질정을 바란다.

2012년 5월
연구책임자 박정혜

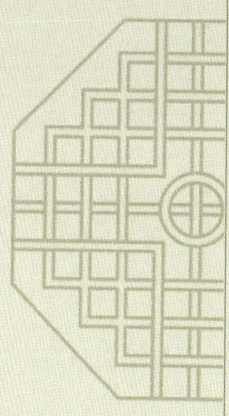

제4부 조선 말기 궁중양식 장식화의 유통과 확산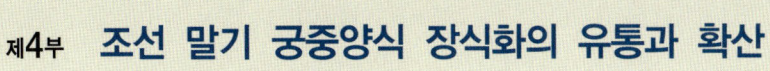

건물의 안팎을 그림으로 장식하는 습관은 동서고금을 통해 매우 오래된 전통이다. 조선시대도 예외는 아니어서 궁중에서 통용되던 그림 중에서 궁궐을 치장하는 목적으로 제작된 궁중 장식화의 비중은 상당하였다고 본다. 정치적인 공간으로서 궁궐에서는 의례성이 강한 장식화가 필요하였고, 개인적인 생활공간으로서는 거처하는 사람의 신분에 어울리는 장식화가 요구되었다. 이런 그림들은 공간을 화려하게 꾸미기 위해서 애초부터 장식적인 용도로 제작되기도 하였지만 길상의 상징성과 교훈적인 의미가 부여되어 다중적인 기능으로도 제작되었다.

궁 중 장 식 화 의 세 계

宮中繪畵

1 궁궐 실내의 그림 장식 전통

건물의 안팎을 그림으로 장식하는 습관은 동서고금을 통해 매우 오래된 전통이다. 조선시대도 예외는 아니어서 궁중에서 통용되던 그림 중에서 궁궐을 치장하는 목적으로 제작된 궁중 장식화의 비중은 상당하였다고 본다. 정치적인 공간으로서 궁궐에서는 의례성이 강한 장식화가 필요하였고, 개인적인 생활공간으로서는 거처하는 사람의 신분에 어울리는 장식화가 요구되었다. 이런 그림들은 공간을 화려하게 꾸미기 위해서 애초부터 장식적인 용도로 제작되기도 하였지만 길상의 상징성과 교훈적인 의미가 부여되어 다중적인 기능으로도 제작되었다.

석조건축이 발달한 서구에서는 건물의 외관과 실내를 색유리창이나 다양한 조각으로 장식했지만 목조건축이 대부분인 한국에서는 그와는 다른 방향으로 건물을 치장하였다. 목조건축의 결구에는 오방색에 기초한 단청丹靑이 가해지고 창방昌枋과 벽체의 빈 공간에는 그 건물의 성격에 맞는 주제의 그림이 그려졌다. 하지만 궁궐건축에는 단청을 제외하면 벽체를 포함한 외관을 화려하게 장식하는 관습은 매우 미약했다. 담장을 꽃담으로 꾸며 한 폭의 그림 같은 시각적 효과를 내곤 하였는데 이것도 여성이 거처하는 공간에 국한

제1부 궁중 장식화의 세계

되는 경향이 있다.

반면에 실내를 그림으로 치장하는 관습은 매우 활발하였다. 창호窓戶를 그림으로 꾸미고, 떼었다 붙였다 할 수 있는 부벽화付壁畵를 벽면에 이용하였으며 장소 이동과 형태 변형이 자유로운 병풍을 적극적으로 활용하였다.[1] 조선시대 최고의 권위와 위엄을 자랑하는 궁궐 건물에 대한 장식도 크게 다르지 않았다. 특히 일반 주택보다 천장이 높고 공간이 넓은 궁중에서 장식화의 활용도는 매우 높았다.

궁중 장식화는 민간으로 확대되어 주제와 양식 면에서 민화民畵와 많은 부분을 공유하게 되었다. 이런 점에서 궁중 장식화에 대한 연구는 민화의 이해를 위해서도 반드시 선결되어야 하는 문제이기도 하다. 궁중 장식화와 민화의 가장 큰 공통점은 채색화 위주이며 낡으면 다시 만들어 사용하는 실용성이 강한 그림이라는 점이다. 때문에 일정한 유형 안에서 재생산을 거듭하다 보니 비슷한 양식이 반복적으로 사용되었다. 궁중 장식화에 나타난 도식적인 경향은 민화와의 구분을 더욱 어렵게 만들었다. 궁중 장식화가 민화와는 다른 회화적 특징을 분명히 가지고 있다는 점을 유념하며 조선시대 궁중의 실내를 치장하는 데 사용되었던 그림들의 면모를 좀 더 탐색해 보고자 한다.

목조건축 양식에 알맞은 그림 치장 장지와 병풍

한국 목조건축의 실내를 그림으로 장식할 수 있는 곳은 벽면과 창호이다. 그런데 온돌이라는 독특한 난방과 좌식 생활에서는 도배를 한 벽면에 직접 그림을 그리는 방식이 그다지 어울리지 않았다. 벽면 일부에 그림을 붙이거나(부벽화付壁畵) 입축立軸으로 장황한 그림을 거는 방식이 선호되었다. 부벽의 습관은 그림 외에도 드나들며 되새길 만한 좋은 글귀나 왕이 내린 지시 등을 쓴 글씨(부벽서付壁書)로 표출되는 경우도 많았다.

1993년 운현궁雲峴宮을 수리할 때 노락당老樂堂 벽의 도배지 안

도1 〈화훼괴석도〉花卉怪石圖 1864년
이후~20세기 초, 종이에 채색, 각
123.0×46.0cm, 서울역사박물관
소장.

에 겹겹이 배접되어 있던 그림들이 다수 노출되었다.[2] [도1] 조선의 고
유한 부벽화의 사례를 현재 궁궐의 전각에서는 찾기 힘들지만, 노
락당의 사례에서 조선시대 실내를 장식하는 그림 전통의 일단을 짐
작하기에 충분하다. 다른 하나의 예는 창덕궁 희정당熙政堂, 대조전
大造殿, 경훈각景薰閣에 남아 있는 부벽화이다. 이는 1920년 창덕궁
의 일부 전각을 서양식으로 고쳐 지으면서 동·서벽에 대형의 벽화

　　　　제1부　궁중 장식화의 세계

를 제작한 것인데[3] 벽면에 글씨나 그림을 한시적으로 붙였던 조선
의 전통적인 형식과는 다른 경우이다. 벽면 윗부분에 넓은 공간을
미리 확보하고 이곳을 그림으로 장식하는 것은 오히려 일본의 장벽
화障壁畵를 연상시키며, 일제강점기에 일본식이 절충된 형식에 더
가깝다.[4]

아무래도 조선시대 궁궐의 그림 장식은 부벽화나 화축畵軸보다
가변적인 벽면 역할을 할 수 있는 장지문(障子門)과 병풍을 통해 그
전개 양상을 짐작하기 쉽다. 현전하는 작품들이 많기 때문이다. 장
지문은 각 전각의 성격과 거처하는 사람의 신분에 알맞은 주제의
서화로 꾸며졌다. 병풍에 비해 궁궐의 지엄한 위의威儀에 어울리는
장식 효과를 낼 수 있는 그림이었다. 모두 크기와 형식을 변용하며
다채롭게 발전할 수 있는 여지가 크다.

가변적인 설치가 용이한 병풍은 방풍과 방한 기능을 겸한 가구
의 일종인 셈이다. 병풍은 치장의 기능뿐만 아니라 필요에 따라 의
례, 감계와 수신, 감상을 위해 보다 폭넓게 제작되었다. 궁중에서
병풍의 다중적인 기능은 실내외에서 벌어지는 각종 국가 의례에서
어김없이 발휘되었다. 특히 오봉병五峯屛이나 모란병(牧丹屛)의 쓰임
새는 예전禮典에 규정될 만큼 국가 행사에서 반드시 수반되는 의례
용 물건이었다. 오봉병은 정전正殿에서 왕의 권위를 시각적으로 증
폭시켰으며, 모란병은 국상에서 존귀한 존재에 대해 엄정한 화려함
을 일깨웠을 것이다.

벽체와 창호의 치장
장지문 그림

장지문 그림은 모모야마시대桃山時代 일본
에서 가장 발달하였다.[도2] 막부의 성곽이
나 궁중 어전에 금벽화 혹은 수묵화로 그려진 후스마에襖繪는 공간
을 구획하는 기능과 강렬한 시각 효과를 발휘한다는 점에서 조선시
대 궁궐의 장지문 그림과 잘 비교된다. 장지문 그림은 일제강점기
를 지나며 궁궐의 내부가 변형되고 훼손되는 바람에 원래의 모습을

정확하게 알기 어렵다. 그러나 궁궐에서 수습되어 국립고궁박물관에 보관되어 있는 장지문의 일부에서 당시 궁궐 실내 치장이 얼마나 화려했는가를 짐작할 수 있다.

조선시대 문헌에 나오는 장지의 종류는 매우 다양하다. 크기, 살대(箭)의 모양, 불발기창(연창煙窓, 연창連窓)의 유무, 기능, 위치에 따라 명칭이 다르며 시대에 따라 세분화되었다.[5] 궁궐건축에서는 여러 짝(隻)의 장지를 연결하여 방과 방, 혹은 방과 대청의 공간을 나누었다. 일반적으로 장지란 문틀에 세살로 멋을 내고 그 위에 종이를 발라 빛이 투과할 수 있도록 만든 미서기문을 말한다. 궁궐에서는 이 미서기문에 불발기창을 내고 그림을 그려 장식하였다. 장지 중에는 빛이 통과할 수 없고 움직일 수 없게 붙박이로 만들어 가벽의 역할을 하는 두껍닫이〔맹장지(盲障子), 갑장지(甲障子)〕가 있는데 여기에도 글씨나 그림을 그려 장식하였다. 새로 도배를 할 때마다 두껍닫이의 그림도 교체하였는데 이전의 그림을 굳이 떼어내지 않고 그 위에 새로운 그림을 붙여 나갔음을 앞에서 언급한 운현궁 노락당의 사례에서 알 수 있다. 이외에도 지벽장지(紙壁障子), 기둥과 기둥 사이 한 칸에 걸친 간장지(間障子) 등 붙박이 장지에는 그림이 그려졌다. 또한 그림은 격장지(隔障子), 양면에 종이를 바른 면장지(面障子), 호문장지(戶門障子), 추장지(推障子) 등에도 그려질 수 있었다고 본다.

영건도감의궤營建都監儀軌에서 발견되는 이러한 다양한 장지 명칭에도 불구하고 그림이 그려진 양상에 대해서 자세한 내용을 알기 어렵다. 현전하는 궁궐의 장지문 그림에는 오봉도五峯圖와 십장생도

제1부 궁중 장식화의 세계

十長生圖의 두 가지가 있으며 이는 불발기창이 있는 것과 없는 것으로 분류된다.

**공간의 활용
병풍 그림**　　　　병풍은 중국에서 가장 먼저 시작되었으며 우리나라에서도 그 전통은 삼국시대까지 거슬러 올라간다. 병풍은 그림을 장황하는 방식 혹은 화면 형식 이전에 가구로 인식되는 것이 보통이다. 건축공간이나 생활방식에 따라 형식을 달리하였는데 그 명칭은 한국, 중국, 일본이 각각 차이가 있다. 조선시대에 사용된 병풍은 첩병疊屛(貼屛, 帖屛), 곡병曲屛, 삽병揷屛 등이 있다. 첩병은 돌쩌귀 식으로 첩과 첩을 연결한 가장 흔한 예로 조선시대에는 4첩, 8첩, 10첩, 12첩의 다양한 규모로 사용하였다. 곡병은 중국의 좌병座屛과 유사한 형식으로 온돌의 생활공간에서는 그다지 많이 쓰이지 않았다. 정전의 어탑 위에 오봉병과 함께 설치되는 예가 대표적이다. 삽병은 한 첩의 그림을 나무틀에 고정시켜 세우는 일종의 가리개로서 일본의 충립衝立과 같은 형식을 말한다.

궁궐에서는 대병풍과 중병풍이 주로 사용되었다. 대병풍과 중병풍은 한 첩의 가로 폭에서는 거의 차이가 없으며 1척 정도 차이가 나는 높이에 의해 구별되었다. 병풍은 매 첩마다 가장자리(邊兒)와 협挾을 두르는 것이 전통적인 장황 방법이었으며 전체가 연폭으로 이어져 하나의 화면을 이룰 경우 이를 왜장倭粧 병풍이라 하였다.

조선시대에 병풍은 궁궐의 거의 모든 전각마다 비치되어 있었으며 그 용도는 매우 다양하고 광범위하였다. 국가 전례가 거행되는 본의식의 현장은 물론이고 준비 단계에서도 항상 필요한 기물 중의 하나였다. 흉례 의식에서는 아무런 장식이 없는 소병풍素屛風도 사용되었지만 대부분의 경우 그림병풍이나 글씨병풍이었다.

『육전조례』六典條例(1867)에 열거된 화원의 소임 중에 각 전궁殿宮과 처소의 오봉병장五峯屛帳, 가례에 사용되는 병장, 빈접 때 칙사에게 필요한 병풍(칙사병勅使屛) 등이 포함되어 있을 만큼 궁중에서 몇 몇 병풍의 용도는 매우 중시되었다.[6] 중국 사신이 묵는 방에는 비단과 종이 바탕의 그림병풍이 각 2좌씩 기본적으로 놓여졌다.[7] 궁궐뿐만 아니라 공아公衙에서도 병풍은 기본적으로 배설되는 물목이었다. 물을 길어다 대는 일을 맡아보던 수사간水賜間이나 음식을 만드는 수라간水剌間에도 저포로 만든 병풍이 비치되었던 것을 보면, 궁궐의 어느 곳에서나 일상생활에서 공간을 나누고 바람을 막으며 물건을 위호하는 데에 병풍의 사용이 수반되었음을 알 수 있다.

『육전조례』에 화원의 특별한 소임으로 명시되었듯이 가례에는 어느 행사보다도 여러 가지 주제의 병풍이 많이 필요하였다. 일례로 1847년(헌종 13) 헌종의 후궁 경빈김씨慶嬪金氏의 가례 절차와 수용물목需用物目을 적은 『헌종비 경빈김씨 순화궁 가례시절차』憲宗妃慶嬪金氏順和宮嘉禮時節次가 유용한 정보를 담고 있다.[8] 가례도감에서는 별궁에 십장생 대병大屛, 행락도行樂圖 대병, 영모도翎毛圖 대병, 요지연瑤池宴 소병 등 각색의 병풍(各色屛風) 4좌를 설치하였다. 이는 가례도감의궤를 통해 잘 알려진 사실이다.

그 외에도 정확한 처소는 알 수 없으나 색깔 있는 궁전지宮箋紙로 만든 중간 크기 병풍(색궁전지중병色宮箋紙中屛) 1쌍, 자수그림 작은 병풍(수소병繡小屛) 1좌, 백자도 작은 병풍(백자동소병百子童小屛) 1좌, 전자篆字에 세밀한 그림을 그린 작은 병풍(전자세화소병篆字細畵小屛) 2좌(문자도文字圖로 추정됨), 곡병曲屛 2좌 등 각색의 병풍 7좌를 진배進排하였다. 또 가례 절차 때에 왕이 거처했던 유덕당維德堂에 행락도병行樂圖屛 1쌍, 경직도병耕織圖屛, 영모도병, 수병繡屛, 화접도병花蝶圖屛, 매화곡병梅花曲屛 1쌍 등 병풍 8좌가 비치되었다.[9] 침방針房에도 8첩 병풍 1좌가 사용되었다. 책빈례冊嬪禮에서 동뢰연同牢宴까지 그야말로 온갖 종류의 병풍들이 사용되었음을 알 수 있다. 크기도 대·중·소로 저마다 달랐으며 수병, 궁전지 병풍, 곡병, 문자도병, 경직도병 등 형식, 기법, 내용 면에서 매우 다채로웠음을 알 수 있다.

가례인 만큼 자수 병풍의 쓰임도 두드러진다.

1802년 순조와 순원왕후純元王后의 가례를 앞두고 침전으로 쓰였던 대조전大造殿 실내를 꾸민 기록을 보면 병풍의 더욱 폭넓은 사용이 짐작된다.[10] 정당과 온돌방에는 금전병金箋屛, 요지연병, 모란병, 매화병, 죽엽병竹葉屛 등이 세워지고 기둥에는 글씨를 붙였으며 벽에는 구추봉도九雛鳳圖나 매죽화梅竹畵를 붙였다. 장소성, 기능성, 상징성을 고려한 다양한 그림으로 실내가 장식되었다.

이제부터는 조선시대 궁궐에서 사용된 장식병풍의 내용과 특징을 한 가지씩 좀 더 구체적으로 살펴보겠다.

2 장엄과 위의

일월오봉도

왕이 공식적으로 임어하는 장소의 배경 그림으로 설치되는 일월오봉도日月五峯圖는 왕의 존재와 권위를 상징하는 가장 대표적인 그림이다. 근정전勤政殿, 인정전仁政殿, 명정전明政殿, 중화전中和殿, 숭정전崇政殿 등 도성 내의 다섯 개 궁궐 정전正殿의 당가唐家에는 어탑御榻, 곡병과 함께 오봉병이 실내 구조물의 일부로 설치되었다. 정전 의식에서 일월오봉병을 배경으로 어좌에 앉은 왕은 최고의 권위와 위엄을 부여받은 존재로서 문무백관들에게 시각적으로 각인된다. 왕의 존재를 상징적으로 모신 빈전殯殿과 혼전魂殿, 진전眞殿에서도 일월오봉도는 첩병貼屛, 장자障子, 삽병揷屛 등의 형태로 쓰임새가 많았다. 일월오봉도는 왕의 동선과 가장 밀접한 그림인 만큼 의례성이 강하고 다른 장식화 종류와는 달리 용처가 매우 제한적인 그림이었다. 하지만 기본적으로 일월오봉도도 어좌 주변을 장엄하는 장식화로서의 기능을 배제할 수는 없다. 최근 도감의궤의 기록에 기초하여 오봉병의 명칭과 형식, 기능과 용도, 재료와 장황에 대한 구체적인 사실들이 드러나 이 분야 연구가 크게 진작되었다.[1]

명칭과 어좌 병풍의 유래

일월오봉도는 해와 달, 그리고 다섯 개의 산봉우리로 이루어진 도상 때문에 일월오악도日月五嶽圖나 일월곤륜도日月崑崙圖 등의 이름으로도 많이 알려져 왔다. 그러나 도감의궤나 『조선왕조실록』, 『승정원일기』 같은 관찬 기록에는 오봉병(풍)五峯屛風, 오봉산병(풍)五峰山屛風, 오봉도五峯圖, 오악도五岳圖 등이 주로 쓰였다. 해와 달보다는 다섯 봉우리로 이루어진 산의 형상에 더 중점을 둔 명칭이었음을 알 수 있다.[12] 이 명칭은 후술하겠지만 해와 달의 형상을 일월경日月鏡이라는 금속판으로 장식했던 관행과도 관련이 있다. 애초에는 해와 달을 그리지 않고 그 모양을 본뜬 금속판을 붙였으므로[13] 오봉병이라는 명칭으로 불렸으며 일월경 대신에 해와 달을 그려 넣은 영조 연간 이후에도 이전에 쓰던 명칭이 쉽게 바뀌지 않았던 것이다. 일월과 오봉의 도상으로 이루어진 어좌용 병풍이 조선시대의 창안인 것은 분명하지만 언제부터 시작되었는지는 확실하지 않다. 『선조실록』에 '일월경'에 관한 기록이 나오는 것으로 보아 적어도 1590년 이전부터 어좌에 사용되었던 것만은 분명하다.[14]

『예기』禮記에 규정된 천자天子의 명당위明堂位는 도끼문양병풍(부의斧依)을 등지고 남면南面한 자리이다.[15] 주나라 천자는 제후들의 조회를 받을 때 부의를 등지고 남쪽을 향해 서서 큰 세상을 다스리는 위엄을 보였다는 말이다. 중국 고대로부터 제왕의 뒤에는 엄호와 위의를 위해 병풍이 설치되기 마련이었는데, 조선시대에 오봉병이 창안되기 이전에는 어떤 병풍이 사용되었을까? 도끼모양(斧形)은 최고의 권력을 상징하는 것으로 중국 고대부터 도끼문양이 그려진 병풍(斧扆, 黼扆)은 군주의 보위寶位를 대신하는 말로 쓰였으며, 나아가 군주의 절대적인 시위와 존재를 의미하는 말로도 사용되었다.

고려시대에는 상원연등회上元燃燈會나 중동팔관회仲冬八關會 때 왕이 앉은 전상에는 도끼병풍(斧扆)이 설치되었으며 선왕의 신주를 모신 태묘에도 매 자리마다 도끼병풍(黼扆)을 쳤다.[16] 충렬왕忠烈王(재위

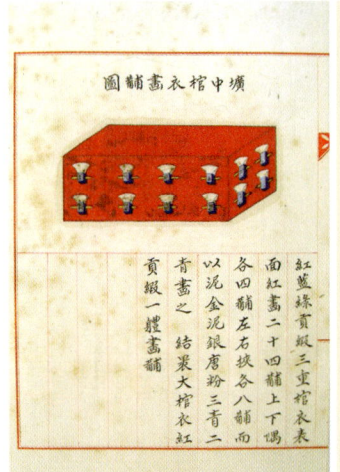

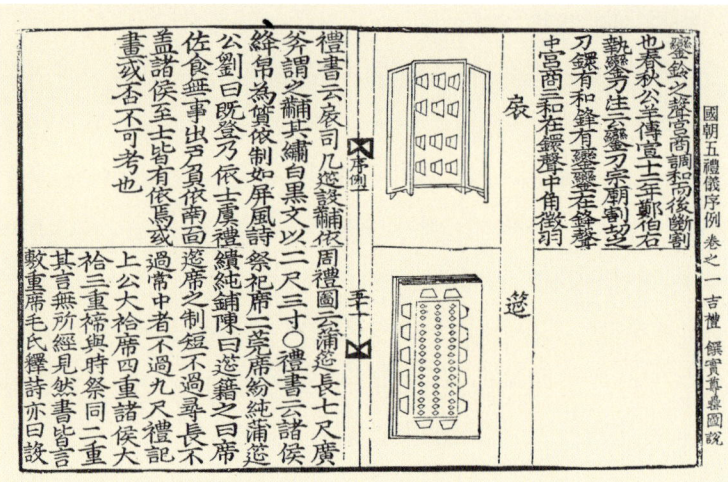

도3 「국조오례의서례」國朝五禮儀序例 권지일卷之一 「길례」吉禮 제기도 설제기도설說 의設(오른쪽)

도4 〈광중관의화보〉壙中棺衣畵補 「고종태황제어장주감의궤」高宗太皇帝御葬主監儀軌, 1919, 한국학중앙연구원 장서각 소장.

1275~1308) 때에는 군신 간의 큰 모임(大會)에 곡개曲蓋와 용의龍扆를 사용하였다는 기록을 보면[17] 고려시대에는 도끼병풍이나 용병풍이 어좌에 사용되었음을 짐작할 수 있다.

세종 연간의 『오례』五禮와 『국조오례의』에 의하면 흉례의 고명顧命 절차에서 악장幄帳 안에 3면 장자 형식의 보의黼扆를 설치하였다. 도끼병풍은 자루 없는 도끼를 흑백으로 수놓은 붉은 바탕의 비단 병풍이었으므로 단의丹扆라는 이름으로도 불렸다. 당나라 때 이덕유李德裕가 경종敬宗을 경계할 목적으로 여섯 가지 잠언을 올렸는데 경종이 이를 가상히 여겨 단의에 붙였으니 이것이 단의육잠丹扆六箴이다.[18] 병풍은 아니지만 단의의 모습은 대렴大斂 때 찬궁欑宮을 덮는 데 썼던 관의棺衣에서 충분히 짐작할 수 있다. 도4 관의에는 붉은 바탕(紅廣織)에 분채粉彩로 네 면에 총 24개의 자루 없는 도끼문양이 그려졌다. 또한 세종 연간의 『오례』에는 종묘 제향에서 각 영좌靈座마다 의석扆席의 설치를 규정해 놓은 것을 보면, 길례에서도 도끼병풍이 사용되었음을 알 수 있다.[19]

왕의 시책문諡册文이나 애책문哀册文에는 '영원히 텅 빈 단의' 혹은 '먼지만 쌓이는 보의'를 왕의 죽음에 은유하여 애도하는 내용이 자주 등장한다. 이와 같이 도끼병풍은 대한제국기까지 왕의 지위와

존재의 상징으로 일컬어졌으며 흉례 절차에서 보
의나 관의를 통해 그 원형은 끝까지 보존되었다.
그러나 어좌나 신위神位 뒤에는 오봉병이라는 새
로운 형식의 병풍으로 대체되었다.

　중국 명이나 청의 황제 자리가 조선과 유사한
형식인 것은 분명하지만 오봉병처럼 왕권을 상징
하는 대표성을 갖는 배경 그림은 정해져 있지 않
았던 것 같다. 청나라 태화전太和殿의 보좌 꾸밈
을 보면 계단이 있는 어탑, 보의寶扆, 어좌로 이

루어져 있지만 보의는 그림병풍이 아닌 부조 장식이 화려한 곡병이
다.도5 이 곡병은 전각마다 다양한 모습으로 꾸며졌다. 중국의 기실
화紀實畵(한국의 기록화記錄畵에 해당하는 용어)를 통해 보면 묘사된 공식
적인 행사에서의 중국 황제 자리는 시대에 따라 혹은 처한 상황마
다 달라서 야외에 임시로 꾸며진 자리에는 보의가 없는 경우도 있

도6　중국 기실화에 보이는 다양한
어좌

23

고 보의의 그림도 여러 내용이 허용되었던 것 같다.[도6] 오봉병은 도상만큼이나 그 기능 면에서도 한국적인 특징이 강한 그림인 것이 재차 확인되는 부분이다.

도상의 성립과 일월경의 사용

일월오봉병 도상의 유래와 의미에 대해서는 여러 가지 학설이 있다. 『시경』詩經의 천보구여天保九如에서 비롯되었다는 견해, 『주역』周易의 음양오행으로 해석하는 견해 등이 있으며,[20] 최근에는 해와 달, 오악과 소나무, 물결로 구성된 도상이 정도전鄭道傳(1337~1398)의 창안으로서 조선 초부터 사용되었다는 견해가 제기되기도 하였다.[21] 그러나 일월오봉병의 도상을 딱히 한 가지 사상으로 해석하는 것은 쉽지 않으며 한국의 고유문화와 음양오행론을 포괄한 유가사상의 융합이라는 좀 더 포괄적인 주장이 설득력 있어 보인다.

현재 남아 있는 일월오봉병에는 해와 달이 모두 그려져 있지만 처음에는 금속으로 만들어 오봉병에 걸었다. 1590년 창경궁 문정전文政殿의 일월경을 도둑맞은 사실은 오봉병에 일월경이 사용되었음을 알 수 있는 가장 이른 기록이다.[22] 1757년 영조의 전교에 의해 정성왕후貞聖王后(1692~1757)의 국장부터 혼전 당가의 오봉병에 니금泥金, 니은泥銀으로 각각 해와 달을 그리기 시작하였다.[23] 이는 『국조상례보편』國朝喪禮補編에 명시되어 이후 계속 준수되었다.

그러나 정전의 당가에는 오봉병을 새로 만드는 경우일지라도 대한제국기까지 금속으로 해와 달의 형상(日月形)을 만들어 부착하였다. 영건의궤의 물목은 1902년과 1906년 중화전에 입배入排하기 위해 새로 제작한 오봉병에도 숙동熟銅으로 형태를 만들고 황금을 입힌 일형과 은을 입힌 월형을 달았음을 말해 준다.[24][도7] 이 시기에는 '일월경'이 아닌 '일월형'으로 기록되어 있음이 주목된다. 애초에 금속으로 일월의 형상을 만들면서 거울의 상징성을 부여한 것은 아니었다고 생각한다. 거울처럼 반짝이며 빛을 반사하는 금속의 속성 때문에 편의적으로 붙여진 이름이 아닌가 한다.

기능과 용도

오봉병이 반드시 설치되었던 주요 장소는 궁궐 정전의 당가, 영희전이나 선원전 같은 진전, 국장 시의 빈전과 혼전이었다. 따라서 오봉병에 관한 기사는 궁궐의 수리나 영건을 기록한 의궤, 진전 관련 의궤, 어진의 도사나 이모에 관한 의궤, 그리고 빈전혼전도감의 궤에서 찾을 수 있다.[25]

어좌의 오봉병 ｜ 시대를 막론하고 최고 통치권자의 공식적인 자리는 화려하고 위엄 있게 꾸며졌다. 조선시대 궁궐 정전의 오봉도는 당가 아래 어탑(죄탑), 곡병, 용상龍床 혹은 교의交椅와 함께 하나의 세트로 상설되었다.[도8] 이 소규모의 구조물은 정전 공역의 맨 마지막 단계에서 어탑, 당가, 오봉병, 곡병의 순으로 입배入排되었다.

정전의 오봉병은 첩병이 아니라 가장자리를 비단으로 두른 한 짝의 장자 형식으로 제작되었다.[도9~도9-3] 1804년 인정전 영건과 1857년 중수 때의 오봉병은 높이 16척 5푼, 너비 14척 1촌으로서 어탑의 가로 폭보다 조금 작은 크기였다.[26] 1척이 30.8센티미터인 영조척營造尺으로 환산하면 5미터가 넘는 크기이다. 여기에 높이 6척 5촌, 가로 3척 2촌 크기의 문 2짝을 만들어 당가의 뒤쪽, 즉 인

도9~9-3 **정전 당가의 오봉병** 『인정전영건도감의궤』仁政殿營建都監儀軌(1805년), 『인정전중수도감의궤』仁政殿重修都監儀軌(1857년), 『중화전영건도감의궤』中和殿營建都監儀軌(1902년), 『경운궁중건도감의궤』慶運宮重建都監儀軌(1904년)에 수록.

도10 **경복궁 정전 어좌의 오봉병**
1940년경, 유리건판 사진, 국립중앙
박물관 소장.

정전의 북면에서 접근할 수 있도록 하였다.도10 1902년에 중화전 영건 때에도 마찬가지였다. 중화전의 어간御間은 인정전보다 2척 좁았으므로 중화전의 오봉병도 그 어간에 비례하여 높이는 12척 6촌, 너비는 11척 2촌으로 인정전보다 약간 작게 만들었다.[27] 그러나 오봉병의 문은 높이 6척 4촌, 가로 2척 8촌으로 인정전 오봉병의 경우와 비슷하다.

오봉병에 낸 문의 용도에 대해서는 왕의 출입문이라는 의견이 있으나 이 점에 대해서는 재고의 여지가 있다.[28] 왕이 정전 북면의 어간 창호를 열고 이와 바로 연결된 당가의 북쪽 계단을 올라 오봉병에 난 문을 들어서면 상당히 비좁은 공간을 사이에 두고 곡병을 만나게 된다. 왕이 이 곡병을 돌아 어좌에 오르거나 퇴장하는 것은 상당히 옹색한 모양새이며 왕을 호위하는 산선시위繖扇侍衛는 또 어떤 동선으로 왕을 따를 것인지 궁금하다. 이러한 동선이 왕이 정전에 입장하는 공식적인 절목이라면 정전 어간의 창호나 당가의 위치, 오봉병의 뒷면 등이 처음부터 이에 부합한 모습으로 전개되었어야 옳다. 현재 정전 당가의 후면과 오봉병의 뒷모습은 매우 임시변통적인 모습이다. 오봉병에 난 문은 왕의 출입을 위한 의례용이 아니라 왕 이외의 호위군관이나 집사, 어좌 주변에 놓을 의장물의 이동이나 설비를 위해 만들어진 실용적인 문이었을 가능성이 크며 만일의 사태에 대비한 문이었다고 생각한다. 이는 1800년 정조의 혼전부터 북벽에 꽉 차게 세워지는 모란병에도 편의상 양쪽에 문을 내기 시작했던 것과[29] 같은 맥락으로 이해해야 되지 않을까 한다.

오봉병은 궁궐 안팎에서 왕이 공식적인 자리에 임어하는 경우는

제1부 궁중 장식화의 세계

어디에나 설치되었다. 어탑과 당가가 건축 구조물의 일부로 설치되지 않은 전각과 야외의 장전帳殿에서는 병풍이 사용되었으며 그 모습을 여러 궁중 기록화를 통해 추정할 수 있다.^{도11, 12} 혹은 창경궁 함인정涵仁亭의 경우처럼 아예 오봉도가 그려진 장지문을 달기도 하였다. 1834년 새로 지은 함인정에는 한 칸 너비의 오봉장지(一間巨里五峰障子) 한 짝이 입배되었다.³⁰ 아마도 북면 중앙의 한 칸을 오봉도가 그려진 간장지(間障子)로 꾸몄던 것 같다. 1633년(인조 11)에 인경궁의 함인정을 창경궁으로 옮겨 지을 때부터 오봉병을 설치하였는데 창경궁의 편전인 문정전이 혼전으로 사용되는 기간이 잦아짐에 따라 함인정의 편전 기능이 강화되었음을 의미한다. 창덕궁에서 수습된 오봉산 장지문은 현재 4조가 남아 있는데 해와 달이 그려진 것도 있고 그려지지 않은 것도 있다.^{도13} 일월오봉산 장지문의 모습은 《경현당갱재첩》景賢堂賡載帖에서 엿볼 수 있다.^{도14}

왕이 여러 날에 걸쳐 능행陵幸이나 온행溫幸할 때 임시로 머무는 행궁에도 예외 없이 오봉병이 필요하였다. 매년 거행된 정조의 현륭원顯隆園 전배展拜 시에도 과천행궁, 시흥행궁, 화성행궁에는 오봉병을 포함한 대병풍, 중병풍, 침병枕屛이 설치되었다.³¹

경우에 따라 어좌 뒤에 오봉병을 설치할 수 없는 예외도 있었

도13 《오봉도》 장지문 비단에 채색,
전체 146.7×232.7cm, 화면 각
118.7×52.5~58.3cm, 국립고궁박
물관 소장.

다. 예컨대 1643년(인조 21) 청 태종이 사망하여 중국에서 위안사慰
安使가 내한하여 인조를 접견하였는데 이때 인조는 성복成服하고 오
봉병 대신 소병素屛을 치고 사신을 맞았다.[32] 중국에 대한 예를 행하
기 위해 어쩔 수 없는 경우였다.

빈전과 혼전의 오봉병 | 오봉병의 쓰임새는 국상 시에도 큰 비중을 차
지하였다. 발인發靷 전까지 재궁梓宮을 안치하는 빈전殯殿의 영좌靈

도14 《경현당갱재첩》 어좌 부분 서
울역사박물관 소장.

座와 영침靈寢, 발인 때 노제소路祭所와
주정소晝停所의 영침·영좌, 산릉山陵의
정자각丁字閣, 혼전魂殿의 당가에 오봉병
이 설치되었다.[33] 오봉병은 왕의 사후에
도 왕의 시신 및 신주의 동선과 같이
이동하며 왕의 존재를 상징하고 주변을
장엄하는 역할을 한 것이다.

국상에서 오봉병의 용례는 영조 연

간에 약간의 변화가 생겼다. 영조는 재위 시에 경종의 국상과 네 번의 내상內喪, 두 번의 소상小喪을 치르면서 상례의 절목을 체계적으로 정비할 필요를 느꼈다. 영조는 이를 1752년 『국조상례보편』國朝喪禮補編으로 명문화하였다. 외상外喪에서는 빈전의 영좌에도 모란병 대신에 오봉병을 두게 한 점, 빈전의 오봉병을 산릉으로 옮겨 계속 사용하도록 한 점, 오봉병에 걸었던 일월경을 그림으로 대신하게 한 점 등이 두드러진다. 물자의 낭비와 비용을 줄이는 쪽으로 바뀐 것을 알 수 있다.

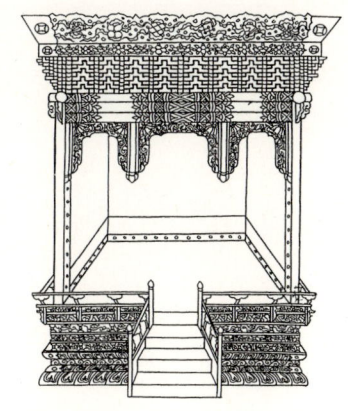

빈전과 발인, 산릉에서 쓰던 오봉병은 영좌에는 6첩, 영침에는 8첩짜리가 설치되었다. 일례로 1632년 선조비 인목왕후仁穆王后(1584~1632) 혼전의 오봉장자는 북면의 가로 폭이 동·서면보다 3배 가까이 넓었다.³⁴ 즉, 북면의 오봉장자는 정사각형에 가깝고 동·서면의 오봉장자는 세로로 긴 형태로서 북면에는 오봉을 그리고 동·서면에는 바위와 소나무가 있는 여록餘麓을 그린 것이었다. 가장자리에는 초록색 비단으로 회장을 두르고 금박으로 장식한 도투락(道吐落)을 댔다. 이 같은 기록은 경운궁 경효전景孝殿에 설치되었던 명성황후明成皇后(1851~1895) 혼전 당가의 의궤 그림을 통해서도 확인된다. 형식은 정전의 당가와 유사하지만 보다 규모가 작고 동·서면에 계단이 없다. 여기에 설치되는 오봉도는 동·서·북면을 가릴 수 있는 3면 장자 형식으로서 북면만을 가렸던 정전 당가의 오봉병과 달랐음을 알 수 있다.도15, 도15-1 즉 혼전의 오봉병 설치는 후술할 신선원전新璿源殿에 설치된 것과 같은 형식이라고 보면 된다.

도15, 도15-1 **경효전景孝殿 당가와 오봉병** 『경운궁중건도감의궤』慶運宮重建都監儀軌(1904년)에 수록, 목판인쇄, 서울대학교 규장각 소장.

어진 모사와 진전의 오봉병 | 왕의 초상화를 그리고 봉안하는 과정에서도 일월오봉병이 사용되었다. 어진을 모사하기 위해 범본이 될 그림을 소장처에서 실어 와 모사 처소에 임시로 봉안할 때, 그리고 완성된 어진을 진전에 봉안하기 전에 잠시 권안權安할 때에도 어진 뒤에 배경 그림으로 오봉병을 설치하였다.

도16 창덕궁 신선원전 제9실(헌종)의 일월오봉병 1921년, 비단에 채색.

도17 『영정모사도감의궤』影幀模寫都監儀軌 「도설」 오봉병 1900~1901년, 서울대학교 규장각 소장.

도18 창덕궁 신선원전 제8실(문조)의 오봉병 협폭 1921년, 비단에 채색.

도19 『영정모사도감의궤』 「도설」 오봉병 협폭 1900~1901년, 서울대학교 규장각 소장.

도20 창덕궁 신선원전 제6실(정조) 협폭의 도투락

진전에 설치된 오봉병의 양상은 신선원전에서 명확하게 알 수 있다.[도16, 17] 북·동·서 3면에 오봉장자가 붙박이로 설치되어 있는데 동·서면의 협폭挾幅은 각각 내협과 외협으로 이루어졌다.[도18, 19] 북면에는 해와 달, 오봉과 폭포가 그려지고 소나무는 내협에 그려지는 형식이다. 따라서 온전한 오봉병의 도상은 북면과 동·서면의 내협까지를 포함한 공간에 묘사되며, 외협에는 해와 달을 제외한 오봉과 폭포, 소나무, 파도와 포말이 세로로 긴 화면에 다시 한 번 반복되는 양상이다. 특히 신선원전의 오봉병 협폭의 첩금 도투락은 혼전도감의궤의 도투락에 관한 기록을 실물로 보여 준다.[도20]

재료와 장황

오봉병에 사용된 재료는 시대에 따라 변화를 보인다. 바탕은 17세기에는 백생초白生綃, 19세기에는 백경광주白輕光紬, 대한제국기에는 양사洋紗가 주로 사용되었다.[35] 채색도 19세기 후반이 되면 녹색과 청색은 서양의 안료로 대체되었다. 현재 남아 있는 오봉병의 강렬한 색감은 이 서양 안료의 발색에 힘입은 바 크다.

궁중에서 오봉병은 전각에 상설되는 것 외에는 상의원尙衣院이나 제용감濟用監에 비치해 두었다가 필요에 따라 옮겨다 썼다. 오봉병의 제작 단가와 수보에 대해서는 『원행정례』園幸定例를 통해 그 일단을 짐작할 수 있다. 18세기 후반경 화성행궁에서 썼던 오봉병의 공가貢價는 170냥이었다.[36] 그 무렵 궁중에 내입되던 도감 계병의 단가가 100냥 혹은 150냥이었던 점을 감안하면 계병보다 채색이 많이 들고 장황이 화려했을 오봉병의 가격이 높았던 사정이 이해된다. 이에 비해 화성행궁에서 소용되던 보통의 대병풍과 중병풍의 시가時價가 각각 25냥과 20냥이었으니 그 가격 차이가 매우 컸음을 알 수 있다. 오봉병은 10년에 한 번 그 훼손 정도에 따라 개비하는 것을 원칙으로 삼았다. 그보다 덜 중요한 대병풍과 중병풍은 15년에 한 번 다시 장만하였다. 항시 사용되는 것이 아닌 점을 감안하

더라도 병풍의 개비 주기가 생각보다 긴 것 같다.

유형과 양식

현전하는 일월오봉도는 몇 가지의 유형 분류가 가능할 뿐 양식
적인 변화를 짚어내기란 거의 불가능하다.[37] 도성 내의 궁궐이 모두
여러 차례 화재를 당하여 19세기 말에서 20세기 초에 영건되거나
중수되었고 일월오봉도도 그때 신조된 것이 대부분이기 때문이다.

　일월오봉도를 구성하고 있는 제재는 지극히 단순하다. 좌우대칭
으로 포치된 해와 달, 다섯 봉우리의 산, 네 그루의 붉은 소나무와
바위, 폭포, 파도와 흰 포말이 전부이다. 장지문의 오봉도에는 해와
달이 그려지지 않는 경우도 있다. 단순한 제재와 일정한 구도에 공
간감의 표현마저 없어서 화면은 매우 도안화된 느낌을 준다. 현전
하는 일월오봉도는 일견 대동소이하지만 자세히 관찰하면 세부 묘
사에서는 차이를 발견할 수 있다. 오봉五峯의 아랫부분을 형성하는

도22 〈일월오봉병〉 8첩 병풍, 비단에 채색, 162.5×365.5cm, 리움미술관 소장.

도23 〈**일월오봉도**〉 삽병, 비단에 채색, 149.0×126.7cm, 국립고궁박물관 소장.

바위의 소밀疏密과 배열 형태, 소나무의 배치와 가지의 묘법, 폭포의 굴곡 횟수, 파도의 모양, 포말의 형태와 위치 등에서 변화가 시도되었다.

현전하는 일월오봉도 중에 가장 전형적인 양식을 보여 주는 작품은 국립고궁박물관 소장 혹은 리움미술관의 일월오봉병이다.도21, 22 많은 수의 오봉병이 이 부류에 속한다. 다섯 봉우리의 윤곽은 매끈한 원추형으로 다듬어졌으며 산괴山塊의 배열이 비교적 규칙적인 편이다. 여기에 청색과 녹색을 번갈아 설채하여 마치 청색 띠가 둘러진 녹색 암석의 집합처럼 보이기도 한다. 산괴의 윤곽선 안쪽에는 금선을 더해 시각적인 효과를 꾀하였다. 소나무는 대게 곧게 뻗은 형태인데 안쪽 소나무의 가지 하나를 90도로 늘어지게 그려 수직의 운동성이 우세한 화면의 구도를 완화시킨다. 나무 전체에 이끼 표현이 있으며 가지 끝에 연한 초록색으로 새싹 모양의 점(ɯ)을 두 개씩 그렸다. 흰색의 폭포는 두 번 혹은 세 번 之자형으로 꺾이며 바다로 떨어지는데 2줄의 청색으로 물줄기를 표시하였다. 파도는 규칙적인 반원의 비늘모양이 4단이나 5단으로 율동감 있게 연속된다. 가운데 봉우리와 폭포를 향해 좌우대칭을 이룬 포말은 탄력 있게 수직으로 솟구치는데 모두 비슷한 높이로 나란히 배열되었다. 같은 형태의 포말이 파도 중간 중간에 일정한 간격으로 배치되고 물거품에서 튕겨나가는 동그란 물방울도 매우 규칙적이다.

이러한 특징의 전형적인 오봉도는 6~8첩의 병풍뿐만 아니라 삽병으로도 그려졌다.도23 또 현재 신선원전에 남아 있는 12점의 오봉장자도 이 유형으로 분류된다. 신선원전의 오봉장자는 산괴의 방향과 모양에 따라 세 가지 유형으로 다시 세분할 수 있으나[38] 이곳에

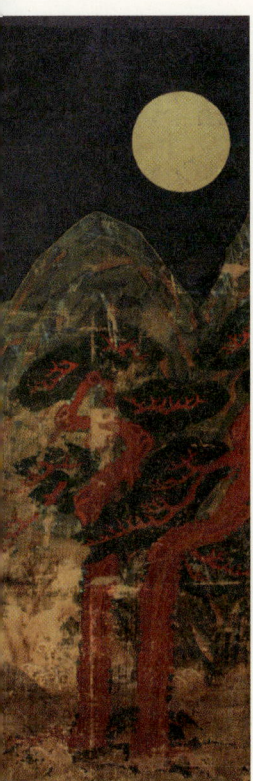

배설된 오봉장자는 신건新建 때 모두 새로 제작된 것이므로 산괴의 배열이 제작 시기와 관계가 있지는 않은 듯하다.

　이 유형의 오봉병은 형식화 정도가 극대화된 점으로 미루어 볼 때 가장 최후의 양식으로 볼 수 있겠다. 그러한 추정은 1901년 및 1902년의 『어진도사도감의궤』와 1904년 『경운궁중건도감의궤』의 오봉병 도식과 상통한다는 점과^{도9 참조} 신선원전의 건립 연대가 1921년인 점으로도 뒷받침된다.

　앞에서 살펴본 전형적인 양식과 비슷하지만 이와는 다른 유형으로 분류할 수 있는 것이 창덕궁에서 수습된 장지문의 오봉도이다.^{도13} 봉우리 아랫부분의 산괴가 작은 산의 형태로 집단을 이루어 대칭으로 포치된 점, 청·녹 설채의 반복이 명료하게 이분되지 않은 점, 폭포가 之자형으로 꺾이지 않고 같은 방향으로 흘러내린 점, 파도가

도24 《일월오봉병》 4첩 병풍, 비단에 채색, 각 126.8×50.0cm, 국립중앙박물관 소장.

도25 《일월오봉도》 4첩 병풍, 비단에 채색, 248.2×332.5cm, 전주 어진박물관 소장.

도26 〈오봉도〉 비단에 채색, 114.0
×98.5cm, 영국박물관 소장.
ⓒBritish Museum

사선 방향으로 겹쳐 반복되는 점, 솟구치는 포말이 서로 마주보게
그려진 점에서 차이가 난다. 전체적으로 형식화된 경향이 앞에서
살펴본 유형보다 약한 편이다.

　한편 위의 두 유형과는 달리 한층 자연스러운 표현을 보여 주어
아무래도 시대가 올라가는 양식으로 추정되는 작품들이 있다. 예컨
대 국립중앙박물관 소장의 4첩 오봉병의 경우 산의 윤곽에는 울퉁
불퉁한 굴곡이 있으며 날카롭게 각진 형태의 산괴는 전혀 통일성이
없다.도24 청색보다는 녹색조 위주로 설채되었으며 후미진 곳에는
갈색으로 칠한 뒤 단선을 그어 돌의 질감을 나타냈다. 동그란 먹선
안을 초록색으로 칠한 태점胎點이 산 전체에 가해져 있는데 이러한

도27 **여러 가지 수파묘** 1. 리움미술
관 소장 《일월오봉병》, 2. 전주 어
진박물관 소장 《일월오봉도》, 3.
국립고궁박물관 소장 〈일월오봉도〉
삽병, 4. 영국박물관 소장 〈오봉도〉,
5. 국립중앙박물관 소장 〈십장생
도〉의 부분.

태점의 양식은 고식적인 것이다. 폭포는 좌우대칭에서 벗어나 왼쪽
것은 4단, 오른쪽 것은 3단으로 그려졌는데 굽이치는 부분마다 작
은 물거품을 그렸다. 소나무도 곡선을 이루며 뻗어 있고 가지 끝의
패턴화된 새싹 모양의 표현도 없다. 바다의 파도는 자연스럽게 일
렁이고 불규칙한 고사리 모양의 포말도 자연스럽게 솟구치고 있다.
달에는 금채의 흔적이 남아 있다. 전체적으로 청색의 사용이 많지
않고 단선과 태점으로 산의 표면 질감을 표현한 점, 산괴·물결·포
말의 표현에 패턴화된 경향이 약한 점, 폭포나 소나무의 형태가 한

층 자연스러운 점 등은 시대를 올려 잡게 하는 요인이 된다.

전주 경기전 태조 어진 뒤에 설치되었던 오봉병은 파도의 비중이 화면의 반 이상을 차지하고 폭포가 없는 구도가 특징적이다.[도25] 소나무는 X자형으로 교차되어 있으며 산괴가 뚜렷하게 덩어리진 모양으로 나뉘어 있지 않을 뿐만 아니라 흰색의 동그란 태점이 흩어져 있다. 주먹 쥔 모양으로 파도가 엇갈리게 반복되는 양식은 삽병에 사용되었던 것으로 추정되는 영국박물관 소장의 단폭 〈오봉도〉와 유사하다.[도26]

오봉도에서 가장 표현이 다채로운 부분은 파도이며 이 파도의 표현은 태점의 표현 방식과 함께 시대의 변화를 가장 잘 드러내는 부분이라고 생각한다.[도27]

모란도

모란(牧丹, 牡丹)은 '꽃 중의 왕'(百花王)이라고 한다. 흔히 서양의 장미와 비교되며 부귀한 자의 꽃으로 여겨진다. 이는 탐스러우면서도 기품 있는 꽃의 자태에 기인한 이유도 있지만 송대宋代 주돈이周敦頤(1017~1073)가 「애련설」愛蓮說에서 '국화는 꽃 중의 은일, 모란은 부귀, 연蓮은 군자에 해당하는 것'이라 정의한 이후 그 인식이 보편화되었다.

조선시대 사대부들은 사람들이 부귀영화의 상징인 모란을 좋아하는 것은 호명好名일 뿐 마음의 본성에 의한 것은 아니라고 하면서 성대하고 화려한(紛華盛麗) 모란을 스스로 드러내고 애호하는 사람은 많지 않다고도 하였지만[39] 부귀를 좋아하고 즐기는 것은 인정人情임에 틀림없었던 것 같다. 국화나 매화 그림이 수기修己의 방편이나 감상의 용도로 제작되었던 것과 달리 모란도는 치장과 격식의 실용화로서 부귀와 영화를 염원하는 사람들의 소망을 충족시켜 주었다.

궁중에서는 모란이 꽃 중의 왕이라는 상징성으로 인해 그림으로 많이 제작되었다. 특히 각종 의례의 격식에 어울리는 도상으로 창안되어 그 쓰임의 폭이 넓었음은 주목할 만하다.

기능과 의미

모란병은 빈전과 혼전, 발인, 산릉, 부묘祔廟, 관례, 가례, 상존호 上尊號, 영정 모사와 봉안, 『선원보략』璿源譜略의 진상, 실록의 봉안, 궁궐 전각의 영건 등 국가 의례에서 두루 사용되었다.[40] 모란병은 혼례나 연회석상의 대표적인 치레그림으로 많이 알려져 있지만 그에 앞서 의례적인 성격이 수반되었음은 가장 엄숙해야 할 국상國喪의 전 과정에서 모란병이 사용되었던 사실이 잘 말해 준다.

모란병은 빈전의 영좌靈座와 영침靈寢, 발인 때에는 노제소路祭所·주정소晝停所·숙소宿所의 영좌와 영침, 산릉에서는 능상각陵上閣, 그리고 정자각丁字閣의 영좌와 영침 뒤에 항시 설치되었다. 반우返虞 뒤에 3년 동안 신위를 모실 혼전에는 당가 뒤쪽의 벽면에 4첩 모란병을 배설하였다. 혼전으로 쓰인 건물의 크기에 따라 4첩 모란병 3좌 혹은 4좌가 북벽 전체에 창방 높이까지 꽉 차게 펼쳐졌다. 삼년상이 끝난 후 신위를 종묘에 옮겨 봉안하는 부묘례에서도 모란병이 필요하였다. 종묘의 남문 밖 악차幄次에 신위를 임시로 안치(權安)할 때 신위가 놓인 영좌 뒤에 모란병을 치는 것이다.[도28] 이외에도 성빈成殯 전에 잠시 재궁梓宮을 권안할 때, 혼전을 대신하여 잠시 이안청移安廳에 신주를 모실 때에도 모란병이 설치되었다.[41]

이와 같이 국상 절차에서 사용된 모란병의 구체적인 용도는 주로 18세기 이후의 의궤를 통해 알 수 있는 정보이다. 17세기까지는 주로 제용감이나 내전에서 사용하던 것을 가져다 썼지만 18세기부터는 빈전도감殯殿都監에서 병풍을 새로 제작함에 따라 의궤에 그 제작이나 용처에 대한 내용이 좀 더 자세하게 수록될 수 있었다. 그러나 17세기 의궤의 기록이 소략했을 뿐 18세기 이전에도 모란병의 용도는 18세기와 다르지 않았음을 염두에 두어야 할 것이다.

도28 《종묘친제규제도설병풍》 제8첩 부분 비단에 채색, 각 141.5× 53.0cm, 국립고궁박물관 소장.

제1부 궁중 장식화의 세계

영좌와 영침, 신위를 모신 혼전 당가에 일월오봉병과 모란병이 이중으로 설치되는 것은 어진을 봉안하는 장소에서 오봉병 뒤에 모란병이 수반되는 것과 같은 맥락이다. 신선원전의 예에서 볼 수 있듯이 진전眞殿 각 실의 당가 뒤 북벽에는 창방 높이까지 4첩의 모란병을 붙박이로 고정하였다. 이런 형식은 혼전에서 모란병을 설치하는 것과 같은 것이다.^{도29} 앞쪽에서는 당가에 가려 모란병의 설치가 전혀 보이지 않기 때문에 장식적인 용도와는 거리가 먼 장치임이 분명하다. 오봉병이 왕의 존재 혹은 왕권에 대한 표상이었다면 모란병은 이를 상징적으로 위호하는 그림이었음을 알 수 있다.

모란병이 궁궐에서 오봉병과 함께 왕을 상징하는 자리에 사용될 수 있었던 것은 '꽃 중의 왕'이라는 인식 때문이었다고 생각한다. 모란은 신라시대 이래 문학에서 모든 꽃의 하례를 받는 꽃 중의 왕으로 등장하고 『고려사절요』高麗史節要에서는 모란의 형상이 왕의 성덕에 비유되기도 하였다.[42] 모란의 풍려한 기품은 왕의 이미지와 부합하여 꽃 중의 왕이라는 의미를 부여받았으며 나아가 모란도는 국왕을 상징하는 용도로까지 확대 사용될 수 있었던 것이다.

모란병의 의례적인 성격은 궁궐 안에서 치러지는 각종 의식 절차에서 사용된 예에서도 확인된다. 예컨대 『선원보략』을 진상하는 절차에서도 모란병이 4~5좌 필요하였다. 『선원보략』 중초본 혹은 정본이 완성되면 수정청修正廳 대청에 주홍고족상朱紅高足床을 설치하고 그 위에 『선원보략』을 옮겨놓았다가 이를 요채여腰彩轝에 실어 궁 안으로 내입하였는데, 이 주홍고족상 뒤에 모란병을 설치했던 것이다. 궁궐 안으로 들여온 『선원보략』은 진상되기 전에 다시 정전 동쪽 계단 위의 막차幕次 안에 잠시 모셔졌는데 이 막차 안에도 모란병을 설치하였다.[43]

실록의 봉안 과정에서도 비슷한 용례를 찾을 수 있다. 완성된 실록은 어람御覽을 거치지는 않았지만 사고史庫 봉안 전에 일단 실록청實錄廳 본청에 보관되는데 그 뒤편에는 항상 모란병을 쳤다. 또

도29 창덕궁 신선원전 제4실(숙종) 뒤편의 모란병

궁궐 전각의 각종 상량 고사告祀 때 상량문을 안치하는 상량문안上
樑文案 뒤에도 늘 모란병은 배경을 이루었다.[44] 위의 몇 가지 사례만
보더라도 궁궐의 각종 의식 절차에서 중요한 물건을 임시로 모시는
공간은 대개 모란병으로 위호되었음을 알 수 있다.

　물론 모란병은 관례, 가례, 진표리進表裏 같이 모란꽃이 가진 부
귀영화의 의미를 살려 보다 장식적인 용도로도 빈번하게 사용하였
다. 관례를 치른 지 60주년을 맞은 75세의 혜경궁惠敬宮(1735~1815)
은 1809년 진표리 의식에서 모란병을 배경으로 자리하였다. 또한
모란병은 18세기 왕실 가례에서 개복청改腹廳에 10첩의 중병풍으로
설치되곤 하였는데 19세기 후반기가 되면 그 사용처가 동뢰연청同
牢宴廳으로 변화하였다. 동뢰연청에 모란병이 설치되기 이전 시기에
는 10첩짜리 화초대병풍이 배설되었는데 모란병이 이를 대신하게
된 것이다.[45]

　왕세자 관례 의식에서도 모란병이 필요하였다. 관례의 맨 마지
막 절차는 행사가 치러진 건물 밖 악차에서 주인主人과 빈객賓客이
한자리에 모여 서로에게 예를 올리는 것(회례會禮)인데, 이때 악차
안의 설비는 모란병을 중심으로 차려져 있었다.[도30] 이외에도 도감都
監이 조직된 후 도감 처소의 대청에 치는 병풍은 모란병이었으며

당상관들이 회동하는 당상방에 설치하는 그림도 모란병이었다.[46] 유사한 사례를 1744년 종친부에서 치러진 연회를 그린 〈종친부사연도〉宗親府賜宴圖에서 엿볼 수 있다.[도31]

이와 같이 모란병은 국가의 흉례나 가례부터 상량이나 진상 의식에 이르기까지 크고 작은 궁궐의 의례 공간에서 가장 보편적으로 사용된 그림이었음을 알 수 있다. 재궁, 영좌, 영침, 어진은 물론 『선원보략』, 실록, 상량문 등을 모시는 장소에 모란병을 설치하는 것은 공식적인 자리에서 가장 중요한 존재를 위호하고 그 공간을 장엄하는 데에 모란병이 적합하다고 여겼기 때문이다. 꽃 중의 왕을 그린 모란병은 국가와 왕실의 위의에 걸맞은 장식성과 의례성을 겸비한 그림으로서 기능하였던 것이다. 궁궐에서 사용되었던 장식 그림 중에 가장 용례가 다양하고 다중적인 의미를 지닌 그림이 바로 모란병이었다고 해도 과언이 아니다.

유형과 특징

현재 남아 있는 모란병은 규모 면에서 두 가지로 나눌 수 있다. 병풍 높이가 250센티미터 이상 330센티미터에 이르는 큰 것과 200센티미터 이하의 보다 작은 것이다. 전자는 의심의 여지없이 진전이나 혼전의 창방 높이까지 북벽을 채웠던 모란병이었다. 대형의 모란병이 예외 없이 4첩 병풍으로 남아 있는 점도 원래의 그 쓰임새를 방증하는 것이다.

모란병은 그림의 도상 면에서도 크게 두 가지 유형으로 대별된다. 첫번째 유형은 왜장倭粧 병풍에 모란나무가 전체 화면에 걸쳐 장대하게 연결되는 형식이다. 이 유형의 모란병은 남아 있는 예가 매우 드문데 국립중앙박물관 소장의 10

도33 『기사진표리진찬의궤』己巳進表裏進饌儀軌 〈진표리도〉進表裏圖의 모란병 부분 1809년, 종이에 채색, 영국 대영도서관 소장. ©British Library

첩 모란병이 대표적이다.[도32] 앞서 언급한 1809년 혜경궁의 관례주
갑을 기념한 진표리 의식에서 혜경궁의 보좌 뒤에 설치했던 것이
바로 왜장 형식의 모란병이다. 그 모습은 『기사진표리진찬의궤』己巳
進表裏進饌儀軌에서 확인할 수 있다.[도33]

　국립중앙박물관 소장의 10첩 모란병은 물가 언덕 위에 괴석 혹
은 바위와 함께 어우러진 모란나무가 숲을 이룬 것 같은 모습이다.
꽃의 방향과 크기, 형태, 만개한 정도 등이 제각각이어서 모란의
자연스런 생태 표현을 느낄 수 있다. 이파리 끝이 뒤집힌 표현이
주황색 열매가 달린 것처럼 패턴화되지 않은 점, 새 줄기가 올라오
는 마디 부분의 표현이 새싹 모양으로 도식화되지 않은 점 등도 이
모란병의 제작 시기를 올려 잡게 하는 요인이다. 바위의 준 표현,
줄기에 가해진 동글동글한 태점, 물결과 포말의 자연스러움, 땅의
질감 표시 등 전체적으로 형식화의 정도가 매우 약하다.

　모란병의 두번째 유형은 둔덕 위에서 수직으로 뻗어 올라가는
모란이 매 첩마다 독립적으로 배치되는 형식으로서 현재 남아 있는
대부분의 모란병이 여기에 포함된다. 이 유형은 다시 괴석이 있는
경우와 없는 경우로 나뉜다. 각 폭이 비슷한 도상으로 반복되기 때
문에 매우 형식화된 경향을 보인다.

　신선원전의 모란병을 포함하여 진전이나 혼전 등에 쓰였던 것으
로 추정되는 2미터 이상 높이의 모란병은 모두 괴석이 없는 형식이
다. 아모레퍼시픽 미술관의 모란병에서 형식화가 덜 진행된 대형
모란도의 아름다움을 감상할 수 있다.[도34] 보통의 모란병에는 한 폭
에 9개 정도의 만개한 꽃송이가 그려지지만 이와 같이 병풍의 키가
큰 경우에는 12~18송이 내외의 꽃이 풍성하게 그려진다. 꽃송이
의 크기에도 변화가 있고 뒷모습, 아래로 숙인 모습 등 꽃이 핀 방
향도 다양하여 다채로운 모란의 자태가 볼 만하다. 모란이 자라는
둔덕에 엷은 녹색의 잔 붓질로 땅의 질감과 부피감을 표현하였다.
맨 오른쪽 제1첩의 모란은 줄기의 뒤틀림과 겹침이 심하며, 바람을

도34 《모란도》 4첩 병풍, 비단에 채색, 각 240.3×50.5cm, 아모레퍼시픽 미술관 소장.

맞으며 한쪽으로 쏠려 있는 이파리에는 생동감이 역력하다. 작가가 누구인지는 알 수 없으나 이 병풍에서는 화가 두 명의 서로 다른 솜씨가 느껴진다.

바람이 부는 환경 속의 모란 표현은 흔하지 않다. 그런데 이와 규모나 밑그림에서 매우 유사한 작품이 있으니, 바로 독일 브레멘 박물관에 소장된 모란도 두 점이다.도35 청색과 녹색 이중으로 된 가장자리를 두른 형식이 신선원전의 것과 같은 것을 보면 진전이나 혼전에 쓰였던 병풍에서 흩어진 것임을 알 수 있다. 뒤집힌 이파리 끝이 마치 열매가 달린 것처럼 도식화된 표현 등 묘법과 화풍이 아모레퍼시픽 미술관 소장 모란병과 서로 흡사하여 같은 시기에 제작된 것으로 보인다.

각 첩에 독립된 모란나무가 자라는 유형의 모란병은 매 첩이 같은 밑그림이되 한 첩씩 번갈아 채색만 다르게 한 경우, 매 첩의 꽃의 채색은 동일하게 하고 괴석의 색깔만 번갈아 다르게 칠한 경우, 그리고 두 가지의 다른 밑그림을 한 첩씩 번갈아 사용한 경우 등이 있다. 꽃은 대개 정면의 만개한 모습, 측면의 만개한 모습, 살짝 피어나기 시작한 모습, 동그란 봉우리 등의 네 가지 형태로 그려지며 주로 짙은 홍색(深紅), 옅은 홍색(淺紅), 짙은 청색(深靑), 옅은 청색(淺靑), 황색, 백색으로 설채하였다.[47] 도36 흰색의 모란꽃 표현에는 하늘색이나 연한 녹색을 사용하였으며 꽃잎마다 살짝 명암을 가해 겹겹이 피어나는 입체의 느낌을 나타냈다. 줄기에는 동그란 초록색 태점을 찍었으며 괴석의 가장자리에는 커다란 태점을 그려 넣는 것이 보통이다. 초록색 이파리의 뒤집힌 면은 황색이나 주황색으로 칠하되 끝부분은 주홍색으로 강조하였다. 이파리 끝부분의 이러한 반복적인 처리가 장식적으로 강조되면 주홍색의 길쭉한 열매가 달린 모양으로 왜곡된다. 형식화가

도36 〈모란병〉 8첩 병풍 중 4폭, 비단에 채색, 각 186.1×49.2cm, 서울역사박물관 소장.

많이 진전된 모란병에는 어김없이 이파리 끝에 주홍색 열매가 달린 것처럼 도식화된 표현을 볼 수 있다. 이 부분은 모란도의 제작 시기를 비정할 때 주요한 관건으로 삼을 만하다.

　　모란병의 제작 시기에 대해서는 훨씬 사실적으로 모란의 생태가 묘사된 첫번째 유형의 모란병으로부터 질서정연하게 규칙성이 강조된 두번째 유형의 모란병으로 형식화되었다고 보기 쉽다. 현재 남아 있는 병풍으로 보면 형식화의 정도가 약한 국립중앙박물관 소

도37 〈화왕도〉花王圖 송, 비단에 채색, 117.2×72.3cm, 대만 국립고궁박물원 소장.

장의 10첩 모란병이 비교적 이른 시기의 작품인 것은 의심의 여지가 없다. 물론 한 화면에 한 그루의 독립된 모란나무가 둔덕에서 혹은 괴석과 함께 수직으로 자라는 형식은 중국 당송 시기 이후의 그림에서도 찾을 수 있는 매우 오래된 것이다.도37 우리나라에서도 모란도가 처음에는 이러한 형식에서 출발하였다고 생각되지만, 조선시대에 이르면 이 두 가지 유형의 상관관계는 시대적인 차이보다 설치된 장소나 기능에서 찾아야 하지 않을까 한다.

질서와 엄숙성이 요구되는 의례 공간에는 애초부터 매 첩마다 독립된 모란나무가 그려진 형식이 요구되었다고 본다. 특히 혼전이나 진전의 모란병은 4첩이 한 단위로 제작되었고 건물의 창방 높이에 맞추어 길이가 평균 2미터 이상 되었으므로 이에 어울리는 모란나무의 도상은 수직으로 상승하는 형식으로 고안될 수밖에 없었다. 혼전과 진전의 모란병은 건물의 규모에 따라 맞춤 제작되는 셈이었는데 크기를 늘리고 줄이는 것이 용이한 도상이 선호되었다고 생각한다.

따라서 현전하는 모란병의 두 가지 유형은 오래전부터 공존하며 발전하였다고 보는 것이 옳다. 다만 모란병은 어느 종류의 병풍보다도 궁중의 수요가 많았으므로 그에 대응하는 과정에서 제작이 간편한 두번째 유형의 모란병이 다량 생산되었다고 생각한다. 자연히 그리기 쉬운 두번째 유형의 모란병이 민화로 확산되는 데에도 기여하였다.

제1부 궁중 장식화의 세계

3 길상과 장생

십장생도   오복五福 중에 첫번째가 '수'壽로 여겨지듯
             이[48] 지금처럼 사람의 수명이 길지 않았던

도38 《장생도》 종이에 채색, 130.3
×79.7cm, 국립중앙박물관 소장.

시절에 장수長壽는 많은 사람들의 가장 큰 염원이
었다. 부와 명예보다도 중요시되었던 인간의 기본
적인 소망이었다. 장생도長生圖는 기념일에 선사하
기 위한 길상화로 많이 그려졌으며[49] 장식화로도
많이 제작되었다. 궁중에서도 장식그림 중에 장생
도는 인기 있는 주제 중의 하나였다. 송학도松鶴圖
나 송록도松鹿圖, 도학도桃鶴圖, 반도도蟠桃圖 같은
장생도류는 물론이고[도38] 열 가지의 장생물을 소재
로 한 십장생도가 많이 그려졌다. 특히 십장생의
제재는 도자기, 금속, 목재, 직물 등 다양한 재료
로 각종의 가구와 장신구 속에 폭넓게 애용되었
다.[도39, 40] 특히 베갯모, 수젓집, 필통, 담배합, 화
로 같은 일상용품에서 쉽게 볼 수 있는 십장생 장
식에서는 언제 어디서나 장수를 염원하였던 옛 사
람들의 마음을 읽을 수 있다.

궁중의 장생도 중에서도 십장생을 병풍으로 그린 십장생도병은
가장 대표적이라 할 만하다. 그 외에 복숭아나무, 사슴, 학 등 한두
가지 소재를 집중적으로 묘사한 해학반도도海鶴蟠桃圖, 군학장생도群
鶴長生圖, 군록장생도群鹿長生圖, 백학도百鶴圖, 백록도百鹿圖 등도 주요
장생도로 꼽을 만하다. 이번 장에서는 장생도 가운데 비교적 남아
있는 작품 수가 많은 십장생도와 해학반도도海鶴蟠桃圖를 중심으로
살펴보고자 한다.

연원과 용도

흔히 십장생도를 열 가지의 장생물을 주제로 한 그림이라고 정
의 내린다. 하지만 십장생도가 언제나 열 가지의 장생물로 구성되
었던 것은 아니며 열 가지의 장생물도 딱히 고정된 것은 아니었
다.[50] 실제로는 해, 달, 구름, 산, 돌, 물, 학, 사슴, 거북, 소나무, 대
나무, 영지, 천도복숭아 등 13가지의 장생물 중에 열 개 안팎의 소
재가 그때그때 다르게 선택되었다.

소재의 숫자와 선택에 상관없이 장생물 중에 열 가지를 한 화면
에 구성하고자 했던 것은 전적으로 한국 고유의 창안이었다. 장생
도는 동아시아 길상화의 주요 주제이지만 중국과 일본의 전통문화

와 미술에서 '십장생'이란 개념을 찾아볼 수 없기 때문이다. 열 가지 안팎의 장생물을 한 화면에 구성하는 의장은 중국이나 일본의 미술품에서도 자주 발견되지만 이를 '십장생'이란 용어로 부르지는 않았다. 최근 중국 학자도 십장생은 조선족朝鮮族 특유의 길상 표현임을 밝혔으며[51] 1810년 완성된 일본의 『명수화보』名數畵譜에 그려진 〈십장생〉은 그 출처가 『상서기문』象胥奇聞임을 언급하였다.[52] 『상서기문』은 조선의 사정에 정통했던 대마도 통사通事 오다 이쿠고로 小田幾五郞(1754~1831)가 1794년에 쓴 책이다. 18세기 후반 일본인의 눈으로 본 조선의 문화와 사회에 관한 내용이 담겨 있다. 바로 이 책의 잡문雜聞 항목에 '십장생이란 해, 달, 산, 물, 학, 거북, 소나무, 대나무, 사슴, 영지'라고 설명되어 있는 것을 보면[53] 십장생은 당시 일본인에게 생소한 이름이었으며 일본 문화에서 익숙하지 않은 개념이었음을 알 수 있다.

도41 『명수화보』名數畵譜의 십장생

십장생도는 고려 때부터 세화歲畵의 주요 주제였으며 조선 초 궁중에서 하사된 세화 중에도 십장생이 있었음을 개인 문집을 통해 알 수 있다.[54] 비록 열 가지의 제재는 그림마다 달랐지만 '십장생'이라는 주제는 이미 고려시대부터 정착되어 있었음이 주목된다.[55] 고려시대 십장생도의 양상은 동경銅鏡의 문양을 통해서도 짐작할 수 있다. 작은 동경이지만 그 안에 열 가지의 구성물이 모두 묘사되어 있으며, 고개 숙여 영지를 물려고 하거나 물가에 다가선 사슴의 자세, 거북이 입에서 뿜어져 나오는 영기는 조선시대 십장생도에서도 쉽게 찾을 수 있는 도상이다.[도42] 고려시대 십장생도의 도상이 조선시대까지 영향을 미쳐 오래도록 지속되었음을 알 수 있다.

도42 〈십장생 청동경〉고려시대, 지름 18.4cm, 숭실대학교 한국기독교박물관 소장.

십장생도는 아무래도 장수의 소망을 담은 내용인 까닭에 궁중이나 사가에서 모두 회갑연 등에 많이 사용되었다.[56] 혜경궁의 회갑일인 1795년 6월 17일 연희당에서 열린 진찬에서도 정당正堂의 주벽에는 십장생이 설치되었다.[57] 왕대비와 대왕대비 생신에 올리는 진찬과 왕위 등극을 경하하는 진연에도 십장생 병풍이 사용되었음은

의궤의 기록에서 읽을 수 있으며, 진찬도병과 진연도병에서도 확인할 수 있다.^{도43}

십장생은 왕실 어른들에 대한 연향에서 뿐만 아니라 왕세자와 관련된 경하 의례에서도 즐겨 사용되었다. 예컨대 17·18세기의 궁중 가례에서는 동뢰연청同牢宴廳에 10첩의 십장생 대병풍이 설치되었으며 18세기가 되면 세자 가례 때 세자방世子房에도 십장생 대병풍을 쳤다. 장수를 기원하는 마음은 왕, 왕대비, 대왕대비 등의 왕실 어른뿐만 아니라 왕세자에게도 똑같이 표출되었던 것 같다. 1879년 천연두에 걸렸던 세자(뒤의 순종)가 회복한 것을 경하하기 위해 제작된 계병에도 동궁에는 십장생 병풍이 설치되었음을 볼 수 있다.^{도44}

한편 경모궁의 망묘루에는 1791년(정조 15) 정조가 자신의 어진을 이곳에 봉안할 때 당가 없이 십장생도병을 설치하도록 하였다. 1837년 익종翼宗의 면복본 어진을 새로 봉안하기 위해 봉심奉審했을 때까지 십장생도가 설치되어 있었다.[58] 논의 끝에 이 십장생도는 오봉병으로 교체되었지만, 정조는 부친을 아침저녁으로 배알하는 예를 대신하여 어진을 봉안한 것이었으므로 세자로서 오봉병이 아닌 십장생도병을 설치했던 것으로 짐작된다.

십장생도는 궁궐 전각의 벽면을 구획하는 장지문에도 그려졌다.

현재 궁궐에서 수습되어 국립고궁박물관에 보관된 장지문 가운데
는 십장생도가 많다.

유형과 양식

『내각일력』內閣日曆의 차비대령화원 녹취재 기사를 보면 산수 배
경 속에 사슴, 학, 거북이 등이 그려지기 때문인지 도화서에서는
십장생도를 영모문翎毛門의 화제로 분류하였음을 알 수 있다.[59] 현재
남아 있는 십장생도 병풍을 가지고 양식의 변천을 자세하게 말하기
는 어렵지만 구도 면에서 어느 정도의 형식 분류는 가능하다.

첫번째 형식은 국립중앙박물관 소장《십장생도》8첩 병풍이다. 도45
이 병풍은 중간의 2첩이 결실된 것으로 추정되지만 양식적인 측면

도46 〈선경도〉 전 난곡 필, 비단에
채색, 각 90.0×41.5cm, 국립중앙
박물관 소장.

도45 〈십장생도〉 10첩 병풍(2첩 결실), 비단에 채색, 각 136.5×51.7cm, 국립중앙박물관 소장.

도47 〈장생도〉 추재 관서, 비단에
채색, 143.0×67.7cm, 국립중앙박
물관 소장.

도47-1 〈장생도〉(부분)

에서 비교적 이른 시기의 십장생도를 설명하기에 좋은 작품이기도 하다.[60] 화면 좌반부의 물가 풍경과 우반부의 육지 풍경의 경계가 뚜렷한 점, 즉 육지 부분에는 하늘의 표현이 없으며, 물은 계류溪流가 아닌 파도가 넘실대는 바다인 점, 그 바다의 비중이 육지와 대등하게 큰 점, 복숭아나무가 구석에 작게 배치된 점 등은 후대의 십장생도병과 구도 면에서 가장 큰 차이점이다. 저마다 색깔이 다른 사슴들과 그들의 다양한 자세,[61] 학의 자유로운 몸짓, 서기瑞氣가 표현되지 않은 거북, 녹색 위주로 설채된 청록산수, 산과 바위에 가해진 준皴의 존재, 붉은색이 배제된 소나무 줄기의 색감, 끝에 새싹 모양 표현이 없는 소나무 가지 등에서 제작 시기를 올려 잡을 수 있다. 전체적으로 필치가 형식화된 경향이 미약하며 묘법도 반복적이거나 틀에 박힌 경향이 약하다.

제1부 궁중 장식화의 세계

도48 《십장생도》 6첩 병풍, 비단에 채색, 150.0×352.0cm, 성신여자 대학교 박물관 소장.

십장생도는 아니지만 국립중앙박물관 소장 《십장생도》 8첩 병풍과 유사한 화풍과 양식을 보여 주는 장생도가 전 난곡蘭谷 필 〈선경도〉仙境圖와 '추재'秋齋라는 관서가 있는 〈장생도〉이다. ^{도46, 47, 47-1}

현전하는 십장생도병은 국립중앙박물관 소장의 《십장생도》 8첩 병풍보다 양식상 대부분 제작 시기가 늦은 것으로 판단된다. 두번째, 세번째 형식으로 분류되는 그림들은 모두 그보다 시기가 내려오는 십장생도병들이다. 두번째 형식의 십장생도병은 화면의 중앙에 사슴이 노니는 산림이 포치되고, 왼쪽에는 거북이 있는 넓은 수면, 오른쪽에는 폭포와 시내가 흐르는 계곡이 차지하는 구조이다. 국립중앙박물관 《십장생도》 8첩 병풍과 비교하면 거북이 사는 물가가 대폭 축소되고 계류가 흐르는 부분이 확대된 구성이다. 성신여자대학교 박물관, 리움미술관, 국립고궁박물관, 서울역사박물관 소장본 등을 이 부류에 포함시킬 수 있다. ^{도48, 49, 50, 51, 53, 56}

육지의 소나무 숫자는 가로 폭의 길이에 따라 세 그루에서 많게는 일곱 그루까지 편차가 크다. 사슴들은 근경의 소나무와 중경의 산 사이에 난 좁은 길을 따라 물가를 향해 걷고 있다. 그중에서 고개를 숙여 영지를 물려고 하거나 앞다리를 접고 몸을 낮추어 물을 마시는 사슴은 십장생도병은 물론 다른 공예품에도 자주 등장하는

61

도49 〈십장생〉 10첩 병풍, 비단에 채색, 210.0×552.3cm, 리움미술관 소장.

도50 〈십장생도〉 10첩 병풍, 비단에 채색, 208.5×389.0cm, 국립고궁박물관 소장.

특징적인 사슴의 도상이다.도52 학은 바위와 소나무 끝에 앉아 있거나 날아드는데 사슴과 마찬가지로 몇 가지 자세가 반복된다. 거북이 있는 화면 왼편의 수면은 포말이 이는 바다인 경우도 있고 얕은 물이 흐르는 잔잔한 시내인 경우도 있다. 거북의 입에는 길게 흘러나오는 영기가 표현되고 영지는 키 작은 대나무와 바위 사이사이에 어우러져 있다. 화면 양 끝쪽의 바위에 복숭아나무가 비중 있게 배치된 점도 국립중앙박물관 소장의 《십장생도》 8첩 병풍과 비교하면 크게 달라진 점이다.

소장본마다 물, 육지, 하늘의 비중이 조금씩 달라서 서울역사박물관 소장본 같은 경우 화면의 절반을 서운으로 뒤덮인 하늘이 차지하고 있다.도51 은은하게 어려 있는 서운이 아닌 하늘을 온통 뒤덮은 오색구름이 패턴화된 형태로 반복되고 물결도 그에 어울리게 리듬감 있는 형상이어서 매우 장식적인 화면 효과를 자아낸다. 이런 양식은 궁궐의 벽장문에서도 찾을 수 있다.도53

두번째 형식의 십장생도병은 궁궐의 벽장문에도 그

도53 《십장생 군록도》 12첩 벽장문 부분, 비단에 채색, 각 108.0× 57.8cm, 국립고궁박물관 소장.

대로 응용되었다. 창덕궁에서 수습된 벽장문 총 26조 중에 22조가 십장생도인 점은 궁궐의 생활공간에서 장식화의 주제로 십장생이 얼마나 선호되었는지를 알려 준다.도54 3조, 혹은 4조가 연결되는 벽장문을 펼쳐 놓고 보면 이들은 전체적으로 물가와 육지, 계곡이 규칙적으로 반복되며 좌우대칭의 구성을 이루는 경우가 많다.

세번째 형식의 십장생도병은 미국 오리건대학교 박물관의 《십장생도》 10첩 병풍이 대표적이다.62 도55 근경에 언덕과 소나무, 좁은 길이 포치되고, 중경은 화면 전체를 길게 가로지르는 수면, 원경은 주산主山과 오색구름 가득한 하늘로 이루어진 구도이다. 사슴이 거니는 길과 평행한 계류의 흐름이 화면에 가로의 방향성을 강조하여 평안한 분위기를 낸다.도57 오리건대학교 박물관 소장본은 1879년(고종 16) 왕세자(순종)의 천연두를 치료하였던 의약청 관원들이 만든 계병으로 확실한 기년작이라는 점에서 매우 중요하다.

이상 살펴본 바와 같이 국립중앙박물관 소장의 《십장생도》 8첩 병풍의 각 경물들이 자연의 모습에 가깝게 어우러져 있다면, 그보다 제작 시기가 늦은 것으로 판단되는 그림들은 각 장생물들이 병렬적이고 좌우대칭에 가깝게 배치되어 매우 평면적인 감각을 자아낸다. 붉은 줄기의 소나무와 옹이의 표현, 패턴화된 가지 끝의 표현, 청록산수의 기법, 채색의 색감 등에서도 시대적인 구별 요소를

도54 《십장생 군록도》 4첩 벽장문, 비단에 채색, 각 119.8×58.0cn, 국립고궁박물관 소장.

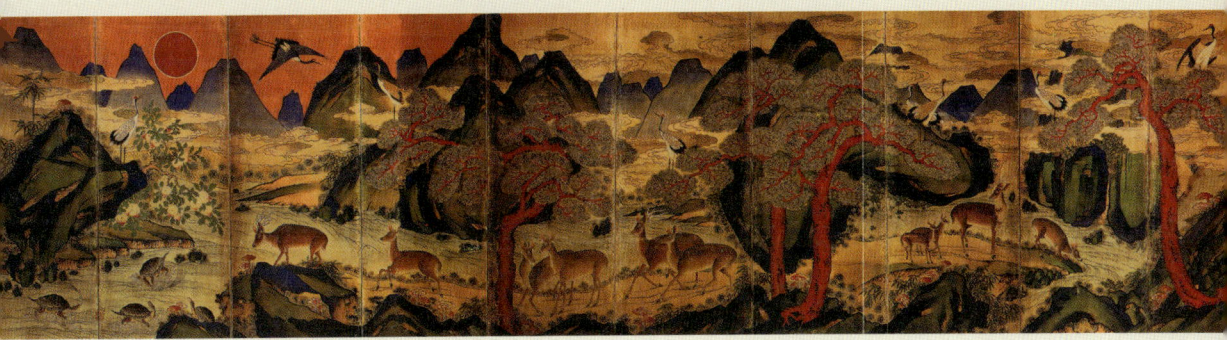

도56 《십장생도》 8첩 병풍, 비단에 채색, 117.0×375.0cm, 마이아트 옥션.

도57 《십장생도》 10첩 병풍, 비단에 채색, 101.0×407.0cm, 서울 옥션.

도55 《십장생도》 10첩 병풍, 1880년 완성, 비단에 채색, 각 201.9×52.1cm, 미국 오리건대학교 박물관 소장.
©photo courtesy Jordan Schnitzer, Museum of Art, University of Oregon.

찾을 수 있다. 또한 화풍 면에서 소나무와 산, 파도와 폭포의 묘사가 일월오봉병과 많은 부분을 공유하고 있다.

청록산수에서 양식의 차이는 청색의 비중과 설채 방식, 덧선으로 가해진 금선金線의 유무와 선명도, 산을 형성하는 암괴의 크기와 형태감, 준皴의 유무, 태점의 형태와 분포 등에서 결정된다.도58 태점은 동그란 윤곽선 안에 녹색을 칠한 단순한 형태와, 윤곽선을 따라 흰점을 찍고 초록색과 검은색을 메운 부정형의 큼직한 형태가 있다.도59 후자의 태점은 태점이라기보다 이끼의 장식적인 표현에

제1부 궁중 장식화의 세계

가까운데 19세기 말 이후의 그림에서 나타나는 양식이다. 일본의 채색화에서는 이른 시기부터 나타나는 특징으로 16세기의 그림에서도 찾아볼 수 있다.[도60] 19세기 말에서 20세기 초의 궁중회화에 이러한 태점이 많이 나타나게 되는 것은 이 시기 밀려온 일본 미술의 영향을 받았기 때문으로 풀이된다.

해학반도도　　　　해학반도도海鶴蟠桃圖는 바다, 학, 반도가 중심 제재가 되는 장생도의 한 가지로서 십장생도의 물가 부분이 독립되어 확대된 양상이다.[도61] 해학반도도병을 일반적인 십장생도병과 비교하면 육지의 비중이 대폭 축소되고 대부분의 공간은 바다와 서운이 감도는 하늘이 차지하는 구성인 점이 다르다. 기암괴석이 바다에 솟아 있고 그 위에는 학들이 무리 지어 날아들고 있다. 육지에는 소나무 대신 복숭아나무로 대체되었으며 그 비중이 커져서 화려한 느낌도 강해졌다. 하늘이 차지하는 면적이 커지면서 구름의 형태가 장식적이고 도안화된 것도 특징이다. 해학반도도에는 사슴과 거북은 보이지 않고 오직 군학이 구름 사이를 날거나 나무와 바위에 앉아 먼 곳을 응시하고 있다. 십장생도가 육지의 장생도라면 해학반도도는 바다의 장생도를 대표한다고 할 수 있겠다.

국립중앙박물관 소장의 전 난곡蘭谷 필 〈선경도〉仙境圖는 세로 길이가 90센티미터인 단병이지만 소재와 구성 면에서 8~10첩의 대형 해학반도도 병풍의 전개를 예시하는 작품이다.[도46] 전형적인 궁중화풍으로서 불규칙적인 포말과 파도, 복숭아나무 이파리의 유연한 필치, 괴석의 설채 등을 보면 이 그림의 제작 시기를 19세기 이전으로 올려 잡아도 좋을 듯하다.

해학반도도는 십장생도에 비해 제재를 포치하고 구도를 변용하는 폭이 넓다. 복숭아나무가 화면의 중앙에서 중심 경물의 역할을 하는가 하면[도61] 바다보다 계류의 비중이 커져서 학은 하늘을 날기

도61 《해학반도도》 10첩 병풍, 비단에 채색, 166.0×416.0cm, 이화여자대학교 박물관 소장.

〈해학반도도〉 8첩 병풍, 비단에 채색, 157.2×295.6.0cm, 리움미술관 소장.

보다 계류에 발을 담그거나 육지에 한가롭게 모여 있다.^{도62} 바다 표
현이 강해지면서 산호가 그려지기도 하고 육지 가까이까지 내려온
구름이 온통 화면을 덮는 경우도 있다. 또는 복숭아나무 대신 십장
생도에서처럼 여전히 소나무가 주요 경물인 경우도 있다.^{도63}

　장식적인 구름이 화면을 압도하는 대표적인 사례는 미국 호놀룰
루아카데미 미술관 소장의 《해학반도도》 12첩 병풍이다.⁶³ ^{도64, 64-1}
화면의 높이나 첩 수에서 보기 드문 대작으로서 화면의 절반 이상
을 차지하는 도안적인 구름이 금박으로 장식되어 더없이 화려한 분
위기를 자랑한다. 제1첩 우측 상단의 바위 면에 "羣僊拱壽壬寅夏
題"(신선들이 두 손 모아 장수를 축원하며 임인년 여름 제하다)라는 금색 글씨
가 적혀 있어 제작 시기는 고종황제가 망육순을 맞은 1902년으로
추정된다. 금박으로 넓은 면을 메우는 기법이 조선시대 궁중회화에

서 널리 쓰이지는 않았지만 여러 경로를 통해 일본 미술이 적극적
으로 유입된 대한제국기에는 충분히 우리식으로 금장병풍金裝屛風
을 제작할 수 있는 대내외적 여건과 황실의 수요가 있었다. 호놀룰
루아카데미 미술관 소장의 《해학반도도》 12첩 병풍은 대한제국기
일본 미술의 영향을 받은 궁중회화의 변화된 일단을 보여 주는 좋
은 사례이다.

  한편 바다의 장생도 중에 일월오봉도를 연상시키는 극도로 단순
화되고 장식화된 구성으로 그려진 그림도 있다. 대표적인 것이 국
립고궁박물관 소장의 《해반도도》海蟠桃圖이다.^{도65} 4첩의 병풍이 1쌍
을 이루는 형식인데 학을 포함한 모든 동물이 배제되고 오직 해와
달, 산, 복숭아나무가 대칭으로 포치된 원대한 바다 풍경이다. 화려
하고 웅장하지만 정적이고 엄정한 분위기마저 느껴진다. 이 병풍의

도65 《일월반도도》日月蟠桃圖 4첩 병풍 1쌍, 비단에 채색, 317.0× 259.4cm(좌), 315.0×257.2cm (우), 국립고궁박물관 소장.

용도는 『영정모사도감의궤』影幀模寫都監儀軌를 통해 추정할 수 있다. 1900년 화재로 소실된 경운궁의 선원전을 이듬해에 중건한 뒤 그 안에 입배入排한 품목 중에 '해반도병海蟠桃屛 4첩 2좌'가 포함되어 있었다.[64] 주벽主壁에 설치될 오봉병 7좌, 모란병 28좌는 물론 동벽 과 서벽에 설치되는 매화장자梅畵障子 2좌도 새로 제작되었다. 그런 데 이때 함께 들여진 모란병 4첩 2좌와 해반도병 4첩 2좌의 설치 위치는 정확히 알기 어렵다. 아무튼 진전 안에 해반도병이 설치되 었음은 분명한데 현전하는 그림 중에 1901년 즈음에 해당되는 그 림의 양식, 진전에 어울리는 세로 3미터가 넘는 큰 규모, 4첩 2좌 라는 구성 등으로 미루어 볼 때 이 국립고궁박물관의 《해반도도》 4첩 병풍 2좌가 이때의 진전 입배용으로 사용되었던 것이 아닐까 한다.

십장생도의 소재가 되는 열세 가지 장생물 중에서 바다, 바다 중간의 산, 복숭아나무, 그리고 학으로 조합된 해학반도도의 구성

도64-1 《해학반도도》 12첩 병풍의 세부

은 요지연도의 배경이 되는 서왕모의 거처를 연상시킨다. 서왕모가 거처한다는 바다 위의 곤륜산과 삼천 년마다 한 번씩 열매를 맺는다는 그곳의 반도蟠桃는 신선세계의 이미지와 밀접한 관련이 있다. 십장생도가 열 가지 장생물을 한 화면에 종합하여 장수의 의미를 강조하였다면 해학반도도는 신선이 거처하는 성스러운 공간을 형상화함으로써 그 상징성을 극대화하였다고 볼 수 있다.

화조화는 사실상 궁중에서 장식용으로 가장 널리 사용되었다고 생각된다. 꽃과 풀, 그리고 새의 아름다운 자태는 실내를 장식하는 데에 더없이 적합하였을 테지만, 여기에 복을 바라는 무한한 길상의 세계를 덤으로 숨겨 놓을 수 있었기 때문이다. 아름다움에 대한 시각적인 향유를 넘어 화조도는 사실 다른 어떤 주제의 그림보다도 복을 바라는 마음을 우의寓意할 수 있는 좋은 소재로 이루어져 있다. 갖가지 꽃과 풀, 새의 조합을 통해 고대 중국에서부터 내려온 부귀영화, 불로장수, 다남과 자손 번창, 과거 합격과 출세 같은 폭넓은 상징성을 복합적으로 펼칠 수 있었던 것이다.

궁궐 안에서 화조화는 장식적인 용도 외에 중국이나 유구국琉球國의 사신에게 선사하는 그림 중에 꼭 포함되어 있었다. 화초 족자 혹은 화초 병풍이 산수도와 함께 증정되곤 하였다. 예나 지금이나 화조화는 길상의 의미를 담은 선물용으로 좋은 주제였던 것 같다. 의궤나 실록에서는 '화초'花草, '화초영모'花草翎毛, '연화'蓮花, '연화영모'蓮花翎毛, '절화영모'節花翎毛, '화훼영모'花卉翎毛, '영모'翎毛 등의 조금씩 다른 명칭이 발견되는데 꽃나무와 풀꽃, 물에서 피는 연꽃, 산새와 물새가 적당히 어우러진 내용이었다고 생각되므로 모두 넓은 범위의 화조화에 포함시킬 수 있다.

화조화는 궁중에서도 특히 여성의 공간과 밀접한 관련이 있었다. 1829년(순조 29) 기축 진찬에서 순원왕후의 대차大次로 사용된

자경전 동온돌에 화조도 8첩 병풍이 설치되었음을 그림에서 확인할 수 있다.^{도66, 67} 화조화가 여성과 관련이 깊은 사실은 궁중 가례 때에 별궁, 개복청, 동뢰연청 등에 설치되었으며 자수 그림 중에 화조화가 많은 점에서도 짐작된다.

궁중에서 장식용으로 사용된 화조화는 대부분 8첩 혹은 10첩의 병풍에 그려진 채색화가 많았다. 각 첩은 기본적으로 바위가 포치된 공간으로 설정되며, 대부분 산속의 한 점경이지만 때로는 물이 흐르는 계곡이나 연꽃이 핀 물가 정경이 섞여 있기도 하다. 꽃이든 새든 대부분 두 종류 이상이 근경과 원경에 각각 포치되는데 새는 항상 암수 두 마리가 다정하게 짝지어 있는 모습이다. 꽃과 새의 종류는 대체적으로 춘하추동의 계절 변화에 맞게 구성되어 있는 편인데 계절감을 정확하게 반영하고 있지는 않다.

궁중 소용품으로서의 면모를 간직한 통도사 성보박물관 소장의 《화조도》 8첩 병풍을 예로 들어 좀 더 자세히 살펴보기로 한다.^{도68} 제1첩에는 암수 금계金鷄와 새끼들이 철쭉(躑躅), 제비꽃(如意草), 대나무가 자라는 바위 사이에 둥지를 튼 모습이다. 제2첩은 배꽃(梨花), 해당화海棠花, 금낭화錦囊花, 원추리(萱草, 忘憂草) 등이 핀 물가에 오리 한 쌍이 헤엄치고 있는 풍경이다. 제3첩에는 비둘기(鵓鴿) 한

도68 〈화조도〉 8첩 병풍, 비단에 채색, 각 123.9×42.4cm, 통도사 성보박물관 소장.

쌍이 목련(玉蘭花), 복숭아꽃, 붉은 장미(長春花, 月桂花)가 만개한 아래 앉아 있다. 제4첩에는 녹색의 앵무鸚鵡(鸚哥) 한 쌍이 모란, 찔레꽃, 노란 장미가 만개한 가운데 쉬고 있다. 모란의 표현은 국립중앙박물관의 《모란도》 10첩 병풍과 매우 유사하다. 제5첩은 수대조綏帶鳥 한 쌍이 바위 사이에서 핀 백합, 대나무 등이 자라는 계곡 가를 배경으로 앉아 있는 광경이다. 제6첩은 연화와 여뀌(水蓼)가 자라고 오리가 헤엄치고 물총새가 사냥하는 물가 정경이다. 제7첩은 붉은 열매를 맺은 여지荔枝나무와 국화, 달개비가 피어 있는 물가의 원앙 한 쌍, 그리고 까치밥나무에 깃든 까치들이 그려졌다. 제8첩에는 매화나무, 동백꽃(山茶花), 대나무가 자라는 계곡 가에 꿩과 메추리가 있는 모습이 그려졌다. 겨울을 상징하는 매화, 동백, 꿩은 채색 화조화의 마지막 첩에는 단골로 등장하는 소재이다. 채색 화조화에서 마지막 첩은 겨울의 계절감이 분명하게 드러나는 것이 보

통이다. 특히 달이 뜬 겨울밤의 설정도 자주 눈에 띄는데 이는 차가운 계절의 정취를 은근하게 고조시킨다.

통도사 성보박물관 소장《화조도》8첩 병풍의 필치는 단정하면서도 유려하며 채색은 맑고 곱다. 새의 보드라운 솜털과 뻣뻣한 깃털, 발톱의 돌기, 가는 꽃술과 여린 잎맥, 까칠한 줄기의 질감 등이 정치精緻하게 표현되어 있다. 화려하지만 야하지 않은 색감과 세밀한 묘사력은 궁중회화에 걸맞는 격조와 품위를 갖추었다.

통도사 성보박물관의《화조도》8첩 병풍처럼 한국에서 자생하는 현실적인 꽃과 새가 그려진 경우가 있는가 하면 리움미술관 소장의《서수낙원도》瑞獸樂園圖처럼 현실과 상상 속의 새와 동물이 어우러진 가상의 세계를 형상화한 그림도 있다.^{도69} 화면 중앙의 떠오르는 아침 해(旭日), 오동나무, 그에 서식하는 봉황이 배치되고 그 우측에는 학, 사슴, 기린이 소나무를 중심으로 모여 있다. 봉황의 좌측에

도70 〈봉황도〉〈공작도〉 쌍폭, 종이에 채색, 156.2×54.6cm, 필라델피아 미술관 소장. ⓒPhiladelphia Museum of Art

도71 《서조도》 비단에 채색, 94.0×
140.0cm, 국립진주박물관(구 김용
두 소장).

는 연화가 핀 연못에 원앙이 헤엄치고 복숭아나무가 자라는 바위에
는 공작과 난조鸞鳥가 둥지를 틀었다. 마지막 두 첩에는 화면 가득
어려 있는 구름 속에 용이 서려 있다. 봉황, 학, 원앙, 공작, 그리고
학, 사슴, 기린들은 모두 암수 한 쌍이며 새끼들을 거느리고 있는
다복한 일가족의 모습으로 표현되었다.

　　봉황과 공작은 그 화려한 자태로 궁중에서 선호되었다. 《서수낙
원도》에서 화면의 중심을 이루는 욱일, 봉황, 오동나무의 조합은
'아침 햇살에 우는 봉황'(朝陽鳴鳳, 丹鳳朝陽)이라 하여 길한 운세가 펼
쳐지기를 기원하는 길상화에 단독으로 많이 등장하는 주제이다.[65]
창덕궁 대조전 동벽에도 같은 주제의 봉황그림이 그려져 있다(제3부
도30 참조). 특히 이 《서수낙원도》에서는 암수 봉황과 아홉 마리의

도72 《화접도》 가리개 쌍폭, 비단에 채색, 165.5×53.8cm, 서울역사박물관 소장.

새끼가 정확하게 그려진 이른바 구추봉九雛鳳의 도상을 확인할 수 있다.[66] 다산과 부부화합을 상징하는 구추봉도는 필라델피아 미술관 소장의 〈봉황도〉와 〈공작도〉 쌍폭 중의 하나이기도 하다.[도70] 이 그림에는 새 중의 왕인 봉황에 걸맞은 꽃 중의 왕 모란을 태호석과 어울려 놓았다. 모란과 봉황의 조합은 김용두 소장 〈서조도〉瑞鳥圖에서도 볼 수 있다.[도71] 필라델피아 미술관의 〈공작도〉는 공작 가족이 달밤에 복숭아나무, 영지, 대나무 등과 어우러져 있는 그림으로 〈봉황도〉와 대비를 이룬다. 공작도는 현전하는 예가 매우 드물지만 공작은 요지연도나 곽분양행락도의 배경에 항상 등장하는 서조瑞鳥이기 때문에 궁중 장식화에서는 매우 친숙한 존재이다.

꽃그림은 새 외에도 나비와 함께 화접도花蝶圖로 그려졌다. 운현궁에서 사용되던 《화접도》花蝶圖 가리개를 대표적으로 꼽을 수 있다.[도72] 모란과 찔레꽃, 장미와 원추리가 괴석에 의지하여 나비와 어우러져 있다. 이끼와 바위의 표현에서 일본화풍의 냄새가 나기 때문에 제작 시기는 20세기 초로 여겨진다.

한편 화조화는 세로 길이가 작은 단병短屛으로도 제작되었다.[도73]

도73 《연화수금도》蓮花水禽圖 4첩 병풍, 비단에 채색, 각 76.0× 42.5cm, 국립고궁박물관 소장.

현전하는 단병 중에는 연지를 배경으로 연꽃과 물새가 자연스럽게 어우러진 물가 풍경을 그린 것이 있다. 연화와 물새는 중국에서 고대부터 풍요의 상징이었다. 꽃과 열매를 함께 맺는 연蓮은 무성하게 번창하는 생명력과 관계가 있고 연화, 즉 하화荷花는 발음이 화합和合과 같으므로 부부화합에 의한 자손번창을 의미한다. 연화도에는 부부금슬과 귀자貴子의 우의寓意가 있는 원앙이 같이 그려지는 경우가 많다.

4 태평과 복락

곽분양행락도	**곽분양 이미지의 연원과 의미**

　　곽자의郭子儀(697~781)는 당나라 현종 때 안사安史의 난을 평정하고 장안長安을 수복했던 명장名將이다.[67] 그는 회흘回紇을 회유하여 토번吐蕃을 물리치고 당 황실을 위기로부터 구하여 당 대종代宗(재위 762~779)에게 철권을 하사받았으며 능연각凌練閣에 공신상이 봉안된 인물이기도 하다. 이 같은 정치·군사적 공로로 분양군왕汾陽郡王에 봉해졌으며 그 봉호를 따라 곽분양이라는 이름으로 더 많이 알려져 있다. 곽자의는 개인적으로도 부귀를 누리며 나이 80세 넘게 장수하였을 뿐만 아니라 8명의 아들과 7명의 사위가 모두 현달顯達하여 이상적인 일생을 영위한 인물로 회자되었다.

　　특히 곽자의의 아들 곽애郭曖는 당 대종代宗의 딸 승평공주昇平公主를 아내로 맞은 부마였으며, 딸은 헌종憲宗(재위 806~820)과 혼인하여 목종穆宗(재위 821~824)을 낳은 황후였다. 곽자의의 아들과 딸이 부마와 황후로서 황실과 혈연을 맺었던 사실은 조선시대 왕실회화에서 '곽분양행락'郭汾陽行樂을 주요한 화제로 채택할 수 있었던 충분한 명분을 제공하였다고 본다. 왕실의 가족들도 곽자의처럼 다

도74 〈곽자의〉《역대도상》歷代圖像
제3권(이利)에 수록, 종이에 채색,
26.0×18cm, 북촌미술관 소장.

복하게 살고 싶은 염원을 행락도라는 일상이 강조된 그림
으로 제작하였던 것이다.[68]

　우리나라에서 처음에 곽자의는 복락을 누린 인물보다
명장으로 인식되었다. 이는 일찍이 신라시대 최치원崔致遠
(857~?)의 『계원필경』桂苑筆耕이나 『삼국사기』三國史記에도
잘 나타나 있다.[69] 18세기 이전까지 곽자의는 그의 공적에
기반을 두어 무재武才가 있고 충의정대忠義正大한 충신에 주
로 비유되었다.

　곽자의가 오복을 갖춘 인물의 표상으로 부각되기 시작
한 것은 숙종 연간(1675~1720)이다. 숙종은 '분양왕汾陽王을
찬하는 글'에서 곽자의를 세상에 비길 데 없이 복록, 장수,
부, 다남을 다 가진 보기 어려운 인물이라 칭송한 바 있다.[70] 숙종은
소현세자 혈손이 모두 탈 없이 번창함을 곽자의에 견주어 말했으며[71]
연잉군延礽君 시절의 영조에게 "곽자의처럼 길이길이 다복하게 살지
어다"(永年多福郭公如)라는 시를 내리기도 하였다.[72] 정조는 곽자의를
오복을 갖춘 '복장'福將으로 지칭하며 영화와 복록을 온전히 겸한
인물로 언급하였다.[73] 홍낙성洪樂性에게 궤장几杖 하사를 추진할 때
홍낙성을 곽자의에 비유한 것은 곽자의의 무공武功보다 장수長壽와
복록에 주목했음이 분명하다. 이같이 18세기가 되면 왕실에서 곽자
의는 현세적인 부귀공명과 장수, 자손의 번성을 모두 겸비한 인물
의 표상으로 자리 잡게 된다.[74]

　중국이나 한국에서 곽자의를 주제로 한 그림은 초상화로 먼저
그려졌다.[도74] 명장과 충신의 상징으로서 곽자의의 초상은 감계적 목
적을 띠고 즐겨 제작되었다. 조선에서는 15세기 무렵 중국의 역대
충신 12명을 그린 병풍 중에 곽자의가 포함된 기록이 있으며[75]
1728년 이인좌李麟佐의 난을 평정한 공신을 지정한 녹훈도감錄勳都
監의 계병楔屏에도 곽자의는 당나라의 훈신勳臣으로서 포함되었다.[76]
이 계병은 촉한蜀漢의 제갈량諸葛亮, 한나라의 진평陳平, 후한의 풍이

馮異, 당의 배도裴度(765~839) 등 중국의 충신 6명을 소진小眞 형식으로 그린 병풍인데 곽자의는 제4첩에 '분양왕안락태평'汾陽王安樂太平이라는 화제로 묘사되었다.

초상화 형식 외에 중국에서 곽자의는 자손들과 함께 그려지거나 생일에 부인과 함께 앉아 자손들과 손님들의 경하를 받는 모습이 축수도祝壽圖, 경수도慶壽圖, 수고도壽考圖, 수탄도壽誕圖, 배수도拜壽圖 같은 제목으로 그려졌다.도75 조선시대에 같은 내용이 곽분양 '행락도'라는 이름으로 통칭되었던 것과 매우 대조적이다. 중국에서 '행락도'는 일상 속의 초상이나 인물을 그릴 때 많이 붙여지는 제목이지만 조선시대에는 '행락도'라는 화제가 그리 선호되지 않았다. 18세기 말 연행燕行한 사신이 중국인의 저택에서 우연히 본 곽분양 주제의 그림을 '곽분양행락도'라고 지칭했던 점은 그 당시 조선에서 곽분양에 관한 한 '곽분양행락'이라는 제목이 가장 널리 알려져 있었음을 방증하는 일화이다.[77] 중국에서는 곽분양의 장수長壽에 초점이 맞추어졌다면 조선시대에는 곽분양이 누린 것과 같은 복록과 편안한 삶, 특히 자손 번창을 형상화하는 데에 주력하였다는 차이가 있다.

18세기 조선시대 왕실에서 곽분양행락도가 다남과 자손 번창의 의미를 실어 빈번하게 제작되었음은 곳곳의 기록에서 드러난다. 숙종이 곽분양행락도에 어제시를 써서 세자에게 내렸던 것도 자손들이 만복을 누리며 번창하기를 갈망했기 때문이었을 것이다.[78] 이와 같이 곽분양행락도는 동궁을 위해서도 제작되었지만 가장 자주 사용되었던 곳은 왕실의 가례 때 친영례 전까지 왕비가 거처하는 별궁이었다. 18세기까지는 별궁에 연화도蓮花圖 병풍을 쳤지만 19세기에는 곽분양행락도가 이를 대신하게 된 것이다. 1834년에는 규장각 차비대령화원의 녹취재에 '당곽자의행락도'唐郭子儀行樂圖라는 제목으로 문제가 출제되기도 하였다.[79]

19세기 궁중에서 곽분양행락도의 유행은 '곽분양전'郭汾陽傳을

도75 〈곽자의칠십대수백관배수도〉郭子儀七十大壽百官拜壽圖 청 중기, 비단에 채색, 195.0×116.0cm, 중국 CNTV.

포함한 중국의 역사인물을 소재로 한 소설이 인기를 얻었던 것과도
관련이 깊다.[80] 특히 계명대학교 도서관 소장의 필사본 『곽분양퉁장
녹』의 존재는 19세기 전반 궁중에서 곽분양전이 많이 읽혔음을 말
해 준다. 『곽분양퉁장녹』은 낙질落帙로 제1권 한 책만이 존재하는데
다행히 책 끝부분에 "경진뎡월이십亽일상"이라는 필사 일시와 왕세
자의 서적을 출납하던 시강원 겸사서兼司書의 입직성기入直省記가 쓰

여 있다. 다시 말하면 1820년 1월 24일에 필사한 책이며 세자시강
원世子侍講院의 소장 도서였던 것이다. '곽분양이
라는 충성스런 장군의 이야기'라는 제목에서도
알 수 있듯이 위험에 빠진 나라를 구한 장군이
가정을 형성하는 과정이 풍부하게 묘사되어 있
는 소설로서 왕세자의 독서 대상이 되었음은 주
목을 요하는 부분이다.

　곽분양행락도는 일반 사가私家에서도 혼례
때 사용되는 중요한 병풍 중 하나였다.[81] 우리나
라에서 '곽분양'의 주제는 궁중에서나 민간에서
나 혼병婚屛으로서 역할이 컸으며 병풍 그림 외
에는 미술품에서 보기 어려운 주제이다. 중국에

서는 도자기, 칠기, 직물공예 등 다양한 재료의 미술품에서 곽분양의 주제가 채용되고 형식과 도상의 폭도 넓었던 것과 대조적인 현상이다.^{도76, 77}

유형과 양식

조선시대 곽분양행락도는 모두 왜장倭粧 병풍으로 꾸며졌다. 병풍은 8첩이나 10첩의 절첩식折帖式이지만 화면은 한 장면으로 연결된 것을 말한다. 중국에서는 여러 폭의 통경도通景圖 형식을 취하거나 부조로 조각된 목조 좌병座屛인 경우가 많다.

현전하는 곽분양행락도 중에 가장 섬세한 필치와 우수한 표현이 돋보이는 작품은 '兢齋'(긍재)라 관서되고 주문방인 '兢齋'와 백문방인 '金得臣印'(김득신인)이 찍혀 있는 국립중앙박물관 소장본이다.^{도78,} ⁷⁸⁻¹ 이 그림의 관서는 후낙이지만 이 그림 외에도 궁중 장식화 가운데 유독 곽분양행락도에만 김득신金得臣(1754~1822)의 관서가 여러 군데에 남아 있는 사실을 완전히 간과할 수는 없다.⁸² 김득신이 곽분양행락도의 도상 성립에 일정한 역할을 했거나 이 주제가 김득신의 전문 분야 중의 하나였을 것이라는 추정을 불러일으킨다.⁸³ 김득신과 곽분양행락도의 관계에 대해서는 앞으로 좀 더 연구해 볼 필요가 있겠다.

국립중앙박물관 소장의 전 김득신 필 〈곽분양행락도〉는 세로 방향으로 두 군데에 결봉 흔적이 있는 대형 화면의 그림이다. 현재 한 장의 화면으로 연결되어 있지만 원래는 병풍이었던 그림에서 잘려 나온 것으로 보인다. 인물의 자태는 자연스럽고 유려하며 복식, 머리 꾸밈, 기물, 건축 의장 등에 가해진 정치精緻하기 이를 데 없는 문양은 우미하면서도 고급스럽다. 각종 장식 표현은 화려하나 과장되지 않고 경

도78-1 관서 부분

97

도78 〈곽분양행락도〉 전 김득신, 비단에 채색, 143.9×123.6cm, 국립중앙박물관 소장.

직된 맛이 없어서 전체적으로 격조가 느
껴지는 작품이다. 괴석과 모란, 정원에 노
니는 학·노루·원앙, 오동나무·복숭아나
무·대나무·소나무·버드나무·목련 등 곳
곳에 계절감과 길상을 암시하는 인위적인
장치가 포진되어 있다. 이 작품은 현전하
는 곽분양행락도 중에서 가장 제작 시기
를 올려 잡아도 무리가 없을 것이다.

도79-4 내당의 어린이 부분

  국립중앙박물관 소장의 《곽분양행락도》 8첩 병풍은 앞에서 살펴
본 전 김득신 필 〈곽분양행락도〉보다 제작 시기가 약간 늦은 작품
이지만 전형적인 19세기 후반의 궁중화풍을 보여 준다.^{도79} 조선시
대 곽분양행락도의 내용은 크게 세 부분으로 나뉜다. 화면 중심부
는 정원에 임시로 설치된 차일 아래 곽자의가 어린 손자로부터 장
성한 아들 사위까지 남자 자손들에게 둘러싸여 무희舞姬의 춤을 감
상하는 모습으로 이루어져 있다.^{도78-2, 78-3, 79-1, 79-2}

  화면 우측에는 별도의 누각 안에서 이를 바라보는 곽자의의 부
인을 위시하여^{도78-4, 79-3} 여성과 아이들이 거처하는 공간이 그려졌
다. 머리단장을 하고 자수를 놓거나, 오락을 즐기고 새나 고양이를
키우며 산책을 하고, 갓난애에게 젖을 물리거나 놀이에 열중한 어
린애들을 돌보는 평범한 일상이 어떤 걱정거리도 없을 것 같은 태
평한 분위기 속에 묘사되었다. 화면 좌측에는 저택의 입구와 남자
가족들이 여가를 보내고 있는 후원의 정경이 그려졌다. 너른 연못
가 정자에서 바둑을 두는 한가로운 정경이다.

  오복을 두루 갖춘 인물이라는 곽자의에 대한 조선 후기의 인식
대로 그의 태평한 생활이 잘 반영된 구성이다. 이러한 내용은 숙종
의 어제시에서 연상되는 거문고와 피리의 연주, 높다란 집, 늘어선
아들과 사위, 화려한 연석筵席 등의 이미지와 상통한다.⁸⁴ 현재 남아
있는 곽분양행락도 도상의 기본 구성이 18세기 초의 작품들과 크

도79 〈곽분양행락도〉 8첩 병풍, 비단에 채색, 144.5×49.9(제1·8첩), 53.0(제2~7첩)cm, 국립중앙박물관 소장.

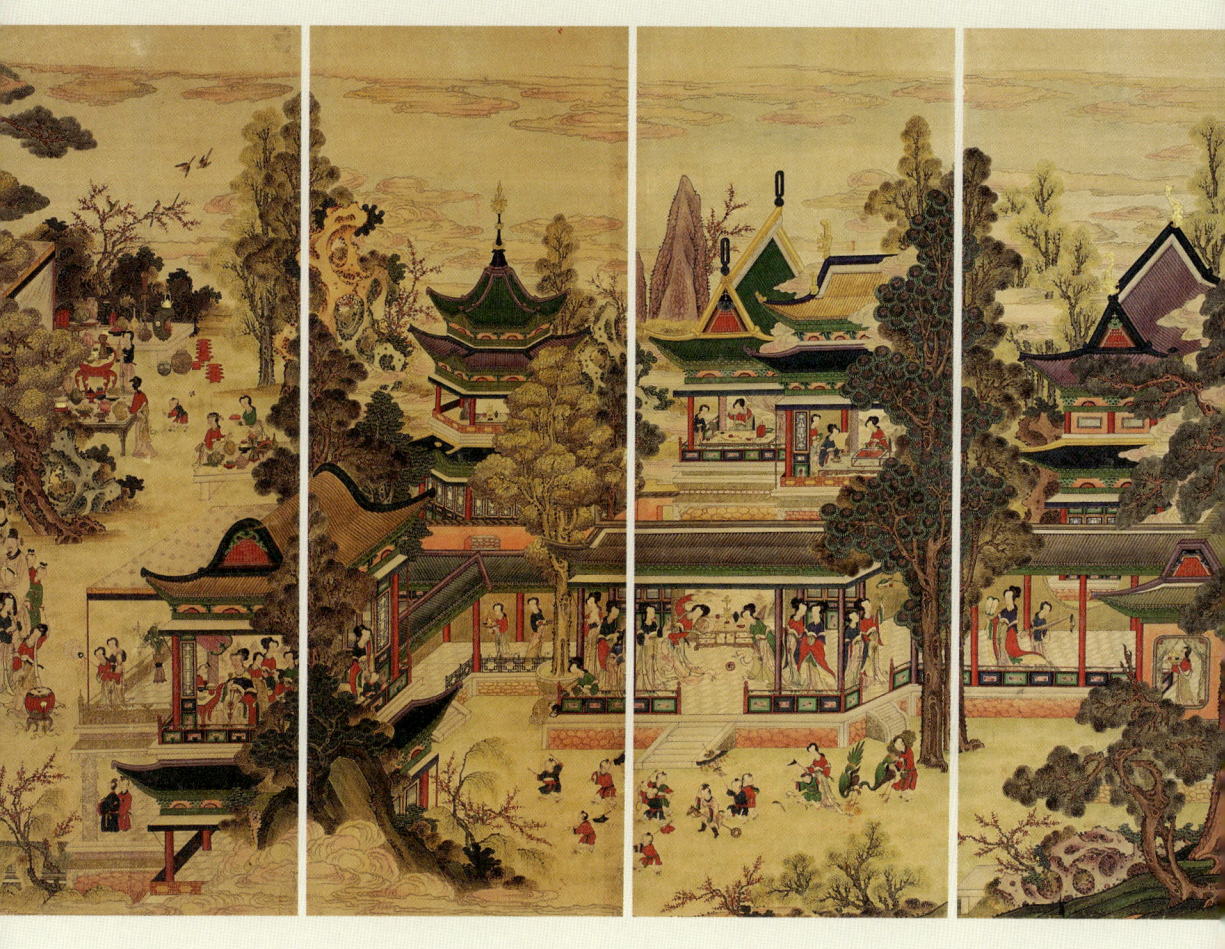

게 다르지 않았음을 시사한다.

　곽분양행락도의 도상은 국립중앙박물관 소장의 8첩 병풍과 같은 기본 틀을 유지하지만 그림마다 약간씩 차이는 있다. 가장 눈에 띄는 차이는 곽자의에게 청동술잔(爵), 오량관五梁冠과 홀笏을 쟁반에 담아 바치는 2명의 남자가 그려지기도 하고 생략되기도 한다는 점이다.도78-3, 도79-2 양관은 진하례나 제례 등에 백관이 조복과 함께 착용하는 관으로 다섯 줄의 양梁이 있는 오량관은 1품관의 복식이다. 헌수獻壽에 쓰는 작爵과 높은 벼슬을 가진 자만이 쓸 수 있는 오량관은 장수와 출세를 상징하는 매체이다. 때로는 음식상 앞에 엎드려 배례拜禮를 올리는 모습이 그려지지도 한다.도80

　비파·피리·생황·대금·박·소라·편경·북·피리 등을 연주하는 여인 악대의 악기 구성이나 인원수도 조금씩 다르다. 또 대부분의 경우 춤을 추는 무희가 1명이지만 2명이 그려진 예가 있다.도81, 81-1 2명의 무희는 민화풍의 그림에서 자주 발견되는 도상이므로 상대적으로 시기가 늦은 그림으로 비정할 수 있다. 그 외에도 인물의 숫자나 위치, 들고 있는 지물 등에서 약간의 차이가 있다.

　건축 묘사에서 가장 눈에 띄는 차이는 곽자의의 부인이 앉아 있는 팔작지붕 건물의 용마루 표현이다. 용마루가 없는 건물로 그려진 예가 많은데 이는 여성이 거처하는 침전임을 나타내기 위한 표

도78-2 곽분양과 자손 부분

도78-3 무희와 양관 진상 부분

도78-4 부인 부분

도79-1 곽분양과 자손 부분

도79-2 무희와 양관 진상 부분

도79-3 부인 부분

도81 《곽분양행락도》 8첩 병풍, 비단에 채색, 144.4×427.0cm, 제3회 마이아트 옥션 경매품.

현이다. 또 한 가지는 연지의 누정 지붕인데 정면과 측면이 각 1칸씩인 사모지붕이거나 팔작지붕, 혹은 아ㅗ자형인 점이다. 도81-3, 82 그런데 이러한 세부 표현의 차이에서 어떠한 규칙성을 찾기는 어려워 보인다. 대부분이 19세기의 작품인 곽분양행락도 제작 시기의 선후를 비정하거나 작품의 유형을 나누는 데에 세부 도상의 차이는 결정적인 요소로 작용하지 못한다.

중국 청대의 곽자의 주제 그림은 주로 곽자의가 자신의 70세 생일을 축하하기 위해 분양왕부汾陽王府를 방문한 하객들로부터 하례를 받는 광경이 핵심인 축수도이다. 중국에서는 '곽자의축수도'가

도81-1 무희 부분

도81-2 내당의 어린이 부분

제1부 궁중 장식화의 세계

회갑일이나 칠순에 선물용으로 제작되는 예가 많았다.[85]

중국에서 곽분양의 주제는 다양한 재료로 장식되었음을 앞에서 언급하였는데 특히 청대에는 자단목에 부조된 칠병풍으로 많이 제작되었다.^{도83} 첩병도 있지만 한 화면으로 고정된 좌병도 있다. 곽자의는 가족들에 둘러싸여 있고 부인은 저택 안쪽의 내당內堂에 따로 앉아 있다. 후원의 연못, 그 주변에서 바둑을 두는 남자 손님들, 그리고 뛰노는 어린애들까지 대부분의 소재는 조선시대 곽분양행락도에서도 반드시 그려지는 것이다. 조선시대의 곽분양행락도가 중

국의 미술품에서 기본적인 모티프를 빌려왔음을 알 수 있다. 다른 점이 있다면 마당에서 춤을 추는 무희가 1명이 아닌 2명인 점,[86] 악기를 연주하는 여인 악대가 전혀 그려지지 않는다는 점이다. 대신 청대에는 분양왕부를 향해 오는 하객과 마부 등 대문 주변의 분주한 정경이 비중 있게 그려졌다. 평행사선 방향에서 화면을 일정한 깊이로 부감하는 구도도 양국의 그림이 서로 같지만 중국의 그림이 더 깊이 있게 위에서 부감하는 시점을 사용하였다. 청대의 그림은 축수와 하객맞이에 중점을 둔 비교적 단순한 구성이지만 조선시대의 그림은 넓은 저택의 면모와 그 안에서 안락하게 살고 있는 대가족의 생활상이 복합적으로 구성되어 있다.

이처럼 조선시대 곽분양행락도의 핵심이 되는 소재는 중국의 그림에서 영향을 받았다. 게다가 건물이나 복식, 기물 모습에서 중국적인 냄새가 강하다. 하지만 여러 면에서 한국적인 변용이 눈에 띄는 것도 사실이다. 화면 중앙의 곽자의를 중심으로 좌측의 남성 공간과 우측의 여성 공간을 뚜렷하게 분리시킨 점, 저택의 대문 주변 묘사를 줄이는 대신 연못, 누정, 초정草亭, 폭포가 있는 후원 영역을 확대한 점, 대가족의 평안하고 여유로운 생활을 강조한 점, 백동자도百童子圖의 도상을 일부 빌려와 자손 번창의 의미를 배가시킨 점

등은 조선적인 고안으로 볼 수 있다. ^{도79-4, 81-3 참조}

도79-4, 81-3 참조

한편 국립중앙박물관에는 〈곽자의팔자칠서〉郭子儀八子七婿라는 제목의 초본이 전한다.^{도84} 세로 폭 60센티미터, 길이 258센티미터의 종이 바탕이며 약간의 담채가 가해진 그림이다. 화사 김홍도金弘道(1745~1806 이후)가 경술년(1790)에 출초出草했다는 관서가 있으나 후낙이며 화풍도 거리가 있다. 조선시대 곽분양행락도가 거의 취하지 않은 횡권 형식인 점은 이 그림이 정본正本을 만들기 위한 밑그림이라기보다 곽분양행락도의 대략의 구성을 잡아 놓은 초안으로 휴대와 이동이 간편한 용도로 제작되었음을 말해 준다. 윤곽선이 가늘고 곧은 철선묘가 아니라 비수肥瘦가 있는 자유로운 필선인 점에서도 짐작된다. 곽자의 부인이 있는 누대가 내전內殿의 건물군과 연결되지 않고 독립되어 있는 점이 다를 뿐 크게 세 부분으로 나뉜 전체 구성은 보통의 곽분양행락도와 동일하다. 초본인 만큼 자세한 묘사는 없지만 주요 모티프는 모두 담겨 있다. 이 초본을 바탕으로 화가는 재량에 따라 얼마든지 건물과 인물을 확대하거나 첨가하고 세부 묘사를 풍부하게 만들 수 있었으리라 생각한다.

현전하는 곽분양행락도의 수는 30점 이상 확인된다. 이 중에서 궁중 소용으로 제작되었다고 자신 있게 말할 수 있는 전형적인 궁

도84 〈곽자의팔자칠서〉 종이에 담채, 60×258.0cm, 국립중앙박물관 소장.

중화풍의 그림은 많지 않다. 곽분양행락도 병풍은 19세기 민간에서도 혼례에 사용되었고 광통교 아래 병풍전에서 상품으로 매매되었음을 감안하면, 상류층의 수요를 충족한 화원들의 그림에서부터 이를 흉내 낸 직업화가들의 민화풍 그림까지 적지 않은 곽분양행락도가 제작되었을 것이기 때문이다. 한양대학교박물관의 《곽분양행락도》가 장식적인 민화풍으로 변모된 양상을 잘 보여 준다. ^{도85}

요지연도

도상의 연원

조선시대의 요지연도瑤池宴圖는 서왕모西王母가 주나라 목왕穆王을 초대하여 연회를 베풀고 여기에 초대받은 불보살과 군선들이 바다를 건너오는 모습을 그린 그림을 말한다.[87] 명칭은 서왕모가 자신의 거처인 곤륜산崑崙山의 요지瑤池에서 주나라 목왕의 방문을 받아 베푼 연회를 그린 '요지연'도이지만 사실상 그림의 내용은 중국 원·명대를 지나며 포괄적으로 확대된 개념의 요지연이다.

서왕모와 관련된 고사 중에 '반도대회'蟠桃大會라는 것이 있는데, 서왕모 탄신일이나 삼천 년마다 한 번씩 선도仙桃가 익은 것을 기념하여 불보살과 신선들이 요지瑤池에 전체적으로 모이는 것을 말한다. 조선 후기의 요지연도에는 '요지연'과 '반도대회'의 내용이 절충되어 있다.

서왕모 연회의 고사와 군선群仙이 모이는 고사는 원대元代에 결합되었으며 명·청대 소설 속에서 즐겨 묘사되었다. 즉 요지연과 반도대회는 명대를 지나며 의미가 혼용되어 같은 의미로 쓰이는 경우가 많았다. 조선시대 서왕모의 연회와 관련된 그림에 절충적인 개념이 반영된 것은 명·청대 소설의 유입과 함께 자연스럽게 형성된 것이다.

중국에서는 연회에 초점을 둔 '요지연도'라는 제목의 그림을 찾기 어려우며 〈요지헌수도〉瑤池獻壽圖, 〈군선회축수도〉群仙會祝壽圖처럼 연회보다는 서왕모에 대한 '축수'祝壽를 강조한 제목의 그림들이 많다. 그림의 내용도 서왕모를 배알하는 주 목왕, 하늘로부터 강림하는 서왕모를 맞이하는 신선들, 서왕모에게 헌수하는 불보살과 군선群仙 등 서왕모에 대한 축수의 행위에 초점이 모아져 있다. 아울러 신비로운 곤륜산의 경관도 비중 있게 다루어지는 것이 보통이다.

요지연이라는 주제와 기본적인 도상은 중국에서 빌려온 것이지만 조선시대 화가들은 이를 한국인의 기호를 살려 응용하였다. 서왕모가 이야기의 중심인 만큼 궁극적으로 장수와 기복祈福의 의미를 담은 점은 양국이 공통적이지만 제재의 선택과 화면 구성에 있어서만은 많은 차이를 보인다. 조선시대의 요지연도는 육지의 연회 장면과 불보살 및 군선들이 도해渡海하는 바다 장면으로 양분되는 형식으로 거듭났다. 마치 아무 관계없는 듯한 두 가지 주제의 그림을 붙여 놓은 느낌이 들 정도로 연회 장면과 해상군선海上群仙 장면은 독립적인 것이 특징이다. 실제로 군선이 도해하는 장면은 조선 후기 이후에 해상군선도 혹은 파상군선도波上群仙圖라는 제목으로 장수를 축원하는 신선도의 한 종류로 유행하였다.

국립중앙박물관 소장의 단폭 〈요지연도〉는 조선시대 요지연 도상이 성립되는 초기 양상을 짐작케 하는 작품이다.[88] 도86 신비한 기운이 감도는 깊은 산속, 바다가 내려다보이는 화려한 누대에서 주 목왕의 알현을 받는 서왕모를 그린 것이다. 바다를 건너는 신선과

도86 〈요지연도〉 18세기, 비단에 채색, 151.5×122.7cm, 국립중앙박물관 소장.

불보살들은 등장하지 않는다. 중국 남송의 화원화가인 유송년劉松年 전칭의 〈요지헌수도〉瑤池獻壽圖나 명대 인물화로 유명한 구영仇英의 《인물고사도책》人物故事圖冊과 같은 중국 그림들과 잘 비교된다.^{도87, 88} 이 그림들을 통해서 조선시대의 요지연도도 애초에는 중국에서 많이 그려지던 서왕모와 주 목왕의 접견 장면에서 출발하였으며, 나중에 여기에 18세기 이전부터 궁중회화의 한 주제였던 해상군선의 도상이 결합되었음을 알 수 있다.^{도89} 정조 연간에 '서쪽을 바라보니 서왕모가 요지로 내려오다'(西望瑤池降王母)라는 화제가 규장각 차비 대령화원의 녹취재 화제에 출제된 점, 그리고 신선도의 한 종류인 해상군선도가 19세기에 더욱 유행하였던 점도 그러한 추측을 뒷받 침한다.⁸⁹ 단폭 〈요지연도〉^{도86}는 채색의 색감이나 인물의 복식 문양 등에서 18세기의 작품으로 보아도 좋을 듯하다.

도87 〈요지헌수도〉 전 유송년劉松年, 16세기 초, 비단에 채색, 198.7× 109.1cm, 대만 국립고궁박물원 소장.

도88 〈인물고사도책〉 구영仇英, 16 세기, 비단에 채색, 41.1×33.8cm, 북경 고궁박물원 소장.

도89 《군선경술도》群仙競述圖 부분
전 인조仁祖, 쌍폭 중 한 폭의 부
분, 비단에 채색, 각 144.5×
49.3cm, 리움미술관 소장.

한편 조선에 유입되었던 중국의 군선축
수도류群仙祝壽圖類의 양상은 윤두서尹斗緖의
인장이 찍혀 있는 필자미상의 〈요지연도〉
와 〈요지군선도〉를 통해 그 일단을 엿볼
수 있다.[90] 도90, 91 공필의 이 채색화들이 윤
두서의 그림이라고는 생각하지 않는다. 도
화서 화원의 그림으로 보아야 할 것이다.
이 두 그림은 바닷가 누대의 서왕모 거처
에 군선들이 모이는 장면을 그린 전 구영
의 〈군선회축도〉群仙會祝圖와 도상 면에서
매우 유사하여, 이러한 도상을 가진 중국
그림이 적어도 18세기 초에 조선 화단에
들어와 있었음을 분명히 말해 준다.[91] 도92
이렇게 중국에서 유입된 요지연도나 군선
축수도류의 그림을 응용하여 조선의 화원
들은 한국의 사정에 맞는 도상을 창안하였

을 것이다.

　18세기 초 숙종이 감상하고 제발을 남긴 '열선도'列仙圖와 '요지
대회도'瑤池大會圖 등은 요지연도와 관련된 내용임이 분명하다.[92] 숙
종은 학을 탄 신선, 아름다운 전각과 누대樓臺, 노래 소리와 주악,
봉황, 선녀, 상서로운 연무煙霧 등을 노래하였다. '열선도'에서는 해
상군선 장면이 연상되고 '요지대회도'는 요지연 장면을 연상케 하
지만 당시의 이 그림들이 남아 있는 요지연도와 얼마나 흡사한 도
상이었는지는 자세히 알기 어렵다. 현재 전하는 요지연도의 도상은
화원들의 활동이 가장 창조적이던 18세기 후반 무렵 형성되어 여
러 유형으로 발전한 것이라고 생각한다.

　요지연도는 길상적인 장식화로 쓰이기도 했지만 19세기에 국가
의 경사스러운 행사를 마친 후에 관원들이 만든 기념화인 계병禊屛

도90 〈요지연도〉 전 윤두서, 18세기, 비단에 채색, 34.8×61.7cm, 개인 소장.

도91 〈요지군선도〉 전 윤두서, 18세기, 비단에 채색, 34.8×61.7cm, 개인 소장.

도92 《군선회축도》 전 구영, 17세기 중엽, 비단에 채색, 99.0×148.4cm, 대만 국립고궁박물원 소장.

의 주제로도 애용되었다. 1800년(정조 24) 왕세자(순조)의 책봉을 기념하여 선전관청宣傳官廳에서 만든 《왕세자책례계병》王世子冊禮稧屛, 1812년(순조 12) 효명세자가 왕세자로 책봉된 것을 기념하여 1809년 세자가 태어났을 당시 산실청産室廳에서 근무했던 관원들이 만든 《왕세자탄강계병》王世子誕降稧屛 등이 그러한 예에 속한다.[93] 궁중에서 요지연도는 무엇보다 장수나 만수무강의 의미가 강하게 깃든 그림으로 인식되었음을 알 수 있다.

유형과 특징

현전하는 요지연도 병풍은 크게 세 가지 유형으로 나눌 수 있다. 첫째는 화면 우반부에 해상군선이, 좌반부에 서왕모와 주 목왕의 연회가 포치되는 형식이다. 대부분의 요지연도와는 달리 해상군선과 연회 장면의 포치가 반대로 된 형식으로서 현전 요지연도 중

도93 〈요지연도〉 8첩 병풍, 비단에 채색, 164.0×440.0cm, 크리스티 경매품.

에 차지하는 비중은 크지 않다. 도93

연회가 한창인 너른 누대는 바다로부터 높이 솟아 있고, 바다 앞으로 난 근경의 육로는 병풍 전체를 가로지르며 계단을 따라 누대 위로 연결된다. 육지·누대·바다·하늘은 유기적으로 연결되어 합리적인 공간을 형성할 뿐만 아니라 높다란 누대, 저 아래의 바다, 먼 하늘이라는 명확한 공간의 깊이가 표출되어 있다. 또한 연회를 축하하러 오는 손님들이 육지, 바다, 하늘을 가리지 않고 사방에서 모여든다는 사실이 뚜렷하게 드러나 있다. 이러한 공간 설정은 화면 중앙의 서왕모와 주 목왕에게 시선을 집중시켜 특별한 공간에서 벌어지는 '요지연'의 주제를 부각시키는 효과가 크다. 또한 커다란 반도蟠桃나무를 연석宴席 앞에 배치하여 장수를 축원하는 주제의 상징성을 더욱 강조하였다. 연석에는 편종編鐘과 편경編磬이 포함된 악대의 반주에 맞추어 무희와 봉황이 춤추고 있다.

둘째 유형은 6첩 혹은 8첩의 병풍에 그려졌는데 첩 수와 상관없이 연회가 열리는 누대와 바다가 각각 절반씩 대등하게 화면을 차지하는 구성이다. 즉 해상군선의 비중은 세 가지의 유형 중에서 가장 큰 편이다. 이 유형의 그림은 1800년 왕세자(순조) 책봉을 기념하여 선전관청에서 만든 책례계병이나 순조의 원자가 1812년 왕세

자로 책봉될 때 과거 산실청에서 일했던 관원들이 만든 탄강계병에
서 볼 수 있다.도94 책례계병은 서울역사박물관, 경기도박물관, 국립
중앙박물관 소장본 등 여러 점이 전한다. 이 중에서 유일하게 완전
한 상태의 것은 국립중앙박물관 소장의 두 점 중 하나로서 1800년
책례계병의 원래 모습을 알 수 있는 예이다. 제1첩은 이시수李時秀
(1745~1821)가 쓴 서문, 제2첩부터 제7첩까지는 그림, 제8첩은 선전
관청 좌목으로 이루어져 있다.

  이 유형의 요지연도는 누대의 높이가 제1유형에 비해 낮아 뭔가
신성하고 특별한 공간이라는 전달력이 약하다. 근경에 누대로 향하
는 길이 있지만 중간에 언덕과 구름에 가려 애매하게 사라진다. 이
유형에서는 화면 왼편에 호랑이를 탄 신선이 그려진 점이 특이한데
다른 유형의 요지연도에서는 보기 힘든 부분이다.도94-1 큰 바위를
뒤로 하고 호랑이 등에 탄 채 산속에서 나오는 도상이 산신山神을
연상시킨다. 윤두서의 인장이 있는 〈요지연도〉에 그려진 호랑이도

중국 그림에서는 없는 부분이었던 점을 감안하면 민간신앙에서 불
교와 결합하여 토착화된 산의 신령을 표현한 것이라 생각된다.^{도91 좌}
^{측 참조}

둘째 유형 중에는 미국 피바디 에섹스 박물관 소장의 《요지연
도》 8첩 병풍처럼 계병이 아니었던 작품도 있다.^{도95} 피바디 에섹스
박물관 소장품은 유독 서왕모와 주 목왕의 위치가 달라진 점이 눈
에 띈다.

셋째 유형은 첫번째 유형이 좌우로 반전된 구도이다.^{도96} 나지막
한 누대는 바다에 가깝게 다가가 있고 근경의 육로는 살짝 드러나
있을 뿐이다. 누대의 높이가 낮아 화면의 공간감은 평면적이다. 악
대 편성에 편종과 편경은 사라지고 주 목왕의 시종은 모두 여성으
로 바뀌었다. 누대 위 곳곳에 반도나무가 많아진 점도 앞의 두 유
형과 다른 점이다.

종합하면 조선시대의 요지연도는 주 목왕이 초대된 서왕모의 연

도94-1 제7첩 호랑이 탄 신선 부분

회 장면에 더 비중이 주어지는 것이 특징이다. 또 군선도해의 장면
은 하늘에서 내려오는 불보살과 사천왕 무리, 파도를 타고 바다를
건너는 신선들, 육지에 난 길을 따라 걸어오는 선인들의 세 부분으
로 나뉜다. 특히 한국의 요지연도에는 석가, 보살, 나한, 산신들이
등장하여 불교적 색채가 나타나는 것이 특징이다. 세 유형의 시기
적 선후 관계를 자신있게 말하기는 어렵지만 시론적인 제안은 해
볼 만하다.

　　세 유형 중에서 세번째 유형이 시기적으로 가장 늦은 것은 분명

도95 《요지연도》 8첩 병풍, 비단에
채색, 141,5×373,6cm, 미국 피바
디 에섹스 박물관 소장. ⓒPeabody
Essex Museum

도96-1 제4첩 서왕모 부분

도96-2 제5첩 주 목왕 부분

도96 《요지연도》 8첩 병풍, 비단에 채색, 각 134.2×47.2cm, 경기도박물관 소장.

하다. 세번째 유형은 민화풍 요지연도와 도상적으로도 직접 연결되며 가장 형식화된 필치와 장식적인 효과를 보인다. 게다가 공간의 설정도 가장 임의적인데 이러한 특징들은 모사를 반복했을 때 나타나는 현상이기 때문이다. 첫번째 유형 중에서 크리스티 경매 출품작은 현전하는 요지연도 중에서 가장 완성도가 높은 것으로 궁중 소용품이 분명하다.^{도93} 합리적인 공간과 이야기의 전개, 채색과 필치 등을 감안하면 가장 시대가 올라가는 형식은 첫번째 유형이라고 판단된다. 이외에도 많은 요지연도가 있으나 민간 수요품으로 그려진 민화풍의 그림은 대체적으로 셋째 유형에 기반을 두되 한층 장식적인 요소가 많이 가미되는 경향을 보인다.

한궁도

조선시대 궁중회화 중에 궁궐의 모습을 파노라마 형식으로 묘사한 일련의 그림들이 있다. 한국의 궁궐을 사실적으로 재현한 것이 아니라 중국의 궁궐이 연상되는 건물도인 까닭에 한궁도漢宮圖라는 이름으로 불린다.^{도97} 한궁도는 실재하는 궁궐이 아닌 중국풍의 이국적이고 화려한 전각들을 계화界畵로 그린 상상화이다. 계화란 자를 이용하여 사물의 윤

도97 《한궁도》부분(제7-10첩) 10첩 병풍, 비단에 채색, 62.8×398.8cm, 개인 소장.

곽선을 정밀하게 그리는 기법으로 주로 궁궐도나 건물 그림에 이용되었다. 중국만큼 계화가 독립된 화목으로 발달하지 않은 조선시대에 이러한 그림들은 눈길을 끌기에 충분하다.

조선 초기부터 궁궐을 소재로 한 그림들이 종종 그려졌지만[94] 실용적인 목적이나 특별한 용도를 위한 경우가 많았다. 대표적인 예가 1555년(명종 10) 명종의 명령으로 한양의 성곽과 궁궐의 모습을 그린 '한양궁궐도' 병풍이다.[95] 지도적인 성격이 강한 그림이었다고 생각되는데, 왕은 이러한 궁궐도를 통해 통치자로서 성덕聖德을 기르는 감계적인 효과를 얻으려고 하였다.

조선시대 궁중에서 중국의 궁궐을 주제로 한 그림이 제작되었다는 기록은 찾기 힘들다. 15세기 후반 왕명을 받들어 '아방궁도'阿房宮圖 병풍에 신료들이 시를 지어 올린 기록이 있고, 숙종도 궁중 소장의 아방궁도에 어제를 남긴 예가 있다.[96] 그림을 통해 아방궁의 영화와 몰락을 거울삼으려 했을 것이다. 또 중국 역대 각 나라의 궁전을 묘사한 '십궁도'十宮圖가 그려지기도 했다.[97]

조선의 궁궐을 주제로 한 본격적인 궁궐도의 제작은 19세기에 이르러 〈동궐도〉東闕圖나 〈서궐도안〉西闕圖案, 〈경우궁도〉景祐宮圖 같이 실재하는 궁궐을 사실적으로 조감한 그림에서 꽃피었다.[98] 도98 사실적인 궁궐 공간을 연출하는 대형의 궁궐도는 이 시기에 새롭게 유행한 화목이었다. 상상의 궁궐인지 실재하는 궁궐인지 알 수 없는 〈궁궐도〉 초본이 남아 있는 점도 19세기 이후 사실적인 궁궐도의 수요가 적지 않았음을 말해 준다.[99] 도99

19세기 관료들의 계병楔屛에 대표적인 주제로 선택된 '진하'陳賀라는 주제도 넓은 전망의 궁궐도와 결합되었다. 왕세자 탄강, 환후 평복, 가례, 탄신주년 등을 경하하는 계병을 제작할 때 궁궐의 중심부에서 펼쳐지는 인정전의 진하례가 한눈에 들어오도록 궁궐의 화려한 양태를 강조하는 것이다. 모두 눈앞에 펼쳐진 듯한 장대한 궁궐도에 대한 선호 혹은 유행의 맥락에서 해석되는 현상이다.

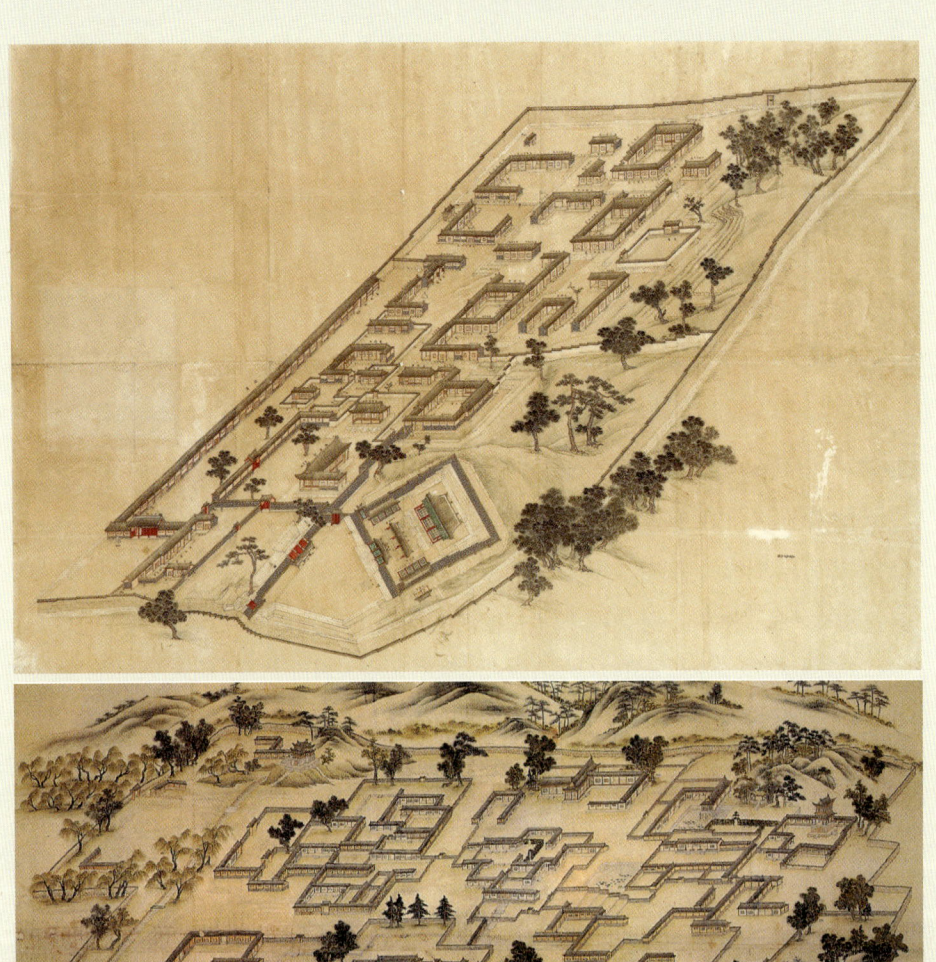

도98 〈경우궁도〉 종이에 채색, 326.0×218.5cm, 국립문화재연구소 소장.

도99 〈궁궐도〉 종이에 채색, 210.5×352.5cm, 고려대학교박물관 소장.

도100 《곽분양행락도》 부분 비단에 채색, 100.0×363.2cm, 서울역사박물관 소장.

조선의 궁궐을 사실적으로 재현하려는 욕구와 맞물려 상상의 한 궁도도 19세기 들어 부각되었다. 파노라마 형식으로 전개되는 한궁도의 화려한 감각은 궁궐의 장식 그림으로 안성맞춤이었을 듯싶다. 그러한 수요가 있기까지 중국풍의 비현실적인 궁궐 모습은 곽분양행락도, 요지연도, 백동자도의 배경에 필수적인 요소로 그려지고 있었다. 도100, 101-1, 101-2

화원들은 중국에서 유래된 이런 주제의 그림을 그릴 때 복식과 기물을 비롯한 각종 의장을 중국풍으로 묘사하였고 건물에도 이에 부합하는 중국의 궁궐 이미지를 빌려왔다. 자연히 화원들은 곽분양행락도, 요지연도, 백동자도를 그리기 위해서 중국풍의 건물 묘사를 많이 연습해야만 했을 것이며 그러한 과정에서 파생된 주제의 그림이 한궁도였다고 생각한다. 19세기 규장각 차비대령화원의 녹취재 문제로 출제된 '안개비 속에 서려 있는 많은 누각'(多少樓臺煉雨中), '한나라의 장락궁'(漢長樂宮成), '당나라의 구성궁'(唐九成宮圖), '구중궁궐의 봄 경치'(九重春色醉仙桃), '벽성의 열두 굽이 난간'(碧城十二曲欄干) 등은 한궁도를 연상케 하는 제목이다.[100] 실제로 1809년 혜경궁의 관례 주갑을 기념한 진찬 의식 때 혜경궁의 보좌는 한궁도를 배경으로 설치되었다. 도102

현재 남아 있는 한궁도는 〈동궐도〉식의 평행사선 구도로 전개되
는 것과 ^{도103, 103-1} 서양화법이 강하게 적용되어 대각선 방향으로 급
격히 후퇴하는 구도로 그려진 것이 있다. ^{도104} 화면 가득히 건물 위
주로만 구성한 것이 있는가 하면 산과 물이 자연스럽게 어우러진
것도 있다. 자연 속에 그려진 것은 궁궐도라기보다 누각산수도에
가깝지만 궁중회화의 한 가지로 그려졌다. ^{도105} 때로는 건물보다 그
안에서 평화롭게 움직이는 인물상과 산수에 더 비중을 두기도 하였
다. ^{도106}

　　건물 하나하나를 자세히 뜯어보면 건물들은 주변 경관이나 인접

한 건물과 썩 잘 어울리는 것은 아니다. 비현실적인 배치와 구조, 건물 형태 때문에 연극무대와 같은 묘한 분위기를 자아내기도 한다. 용마루가 없는 지붕, 벽돌집, 여닫이 창, 둥근 월량문月亮門, 황색 기와지붕, 2단 혹은 3단의 장식적인 절병통節瓶桶, 유난히 높은 축대 등 건물 대부분의 의장은 중국풍이지만 묘법과 채색은 전형적인 19세기 조선시대 궁중화풍이다.

도103 《한궁도》 8첩 병풍, 비단에 채색, 각 113.1×38.0cm, 국립중앙박물관 소장.

도103-1 제7첩 부분

지붕과 기둥에 가해진 명암은 화면에 연출된 깊은 공간감과 원근감을 극대화시키며 수목의 덩어리진 이파리에도 입체 표현이 강하다. 윤곽을 쓰지 않고 밝은 색의 작은 점을 찍어 나무의 풍성한 볼륨을 표현한 기법이나^{도104-1} 하늘을 푸르게 설채하는 것이 이채로운데 이는 일본회화의 영향인 듯하다. 푸른 하늘이 돋보이도록 산수에 청록산수기법을 사용하지 않고 갈색의 토산이 노출된 것처럼 표현한 점도 한궁도만이 지닌 특징이다.

현전하는 한궁도는 화면의 높이가 70센티미터 남짓 된다는 공통점이 있다. 앉아서 바라보기에 적

도104 〈한궁도〉 6첩 병풍, 비단에 채색, 각 78.0×45.3cm, 국립고궁박물관 소장.

도105 〈한궁도〉 6첩 병풍, 비단에 채색, 각 94.6×49cm, 국립고궁박물관 소장.

당한 눈높이의 규모인 것이다. 화려한 양태와 현실인 것 같은 착각
을 불러일으킬 만한 깊은 공간감의 한궁도는 보는 이로 하여금 아
무런 걱정이 없는 태평성세의 궁중을 꿈꾸게 하였을 것 같다.

5 동궁과 교육

책가도　　　　**연원**

　　책가도冊架圖는 책과 여러 가지 장식물로 꾸민 정물화 병풍이다. 민화로 더 잘 알려져 왔던 그림이지만 최근 궁중에서 그려지기 시작한 궁중 장식화의 한 주제임이 명백하게 밝혀졌다.[101] 궁중에서 책가는 책거리冊巨里로도 불렸으므로 책거리 그림이라고도 한다.

　　책가도는 18세기 후반 정조 연간에 활발하게 그려지기 시작하였다. 1784년(정조 8) 규장각 차비대령화원 녹취재 화제로 '책가'冊架가 출제되었고 1791년에는 책가 그림이 편전便殿의 어좌 뒤를 장식하였다. 정조는 어좌 뒤의 책가도를 진짜 책으로 혼동할지 모를 신하들에게 그림일 뿐이라고 설명한 바 있다. 책이 서가에 가득 꽂혀 있는 모습이 실제를 방불케 하였으며 정조 대 이전에는 그다지 널리 알려진 그림이 아니었음을 시사하는 부분이다.

　　책가도는 주로 궁궐의 편전이나 왕세자가 거처하는 동궁에 설치되어 서실書室과 같은 학구적이고 교육적인 분위기를 조성하였다. 책가도가 왕세자와 가까운 병풍이었음은 19세기 말 이후 궁중 연향에서의 쓰임에서도 잘 알 수 있다. 내연內宴이나 야연夜宴에서 왕세자(황태자)나 왕세자빈(황태자빈)의 소차小次에 문방도文房圖 병풍이 설치되었던 사실에서도 짐작된다.[102] 이전에는 주로 서병書屛이 설치되던 것을 1892년에 처음으로 문방도 병풍이 대신하였고 대한제국기 내내 문방도 병풍이 사용되었다. 문방도 병풍은 책가도에서 책가를 제외한 상태로 문방청완이 산적해 있는 모습을 그린 것인데, 시대가 지남에 따라 책가도에서 파생된 형식이다.

정조 연간 책가도는 궁궐뿐만 아니라 상류층에서도 많은 요구가 있었으며 책가도에 특기를 가진 화가가 등장하게 되었다. 책가도 제작에는 선투시도법이나 명암법 같은 서양화 기법에 대한 이해와 훈련이 전제되어야 했으므로 어느 화원이든지 다 잘 그리기는 어려웠을 것이다. 책가도는 서양화법의 구사에 능숙했던 김홍도가 잘 하였다고 하며, 정조는 신한평申漢枰(1735~1809)과 이종현李宗賢(1748~1803)을 책가도에 특히 능한 화원으로 평가하였다. 순조 연간에는 이윤민李潤民(1774~1841 이후)이 '문방에 이름이 났다'는 평가를 받았다. 이들이 그렸다는 책가도는 남아 있지 않지만 현전하는 책가도 중에는 장한종張漢宗(1768~1815), 이형록李亨祿(1808~1883 이후), 강달수姜達壽, 한응숙韓應淑 등의 이름을 확인할 수 있는 것이 있다.

한 가지 흥미로운 사실은 전주이씨 이종현의 아들이 이윤민이고, 손자가 이형록인 점이다. 이들은 3대에 걸쳐 책가도에 두각을 나타낸 화원 집안의 전통을 형성한 셈이다. 책가도라는 특별한 화제가 화원 집안에서 하나의 전문 분야로 세습되었던 상황이 주목되며 그만큼 책가도는 많은 경험과 세심한 기법이 요구되었던 화목이었음을 말해 준다.

책가도의 연원이 청대의 회화에 있으며 서양화법의 수용과 밀접한 관련이 있다는 사실에 대해서는 이론의 여지가 없다.[103] 조선시대의 책가도와 직접적으로 비교되는 중국의 다보각도多寶閣圖도 청 궁정의 서양화법 수용을 통해 생산된 그림이기 때문이다. 도107 중국 청대에는 고동기, 자기, 문방 등을 진열하는 다보격多寶格이나 이보

도107 〈다보격경도〉多寶格景圖 전 낭세녕郎世寧, 종이에 채색, 123.4 ×237.6cm, 미국 플로리다 제임스 모리세이 James Morrisay 소장.

다 큰 규모의 다보각多寶閣이 궁궐이나 상류층 저택의 실내를 장식하는 데에 유행하였고 그 모습이 선법화線法畵로 제작되었다.[104]

선법화는 청대 선교사 출신의 서양화가 낭세녕郎世寧(1688~1766)이 궁정에서 활동하면서 전파한 새로운 화법 중의 하나이다. 일종의 눈속임그림(트롱프뢰유trompe l'œi)으로서 공간이 확대되고 연장된 것 같은 착각을 불러일으키는 그림인데, 반드시 선투시도법이 사용되었으므로 선법화라는 이름이 붙여졌다. 선법화는 건물의 벽면이나 천장에 벽화나 첩락帖落의 방식으로 제작되는 대형 화면이 많았다. 로마시대부터 시작된 오랜 전통의 눈속임그림은 15세기 이탈리아 르네상스 시기에 완성된 선투시도법과 만나 교회당과 저택의 벽면에 환상의 공간을 창출하곤 하였다. 이탈리아 피렌체에서도 다보각도를 연상시키는 진열장의 서책과 기물을 눈속임그림으로 그리는 것이 유행하였다. 낭세녕은 자신이 잘 알고 있는 눈속임그림의 전통과 화법을 소개할 때 중국의 현실에 맞게 변용한 것이다.

건축물 안에 가상의 공간이 실재하는 것처럼 그려지는 선법화에 다보각경多寶閣景은 매우 적절하면서도 손쉬운 주제였다. 예컨대 낭세녕은 북경의 천주당 중 하나인 남당南堂의 동·서벽에 중국 전통

도108~108-3 **중국 북경 자금성 종수궁**鍾粹宮 **채화**彩畵

가옥의 실내를 그대로 재현한 선법화를 그린 적이 있는데 그 일부에 고동기가 가득한 다보각의 모습을 실물 크기로 그린 것이다. 이처럼 다보각경은 궁궐이나 상류층의 저택을 장식하는 선법화로 적지 않게 그려졌을 것으로 믿어지나 지금 남아 있는 것은 없다. 다른 주제의 선법화도 마찬가지이지만 선법화 자체가 퇴락하기 쉬운 벽화나 폐기가 용이한 첩락의 형태로 그려진 까닭에 오래 보존되기가 어려웠기 때문이다. 낭세녕 전칭의 〈다보격경도〉가 설사 낭세녕의 진작이 아닐지라도 청대 궁정에서 제작된 단독의 다보각도였던 것만은 분명하다.

다보각 한 칸 한 칸의 모티프는 청대 궁궐건축의 채화彩畵에서도 찾을 수 있다. 특히 북경 자금성紫禁城 내정內廷의 동육궁東六宮 중 하나인 종수궁鍾粹宮 건축 채화에서 쉽게 찾을 수 있다. 창방과 타두柁頭에는 각종 고사인물, 화훼, 산수, 길상문이 가득 그려져 있

는데 그중에 문방기명文房器皿이 적지 않은 비중을 차지한다. 선투
시도법이 적용된 서책과 고동기의 모습은 책가도의 서가 한 칸을
옮겨다 놓은 듯하다.[105] ^{도108~108-3} 특히 조선시대 책가도에서 볼 수
있는 도장의 인면印面이 정면을 향한 설정도 종수궁의 건축 채화에
서 사용되었다. ^{도109~109-3}

도109~109-3 중국 북경 자금성 종
수궁鍾粹宮 채화彩畵 중 도장의 인
면이 보이는 그림들

　　종수궁뿐만 아니라 사고전서四庫全書를 보관하던 자금성의 문연
각文淵閣, 열하熱河 피서산장避暑山莊의 문
진각文津閣, 원명원圓明園의 문원각文源閣,
심양 고궁故宮의 문소각文溯閣의 건축 채
화에도 책이 쌓여 있는 모습이 투시도법
으로 그려져 있다. ^{도110, 111} 고동기는 배세
되고 서책으로만 이루어진 것이 특징이
다. 건물의 기능과 의미를 건물 외관의
채화로 시사한 점이 재미있다.

도110 중국 하북河北 승덕承德 피
서산장避暑山莊 문진각文津閣 서루
書樓 외첨外檐 채화彩畵

다보각경이 선법화의 제재였고 그 도상이 궁궐의 건축 채화에 널리 쓰였음은 조선시대 책가도의 연원을 살펴보는 데 매우 중요하다. 조선 후기 연행사절단을 수행하여 북경을 방문한 화원들은 귀인의 저택에서 선법화로 그려진 다보각도를 접하거나 궁궐의 건축 채화에서도 유사한 문방기명의 모티프를 보았을 가능성이 매우 크기 때문이다. 중국에서 유입된 다보각도의 간접적인 영향과 함께 화원들이 중국에서 직접 보고 경험한 사실적인 다보각 그림이 조선시대 책가도 유행에 직접적인 제작 동인이 되었다고 생각한다.

유형과 양식

궁중에서 사용된 책가도는 크게 두 가지 형식으로 나눌 수 있다. 좌우대칭이거나 규칙적으로 반복되는 칸을 가진 서가에 책과 기물이 놓여 있는 형식과, 서가 없이 기물이 나열되어 있는 형식이다. 책과 기물이 분산되어 있는 후자는 문방도라고 구별하여 부른다.[106] '책가도'라는 전래의 이름에서도 짐작되듯이 서가가 있는 형식이 먼저 시작되었다.

책가도 제작의 초기인 정조 연간의 책가도는 서가에 서책으로만 이루어진 그림이었다.[107] 도112 문방청완文房淸玩과 서화골동의 취미가 가해짐에 따라 점차 책의 비중이 줄어들고 각종 길상적인 식물, 당시 상류층이 일상생활에서 향유하던 문방과 고동古董 등이 대신 그 자리를 차지하게 되었다.

책가형 책가도의 기물 중에는 숨어 있는 인장이 있다. 누워 있는 인장의 인면에 작가의 이름이 숨어 있어서 장한종, 이형록, 이응록李膺祿(李應祿), 이택균, 강달수, 한응숙 등의 제작 화원을 알 수 있다. 에드워드 와그너Edward E. wagner와 케이 블랙Kay E. Black은 공동연구에서 이형록, 이응록, 이택균이 동일 인물임을 밝혀냈으며 이형록의 젊은 시절 이름이 이응록이었고 말년에는 이택균으로 개

제1부 궁중 장식화의 세계

도113 《책가도》 이형록, 8첩 병풍, 종이에 채색, 139.5×421.cm, 리움 미술관 소장.

명하였다고 추론하였다. 그러나 최근 이훈상은 『승정원일기』를 통해 이형록이 본명이며 1864년(고종 1) 1월 7일 고종의 윤허를 받아 이응록李膺祿으로 개명했음을 알아냈다.[108] 이응록으로 개명한 이형록은 1871년(고종 8) 3월 25일에 이택균으로 한 번 더 예조에 개명을 청원하여 윤허를 받았다.[109] 도감의궤都監儀軌에도 이형록의 이름은 1863년까지 보이며 이응록은 1864년부터 1866년 사이에, 이택균은 1873년과 1874년에 나타나 『승정원일기』의 개명 시점과 부합한다.[110] 개명은 국가가 정한 공식적인 절차를 밟아 이루어졌으므로 개명 뒤에는 이전의 이름을 쓰지 않았다. 따라서 이형록, 이응록, 이택균의 이름이 있는 책가도는 모두 시대를 달리한 한사람의 작품이며 개명 시기에 의거하여 작품의 제작 시기를 좁힐 수 있다. 인장에 '이형록'의 이름이 있는 책가도의 제작 상한 연도는 1863년이다. '이응록'의 이름이 있는 책가도는 1864년부터 1870년 사이에 제작된 것이며 '이택균'의 이름이 있는 책가도의 제작 상한 연도는 1871년이다.

이형록 이름이 확인되는 책가도 중에는 책가형 외에도 분산형이 포함되어 있어서 19세기 중엽경에는 이미 이 두 가지가 공존하고 있었음을 말해 준다.[111] 도113, 114 이형록과 이응록 이름으로 그려진 책가형만 놓고 볼 때 눈에 띄는 특징은 3단으로 이루어진 서가의 구

도112 〈책가도〉 10첩 병풍, 19세기 후반, 비단에 채색, 각 161.7×39.5cm, 국립고궁박물관 소장.

도114 《문방도》文房圖 이형록, 비단에 채색, 각 121.0×35.0cm, 북한 조선미술박물관 소장.

도115 《책가도》 이응록, 8첩 병풍, 비단에 채색, 163.0×276.0cm, 샌프란시스코 아시아미술관 소장.
ⓒAsian Art Museum of San Francisco

도116 《책가도》 10첩 병풍, 비단에
채색, 국립중앙박물관 소장.

조가 좌우대칭이라는 점이다. ^{도115, 도116} 각 칸에는 서책과 기물이 공간의 여유를 두고 적당하게 섞여 있어서 안정적이고 차분한 분위기를 자아낸다. 기물의 종류와 배열, 서책 및 다른 기물과의 조합 양상에서 시대적 변화가 명료하게 드러나지는 않는다.

이형록 이름의 책가도에는 박쥐나 복숭아 모양의 옥기가 걸려 있는 산호걸이가 보이고 이응록과 이택균 이름의 책가도에는 같은 모양의 산호걸이에 시계가 걸려 있다. 모양은 조금씩 다르지만 산호의 굴곡과 받침대의 형태, 시계의 모양, 장식 매듭과 술이 동일 형식이여서 이형록만의 특징적인 산호걸이와 시계의 도상을 분별할 수 있다. ^{도117} 힘차게 뛰어오르는 잉어(약리躍鯉) 모양 옥기도 세 가지 이름의 이형록 책가도에는 모두 비슷한 모양으로 그려진다. ^{도118} 거의 유사한 도상이 반복 등장하는 것을 보면 이형록은 각 기물의 밑그림을 만들어 놓고 사용하였던 것 같다. 밑그림 사용의 가능성은 간송미술관 소장의 이형록 인장이 있는 〈문방기명도〉文房器皿圖의 청동향로와 벼루가 그의 다른 책가도 병풍에서 거의 흡사하게 그려진 예에서도 짐작할 수 있다. ^{도119, 도120}

도117 **이형록, 이응록, 이택균 이름 책가도의 산호걸이 모음** 1. 국립중앙박물관 소장 이응록 필 《책가도》 부분, 2. 샌프란시스코 아시아미술관 소장 이응록 필 《책가도》 부분, 3. 통도사 성보박물관 소장 이택균 필 《책가도》 부분, 4. 개인 소장 이형록 필 《책가도》 부분.

도118 **이형록, 이응록, 이택균 이름 책가도의 약리 모음**

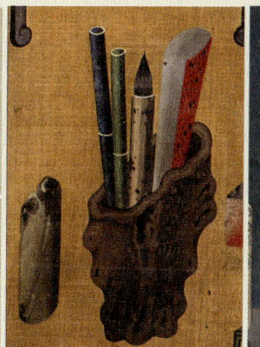

도120 **청동향로, 연필꽂이와 벼루 비교** 1. 샌프란시스코 아시아미술관 소장 이형록 《책가도》의 청동향로, 2. 통도사 성보박물관 소장 이택균 《책가도》의 향로, 3. 북한 소장 이택균 《책가도》의 벼루, 4. 샌프란시스코 아시아미술관 소장 이형록 《책가도》의 연필꽂이.

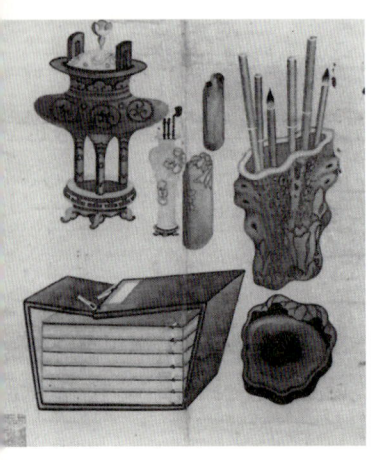

도119 〈문방기명도〉 이형록, 종이에 채색, 26.7×28.1cm, 간송미술관 소장.

버밍햄미술관에 소장된 이택균 이름의 책가형 책가도는 배경이 양청洋靑의 푸른색인 것이 특징이다. 생몰년 미상의 강달수 인면印面이 그려진 책가도와 매우 흡사한 것을 보면 강달수는 19세기 말에 활동한 화가로 비정된다.도121 이택균 이름으로 그려졌다는 것은 1871년 이후 제작된 것이라는 의미인데 푸른색 배경의 책가도는 여러 면에서 19세기 말에 유행한 양식으로 보인다. 푸른색 배경의 책가도 중에는 칸 하나에 기물들이 비좁을 정도로 꽉 차 있고 각 기물에도 장식이 강하여 매우 번잡한 느낌을 주는 작품들이 섞여 있다.도122, 123 이런 그림들은 궁중 소용이라기보다 민화로 확산되는 과정에서 좀 더 강렬하고 화려한 효과가 요구된 작품이라고 생각된다.

이택균 이름의 통도사 성보박물관 소장《책가도》에는 목제 틀에 걸린 특경도 눈에 띈다.도124, 124-1 분산형 책가도의 기물은 책가형 그림보다 화려하고 장식적인 기물이 많다. 통도사 성보박물관 소장의 책가도는 이형록이나 이응록 이름의 다른 책가도에 비해 필치가 경직되고 딱딱하며 명암 처리에도 도식적인 반복과 투박함이 묻어난다.도124-2 특히 말린 두루마리의 단면에 가해진 방사형의 도식적인 음영은 이 그림을 후대의 모사본으로 판단하게 한다. 책가도가 후

도121 《책가도》 강달수, 8첩 병풍, 비단에 채색, 76.0×164.0cm, 개인 소장.

도123-1 **제4첩 어항 부분**

도123-2 **제7첩 향로 부분**

도124-1 **제2첩 특경 부분**

도124-2 **제3첩 두루마리 부분**

대에 모사될 때 인문印文의 작가 이름도 그대로 그려지므로 양식과
필치를 유념해서 보고 작가 비정에 세심한 주의를 요하는 경우이
다. 같은 예가 경기도박물관 소장의 장한종《책가도》이다.^{도125}

　장한종의《책가도》에는 그의 특기인 소품의 어해도가 두껍닫이
에 그려져 있는데(도판 중앙), 자신의 전문 분야를 책가도에 응용한

도122 〈책가도〉 8첩 병풍, 비단에 채색, 135.7×37.4cm, 일본 개인 소장.

도123 〈책가도〉 8첩 병풍. 비단에 채색. 161.9×341.6cm. 미국 보스톤 개인 소장.

도124 〈문방도〉 이택균, 10첩 병풍, 비단에 채색, 199×423.3cm, 통도사 성보박물관 소장.

도125 〈책가도〉 전 장한종, 8첩 병풍, 종이에 채색, 195.0×362.0cm, 경기도박물관 소장.

흥미로운 작품이다. 책가의 아랫단에는 얼룩무늬로 멋을 낸 문갑이 있으며 둥근 쌍희자雙喜字 문양의 황색 휘장 안에 책가가 있는 설정이다. 이러한 책가도 의장은 국립고궁박물관의 《문방도》에서 보듯이 매우 후래적인 것이라 생각한다.도126 더욱이 얼룩무늬의 문갑이 달린 책가冊架도 장한종이 활동하던 시기보다 훨씬 뒤인 19세기 중엽 이후에나 많이 그려진 형식이다. 이 그림은 이형록의 《책가도》에 비해 명암이 거의 없으며 기물의 장식성도 약하여 일견 밋밋하고 심심하게 보인다. 소극적인 명암과 장식 효과는 이형록보다 한 세대 앞선 장한종이 활약하던 시기의 양식으로도 볼 수 있겠으나 필치의 단순함과 형식적인 운용은 장한종의 진작으로 보기 어렵다. 이 장한종 이름의 《책가도》도125는 장한종의 《책가도》를 후대에 모사한 것으로 모사 당시에 유행하던 휘장과 문갑의 장식 요소를 가미한 것이 아닐까 생각한다.

도127 《책가도》 19세기 후반(1865년 이후), 비단에 채색, 212.0×127.2cm, 서울역사박물관 소장.

책가도에 그려진 기물은 대부분 중국풍의 애완품이지만 조선의 귀한 유물도 그려졌다. 운현궁 사용품이던 서울역사박물관 소장의 《책가도》에 그려진 수진보작壽進寶酌이 그러한 상황을 말해 준다.112 도127, 127-1 수진보작이란 1865년(고종 2) 4월 세검정 근처 석경루石瓊樓 아래에서 발굴된 술잔으로서 고종은 여기에 쓰인 길조의 명문銘文을 기념하여 대신들의 명문을 받아 『수진보작첩』壽進寶酌帖을 만들었는데, 여기에 그려진 수진보작은 병풍의 수진보작 모습과 똑같다.113 도128 따라서 이 서울역사박물관의 《책가도》 제작 시기는 1865년 이후로 비정된다.

책가도에 그려진 기물은 시대의 변화와 수요자층의 성향에 따라 달라졌다.114 궁중

도127-1 《책가도》의 수진보작 부분

도128 「수진보작첩」 중 〈나작螺酌·
개괘·기器〉 1865년경, 탑본첩, 서울
대학교 규장각(규 10177) 소장.

소용의 책가도에 그려진 기물은 보수적인 사용자의 성향을 반영하
듯 소재가 비교적 한정적이다. 기물은 시대가 내려갈수록 종류가
다양해지며 한 칸에 그려지는 숫자도 많아진다. 사용자의 염원을
담아 기물의 성격은 더욱 기복적이며 과시적으로 변하고 장식적인
요소도 증가하는 것이 특징이다.

백자도

연원과 전통

백자도百子圖는 많은 어린이들이 천진스럽
게 노는 장면을 그린 그림으로 조선시대에는 백동자도百童子圖, 백
동도百童圖, 백자동도百子童圖라는 명칭으로도 불렸다. 반드시 백 명
의 어린이가 그려졌던 것은 아니며 '백'百이라는 글자는 '많다', '충
만하다'라는 의미로 그림의 길상성을 강조하는 역할을 하였다. 조
선시대에 유독 '백'자를 넣어 백록도百鹿圖, 백학도百鶴圖, 백수백복
도百壽百福圖, 백접도百摺圖(百蝶圖)가 그려졌던 것과 같은 맥락이다.

중국에서 어린이 소재는 처음에 각종 공예품 장식이나 불교미술
의 부수적인 제재로 사용되기 시작하였다.[115] '어린이'가 공예미술이
나 종교미술을 떠나 일반회화에서 독립된 주제로 새롭게 등장한 것
은 8세기 당나라 때의 모자도母子圖 종류에서부터이다. 궁중의 사녀
를 즐겨 그렸던 8세기 중엽의 궁정화가 장훤張萱이나 주방周昉은 궁

중 여인들이 어머니, 혹은 유모의 자격으로 어린이를 돌보는 모습을 그렸다. 중국 북송 휘종(1100~1125 재위) 대 내부內府에 소장되었던 회화를 전기체傳記体로 해설한 『선화화보』宣和畵譜에는 〈유모포영아도〉乳母抱嬰兒圖, 〈구자모도〉九子母圖 같은 작품 제목이 전하는데 남아 있는 전칭작들의 내용도 이와 크게 다르지 않다.[116]

　궁중 사녀도의 일부로 그려지던 어린이가 인물화의 한 화과畵科로 독립된 것은 소한신蘇漢臣, 두해아杜孩兒, 이숭李嵩 등의 화가가 활약하던 송나라에 이르러서이다. 도129 어린이들이 정원에서 꾸밈없는 모습으로 놀이에 열중하거나 장난감을 가지고 놀고 있는 영희도嬰戱圖, 온갖 장난감을 팔러 다니는 상인과 아이들을 그린 화랑도貨郞圖가 이들에 의해 유행하였다. 송대의 영희도는 이후 명·청대까지 도상과 주제 면에서 어린이를 주제로 한 그림에 큰 영향을 미쳤다. 조선시대에도 백자도에 그려진 놀이와 장난의 많은 부분이 송대의 영희도에 연원을 두고 있어 송대 어린이 그림의 중요성을 간과할 수 없다.

풍속적인 측면이 강했던 송대 영희도의 성립 및 유행과는 별도로 중국에는 백 명의 아이들이 놀고 있는 모습을 그린 백자도의 제작 전통이 있었다. 주나라 문왕의 고사나 당나라 시대의 몽고 유목민들이 혼인식에 사용하였다는 백자장百子帳이 백자도의 연원과 관련된다.[117] 주나라 문왕은 24명의 부인과 99명의 아들이 있었는데 주워 온 한 명을 더하여 100명의 아들을 두게 되었다. 이 아들들이 모두 칭송받을 만큼 잘 성장하여 부러움의 대상이 되었다고 한다. 문헌에는 송대 서세영徐世榮이 '문왕백자도'文王百子圖를 그렸다는 기록이 있

도130 《백자단원도》百子團圓圖 중 〈영장원귀〉迎狀元歸 초병정焦秉貞, 청, 비단에 채색, 27.5×20cm, 북경 고궁박물원 소장.

다.[118] 백자도는 영희도에 비해 다산과 득남이라는 길상의 상징성을 강하게 내포한 그림으로 출발하였다.

현전하는 명·청대의 백자도를 보면 영희도처럼 어린이들이 모두 갖가지 장난과 놀이에 심취해 있는 모습이다. 백자도는 명·청대를 지나며 각각의 놀이에 상징성이 더욱 강조되었으며 도상도 점차 양식화되었다. 다산과 득남을 바라는 염원에 자손의 과거급제와 높은 관직으로의 출세를 기원하는 마음이 더해져 상징 의미도 다중적이고 복잡해졌다.도130 결국 명·청대에 이르면 백자도와 영희도의 차이는 그려진 어린이의 숫자에만 관계될 뿐 뚜렷한 구분은 모호해졌다.

'백자도'라는 화제는 중국으로부터 들어왔지만 놀이의 선택과 구성에 한국적인 정서가 전적으로 가미되었다. 또한 조선시대에는 명·청대의 영희도나 백자도처럼 어린이들의 놀이와 장난감에 이중 삼중의 상징성을 부여하는 경향은 약했다. 중국만큼 영희도가 발달

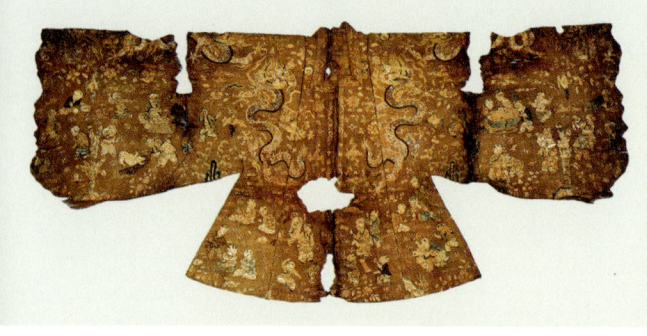

도131 명 효정황후孝靖皇后 쇄선수 축금룡백자희란선수축금룡백자희戱협의夾衣(배면背面)와 세부

도132 곤녕궁坤寧宮 희상喜床의 백자장百子帳 비단에 자수, 북경 자금성紫禁城 소장.

하지 않은 조선시대에 대해서는 백자도를 영희도의 한 종류로 간주하는 폭넓은 시야가 필요하다.

기능

당나라 유목민의 백자장이 혼인과 관련이 있고 주 문왕의 고사가 자손의 번창과 관련된 점에서 짐작되듯이 백자도는 남성보다 여성과 가까운 그림이다. 중국에서는 앞뒷면에 100명의 어린이가 수놓인 명나라 황후의 부장용 협의夾衣가 발견된 바 있고^{도131} 청나라 자금성의 한 침전인 곤녕궁坤寧宮 희상喜床에 늘어뜨려진 휘장에 100명의 어린이가 뛰노는 문양이 수놓아진 것을 볼 수 있다.^{도132} 이와 같이 '백자'라는 주제는 득남이나 다산을 기원하는 뜻을 담아 여성의 방이나 여성의 소용품을 장식하는 데에 두루 쓰였다. 특히 이불이나 커튼 같은 침구, 복식, 직물의 장식문양, 그리고 가구에까지 즐겨 사용되던 매우 길상적인 주제였다.^{도133, 134}

조선시대에도 백자도가 다남多男을 염원하는 그림이었음은 백자도 병풍이 주로 가례도감嘉禮都監에서 혼병婚屛으로 소용되었던 사실에서도 알 수 있다. 왕비 후보가 동뢰연을 치르기 전 별궁에서 큰절하는 격식 등 궁중의 법도를 배우는 기간 동안 윗목에 항상 백자도 병풍을 쳐놓았다고 한다. 백

도133 〈백자도장〉百子圖帳 청 초, 격
사緙絲, 대만 국립고궁박물원 소장.

도134 〈흑칠나전영희도장〉黑漆螺鈿
嬰戲圖欌 명, 높이 186cm, 너비
126cm, 북경 고궁박물원 소장.

동자도를 가까이 두고 보면서 득남을 기원하라는 의도였을 것이다.

백자도는 19세기에 궁중 연향에서도 사용되었는데 1892년 진찬 때 왕세자와 왕세자빈이 임시로 머무는 편차便次에 사용된 것이다. 대한제국기에는 내연과 야연에서 황태자와 황태자비의 편차에 백자도가 설치되었다. 사용된 의례의 종류와 장소는 달랐지만 다남을 기원하는 의미에는 변함이 없었다.

조선시대 궁중에서 언제부터 백자도가 사용되었는지 확실히 알 수 없다. 다만 중국에서 당나라의 모자도가 궁정 사녀도의 한 부분으로 출발하였듯이 조선시대에도 어린이 주제의 그림은 궁중회화와 밀접한 관련이 있었던 것만은 확실하다. 문헌 기록은 조선시대 궁중에서 백자도의 수요가 어느 때보다도 19세기에 많았음을 말해 준다. 그러나 아이들의 놀이를 주제로 한 그림은 그 이전에도 궁중에서 즐겨 그려졌다.

예컨대 성종 연간에 강희맹姜希孟(1424~1483)의 집에서 양육되던 3살 된 원자元子(연산군)에게 강희맹은 배련裵連이 그린 '유희궁중

도137 《백자도》 8첩 병풍, 비단에
채색, 각 64.5×34.7cm, 국립중앙
박물관 소장.

도 遊戲宮中圖를 올렸다.[119] 사자놀이 구경하기, 연꽃 꺾기, 살구꽃 따
기, 파초가 있는 뜰에서 더위 식히기, 독서하기 등의 다섯 장면을
그린 병풍이었다. 마지막에 책을 읽고 가르침을 받는 장면을 배치
한 것에서도 짐작되지만 강희맹은 교육적이고 계몽적인 내용으로
원자의 심성을 바르게 성장시키는 효과를 기대하였다. 조선 후기에
백자도가 아들을 얻기 위해 주로 혼병으로 쓰였던 것과는 차이가
있다. 한편 사자놀이나 독서의 광경은 조선 후기 백자도에는 그려
지지 않은 제재여서 조선 초기 백자도는 중국적인 경향이 좀 더 강
했었던 것 같다.

또 유득공 柳得恭(1749~1807)의 시에 의하면 17세기 전반 맹영광
孟永光(1590년대~1648 이후)은 당시 심양에 억류되어 있던 효종에게 6
폭의 백동자도를 그려 주었다.[120] 기록으로만 전하는 이 그림에는
'貞明'이라는 소인이 있었다고 한다. 아마도 이후 어느 때인가 선조
의 첫째 공주이며 인목대비의 딸인 정명공주貞明公主(1603~1685)의
소용품이 되었던 것 같다. 종합해 보면 조선시대 궁중에서 백동자
도는 주로 아동이나 여성의 공간에서 교육용이나 혼병으로 많이 사
용되었다는 결론에 이른다.

유형

　현전하는 백자도는 주로 6첩, 8첩, 10첩의 병풍이다. 세월이 흐르며 개장된 상태의 것이 많기 때문에 원래의 화면 순서가 흐트러진 경우가 많다. 백자도 병풍의 유형은 화면 형식 면에서 각 폭마다 장면이 구분되는 것과 연폭으로 연결되는 것으로 나눌 수 있다. 도135, 136 또 다른 분류 기준은 배경이 궁정풍의 건축물이 있는 공간인 경우와 산수자연으로만 이루어진 경우이다.도137, 138 현전하는 백자도 병풍 중에는 궁정풍의 화려한 건물을 배경으로 한 폭에 한 장면이 독립되는 형식이 가장 큰 비중을 차지한다.

　장면이 파노라마식으로 이어지는 연폭 형식을 조선시대에는 '왜장'倭粧이라고 불렀다. 이는 일본 병풍에서는 흔한 형식이지만 조선시대 병풍의 고유한 화면 형식이 아니었음을 시사한다. 19세기 궁중 가례에서 사용된 백자도 병풍이 주로 왜장 형식이었음은 『가례도감의궤』의 기록에서 알 수 있다. 왜장식은 궁궐건축을 배경으로 한 그림으로만 남아 있다.

　국립고궁박물관에는 창덕궁에서 수습된 것으로 궁중 소용품이 확실한 비단 바탕의 6첩 백자도 왜장 병풍이 소장되어 있다.도135 연

도136 〈백자도〉 6첩 병풍, 비단에 채색, 각 72.8×40.6cm, 서울역사박물관 소장.

도138 《백자도》 8첩 병풍, 비단에 채색, 각 60.5×37.8cm, 서울역사박물관 소장.

지련지池와 수각水閣, 후원이 있는 화려한 궁궐 마당을 배경으로 한가롭게 놀고 있는 어린이들을 파노라마식으로 전개하였다. 화면 우측 연지와 수각 뒤편으로 화표華表와 중국식 그네가 서운瑞雲 속에서 멀리 모습을 드러내고 있다. 이러한 설정은 이곳이 지엄한 궁궐임을 명확히 시사한다. 동시에 원경에 작게 그려진 화표와 그네가 화면에 깊은 거리감을 주기 때문에 이곳이 장대한 공간임이 부각된다. 수각이 있는 널찍한 연지에는 부부화합을 뜻하는 한 쌍의 원앙이 헤엄치며 언덕에는 길조의 상징인 흰 염소도 거닐고 있다. 서책, 향로, 향합 등이 놓인 건물 실내의 꾸밈에서는 주인의 독서하는 습관을 짐작할 수 있다. 일본에도 건축을 배경으로 한 유사한 형식의 백자도 병풍이 있어 좋은 비교가 된다. 도139 아이들의 활동에

도139 《백자도》 일본 1850년경, 6첩 병풍, 종이에 채색금박, 111.7×304.8cm, 미국 미시간주립대학교 Kresge Art Museum.

제1부 궁중 장식화의 세계

는 연꽃놀이 같은 공통된 소재도 있지만 역시 양국의 풍습과 정서
가 짙게 반영되어 있다.

내용

조선시대 백자도에 그려진 놀이 중에는 매화 따기, 연꽃 꺾기,
새 놀이, 원숭이 놀이, 원님 행차 흉내 내기, 닭싸움, 잠자리 잡기
등이 등장 빈도수가 높다. 어른들의 역할놀이인 원님 행차 흉내를
빼면 세시풍속 놀이나 전승놀이보다는 계절에 따른 자연스런 놀이,
동식물과 관련된 놀이가 대부분이다.

17세기 전반 맹영광이 그렸다는 6폭 백자도에는 연못에서 연꽃
을 꺾고 빼앗는 놀이, 닭싸움, 나비 잡기, 풀싸움, 귀뚜라미 잡기,
원숭이 희롱, 매화 따기 등이 그려졌다. 소재가 조선시대 백자도
병풍과 매우 유사하여 중국 영희도와의 영향 관계를 고려하지 않을
수 없다.

기본적으로 백자도의 제작은 남자 자손을 바라는 기원을 가지고
발달하였다. 평상시 어린이들이 놀고 장난치는 평범한 모습을 표현
한 듯하지만 여기에는 모두 소망과 행운의 의미가 담겨 있다. 모든
백자도 병풍에 어김없이 그려진 매화 따기는 주로 마지막 첩에 그
려졌다.도140 각 폭에 등장하는 꽃과 나무는 계절감을 나타내지만 춘

도140 **매화 따기** 1. 국립고궁박물관 소장 《백자도》 부분. 2. 서울역사박물관 소장 《백자도》 부분.

도141 **연꽃 따기** 1. 국립고궁박물관 소장 《백자도》 부분. 2. 서울역사박물관 소장 《백자도》 부분.

도142 **연잎 위의 아이** 1. 국립고궁박물관 소장 《백자도》 부분. 2. 서울역사박물관 소장 《백자도》 부분.

하추동의 순서가 명확하게 드러나지는 않는다. 다만 마지막 첩에 매화나무에 올라가 꽃을 따거나 떨어진 꽃을 줍는 어린이들은 방한모인 조바위를 쓴 경우가 많아서 겨울 놀이로 여겨진 매화 따기가 맨 마지막에 오도록 고려되었음은 분명하다. 4~5명의 아이가 나무에 오르는 장면은 사자등과四子登科 혹은 오자등과五子登科라 하여 과거급제를 상징하였다.

그 다음으로 선호된 소재는 연꽃 따기이다.도141 연못에 들어가 연꽃을 따고 이를 달라고 조르거나 뺏으려고 서로 몸싸움하는 모습이 그려졌다. 때로는 그물을 맞잡고 고기를 잡는 어린이들도 함께 그려졌다.

연못에 걸쳐 있는 수각水閣 안에는 두 명의 어린이가 대화하는 모습이 늘 수반되었다. 그중에 한 어린이는 커다란 연잎 위에 가부좌 자세로 앉아 있고 다른 어린이는 연꽃을 들고 있거나 연잎을 머리에 쓰고 있는 재미난 광경이다. 연잎 위에 불좌상처럼 결가부좌한 어린이는 연화화생蓮花化生을 연상시킨다.도142 어린이는 영희도가 주요 화목으로 등장하기 이전부터 부처의 일생을 그린 장면이나 연꽃 속에서 탄생하는 동자 이미지를 통해 일반 미술보다 불교미술에서 먼저 채택되었다.[12] 어린이와 연蓮은 윤회를 시각화하는 것으로 출발하였지만 연자蓮字와 동음인 연連의 뜻으로 아들의 영원한 계속, 즉 다산과 풍요의 대표적 상징이 되었다. 일부 백자도에서는 두 명의 어린이가 매우 편안한 자세로 자연스럽게 대화하는 모습으로 그려지기도 한다.

연못가의 버드나무 아래에는 손목 때리기를 하는 어린이들이 그려졌다.도143 손목 때리기 대신 간혹 풀싸움(鬪草)하는 어린이들이 그려지는데 손목 때리기는 풀싸움에 진 사람에게 가해지는 벌칙을 그린 것이라 생각된다. 풀싸움은 음력 3월 무렵 풀잎이나 나뭇잎을 꺾어 서로 비교하여 많고 적음으로 승부를 겨루는 놀이이다. 연꽃 따기, 풀싸움(손목 때리기), 수각 안에서의 대화는 봄과 여름의 놀이

도143 **손목 때리기** 1. 국립고궁박물관 소장 《백자도》 부분. 2. 서울역사박물관 소장 《백자도》 부분.

도144 **원숭이 놀이** 1. 국립고궁박물관 소장 《백자도》 부분. 2. 서울역사박물관 소장 《백자도》 부분.

도145 **관리 행차 놀이** 1. 국립고궁박물관 소장 《백자도》 부분. 2. 서울역사박물관 소장 《백자도》 부분.

로서 대개 한 화면에 같이 구성되었다.

새 놀이, 그리고 파초 그늘에서 낮잠 자는 어린이의 얼굴 간질이기도 많이 그려졌는데 대부분 짝을 이루어 같은 화면에 포치되었다. 원숭이 놀이, 닭싸움, 잠자리 잡기도 주요 소재였다.^{도144} 원놀이(원님 행차 흉내)는 수레에 비교적 나이 어린 아이를 태우고 깃발과 징, 북을 앞세워 행렬하는 역할놀이다.^{도145} 원님 행렬 옆에는 반드시 죽마를 탄 한 명의 어린이가 구경꾼으로 그려졌다. 죽竹과 축祝의 발음이 같고(zhu), 말은 고관을 상징할 뿐만 아니라 '말' 위에 타는 것(馬上, mashang)은 '곧바로'라는 의미와도 겹쳐서 죽마타기는 아이가 커서 머지않아 중요한 관리가 되기를 바라는 소망을 상징한다. 이외에 역할놀이로 장군놀이(혹은 재판놀이)가 간혹 등장하나 원놀이만큼 빈번하게 그려지지는 않았다.

특징

조선시대에는 영희도가 하나의 화과畵科로 정착하지 못한 대신 영희도의 한 종류라고 할 수 있는 백자도가 인물화의 한 가지로서 유행하였다. '백자'百子의 주제와 도상을 중국으로부터 받아들인 이래 중국적인 경향을 그대로 이어나갔다. 어린이들의 복식이나 머리꾸밈이 예외 없이 중국풍이며 대부분의 놀이는 송나라의 영희도에 빈번하게 등장하는 제재이다. 세시풍속이나 민속놀이가 적극적으로 반영되는 것은 민화 백자도에서나 찾아볼 수 있다. 즉 연날리기, 팔씨름, 씨름, 활쏘기, 팽이치기, 제기차기, 숨바꼭질, 그네타기 등이 그려진 백자도는 궁중회화로 보기 어려우며 제작 시기도 19세기 말 이후의 늦은 것이다. 즉 백자도에 그려진 놀이의 종류는 궁중회화와 민화를 구분하는 데에 하나의 기준으로 삼을 만하다.

그렇다고 백자도가 전적으로 중국적인 요소로만 가득 찬 것은 아니다. 한국의 사정에 맞게 변용되어 한국적인 특성을 나타내는 부분도 적지 않다. 중국에서는 영희도가 횡권이나 단폭의 화축에 많이 그려졌지만 병풍이 유난히 애호되었던 조선시대에는 병풍에 어울리는 형식으로 영희의 도상과 제재의 구성이 조정되었다. 특히 대부분 화면의 길이가 70센티미터 내외의 단병短屛인 점이 특징이다.

'백자'의 소재는 다른 주제의 궁중 장식화 속에 수용되거나 결합되어 상징성을 극대화시키는 특징을 보였다. 이를테면 자손 번창과 복락의 주인공 곽자의 고사를 그린 곽분양행락도와 결합한 경우이다.^{도79-4, 81-2 참조} 1873년(고종 10)에 곽분양백자도郭汾陽百子圖라는 화제가 차비대령화원 녹취재 문제로 출제된 것을 보면[122] 이전부터 두 주제가 함께 그려져 왔음을 알 수 있다. 실제로 곽분양행락도에는 내정內庭 한편에서 죽마를 타고 관리의 행차를 흉내 내는 어린이들이 그려져 다복함과 자손번창이 강조되었다. 관리 행차 놀이를 하는 어린이들의 도상은 백자도 병풍의 것과 상통한다.

또한 화려한 궁궐의 모습이 파노라마 형식으로 전개되는 한궁도漢宮圖가 백자의 소재를 흡수한 경우도 매우 한국적인 양상이다.^{도106 참조} 여기에는 궁궐의 정원에서 평화롭게 노는 왕실의 어린이들이 묘사되었다. 궁궐을 배경으로 한 왜장 형식의 백자도 유형에 포함시킬 수도 있지만 어린이의 숫자가 보통의 백자도에 미치지 못하여 어린이보다는 궁궐건축이 주가 되는 그림이다.

중국에서는 의복, 직물, 도자기, 목공예, 가구 등 공예품 전반에 영희嬰戲의 주제가 다양한 재료와 기법으로 표현되었다. 그러나 한국에서 공예품을 영희의 제재로 장식하는 경우는 매우 드물다. 중국의 영희도에서는 많이 그려진 세시풍속이나 전승놀이도 그다지 선호되지 않았다. 이보다는 자연 속에서 계절에 따라 동식물과 자연스럽게 어울리는 놀이가 조선시대 궁중 백자도의 주된 제재였다.

한국의 백자도에는 놀이를 지켜보는 구경꾼 어린이가 많이 그려진 점도 특징이다. 이들은 자기보다 어린 동생을 업거나, 안거나, 목말을 태운 채로 놀이를 구경하고 있다. 혹은 떼쓰는 동생을 달래면서 같이 놀아 주는 모습도 즐겨 묘사되었다. 어린 동생을 돌보는 형의 역할이 전통사회에서 중요하였으며 형제간의 우애가 중요시 되었던 당시의 가치관을 나타내는 부분이기도 하다. 중국의 영희도가 다남, 자손의 장수와 입신출세의 길상성을 강조하기 위해 다양한 쌍관어雙關語를 개발하고 이를 양식화된 도상으로 표현하는 데에 주력하였다면 한국의 백자도는 어린이들의 자연스러운 일상과 정서적인 면이 보다 부각되었다는 점에서 차별된다.

서병　　　　　　서병書屛은 글씨로만 이루어진 병풍을 말하며 도병圖屛과 대비되는 개념이다. 궁궐 전각의 두껍닫이에는 글씨를 붙이는 경우가 많았고 그림병풍만큼 폭넓게 사용되었을 것이다.

　서병은 어좌 병풍으로도 사용되었다. 예컨대 영조는 어좌 병풍을 새로 만들어 홍문관으로 하여금 격언格言을 써서 올릴 것을 명령한 일이 있다.[123] 신하들은 왕에게 『시경』의 「무일편」과 「칠월편」을 서병에 써서 감계의 대상으로 삼을 것을 권유하곤 하였다.[124] 또 제왕이 나라를 다스리는 도나 본받을 만한 역대 후비의 감계시를 쓴 서병을 왕에게 올리기도 하였다. 왕이 궁 밖으로 행차할 때에도 10첩 서병이 오봉병 및 무수리간의 병풍(水賜間屛風)과 함께 늘 준비되었는데 이는 상의원尙衣院의 몫이었다.[125]

　글씨병풍은 아무래도 많은 가르침이 필요한 세자와 관련이 깊다. 교훈이 될 만한 글을 적어 가까운 곳에 펼쳐 놓고 늘 감계의 대상으로 삼았기 때문이다. 인조 연간 시강원에서 세자에게 잠명箴銘을 쓴 서병을 올린 일이 있고[126] 영조는 시강원과 익위사翊衛司의 글씨 잘 쓰는 관원에게 서병을 만들어 동궁에 비치하도록 하였다.[127] 세자시강원에서 유학의 성현이 남긴 성경현전聖經賢傳의 격언을 쓴 병풍을 동궁에 올리는 것은 오랜 전통이었다. 성학십도聖學十圖, 태극도太極圖, 심성정도心性情圖, 그리고 효경孝經과 소학小學도 서병의 주된 주제였다.[128] 영조 연간의 『상방정례』尙方定例에 의하면 상의원에서는 세자의 책례 때 언제나 10첩 서병풍 2좌를 준비하여 올렸다.[129]

　서병이 사용된 주요 장소 중 하나는 궁중 연향이 펼쳐지는 곳이었다. 그 양상은 19세기의 진연·진찬의궤의 배설排設 항목에 잘 나타나 있다. 동조東朝(왕대비, 대왕대비), 왕, 왕비, 왕세자, 왕세자빈이 자리에 오르기 전에 임시로 머무는 편차便次, 대차大次, 소차小次에는 주로 서병이 설치되었다.[130] 대한제국기 황태자나 황태자비의 편차와 소차에 백자동병百子童屛이나 문자도병이 설치되기도 하였지만 대부분 행사장의 대기 공간은 서병으로 꾸며졌다. 그렇다면 연향이 치러지는 행사장에서 어느 종류의 병풍보다 서병이 가장 많이 필요하였던 셈이다.

　이외에도 왕이 공을 세운 신하에게 특별히 사은품과 함께 서병을 사급하기도 하였다.[131] 그리고 중국 사신들의 접대에도 서병이 필요하였다. 조선 서사관書寫官의 필법을 보고 싶어 하는 중국 사신에게 대신大臣들이 지은 시로 서병을 만들어 주기도 하고,[132] 중국에서 온 위안사慰安使에게는 상황에 맞게 그림병풍 대신 서병을 설치해 주었다.[133]

　서병으로 분류할 수 있는 것 중에 백수백복도百壽百福圖가 있다. 장수의 의미를 담은 '壽'자와 부귀의 뜻을 담은 '福'자를 갖가지 서체로 반복해서 쓴 병풍으로 길상의 의미가 강하다. 서울역사박물관 소장의 《백수백복도》의 마지막 첩에는 이형록의 인장이 찍혀 있다. 도146, 146-1

　'백'百은 백자도百子圖에서처럼 꽉 차다, 충만하다는 의미의 차용이므로 꼭 200개의 글자로 구성되는 것은 아니며 보통 그보다 많은 수의 글자가 쓰인다. 갖가지 색으로 쓴 다양한 서체의 변용을 감상할 수 있다는 측면에서 장식성도 겸비한 문자도文字圖 병풍으로도 볼 수 있다. 또 백수백복도는 자수로도 만들어졌으며 계명

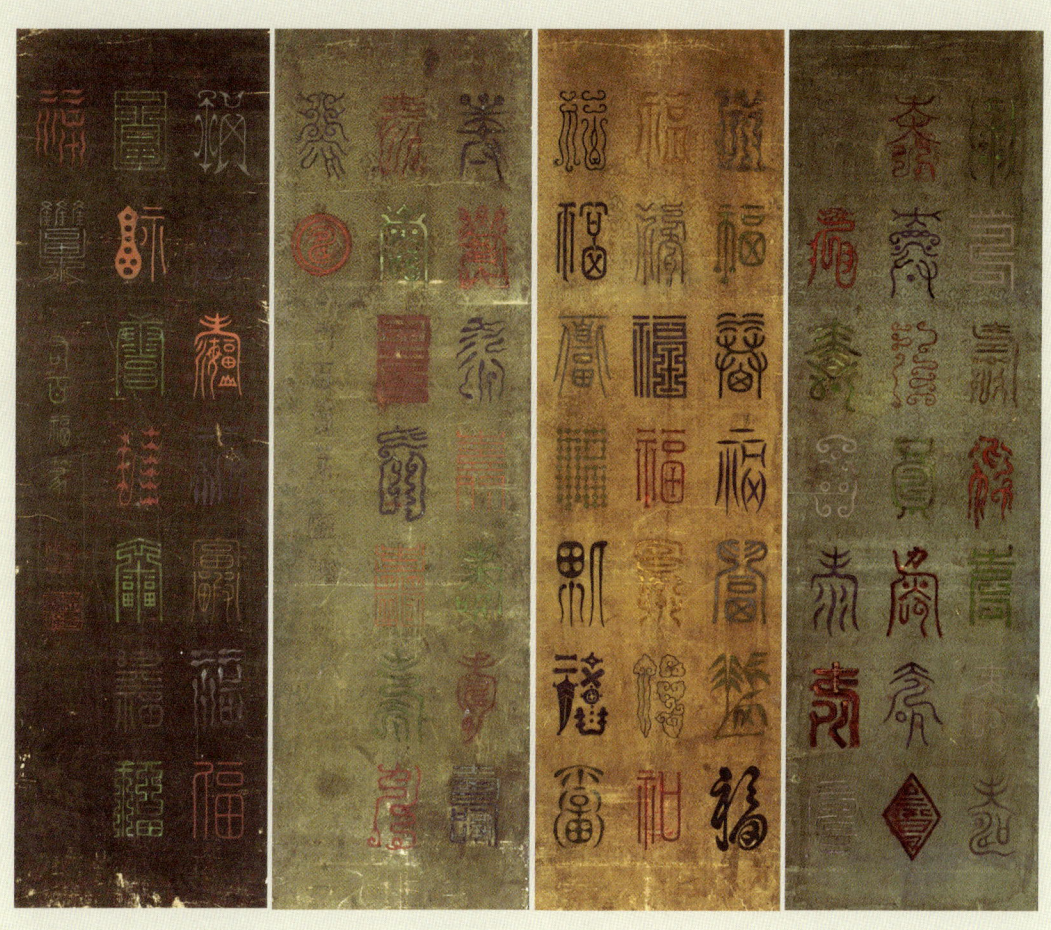

도146 《백수백복도》 10첩 병풍 부분(제7~10첩), 비단에 채색, 각 123.3×37.2cm, 서울역사박물관 소장.

도147-1, 147-2 《백수백복도》 4첩 병풍 세부

도147 《백수백복도》 4첩 병풍, 비단에 채색, 각 102.0×29.0cm, 계명대학교 행소박물관 소장.

대학교 행소박물관 소장의 《백수백복도》 4첩 병풍처럼 수복을 상징하는 동식물 문양과 섞어 아기자기한 변화를 준 것도 있다.^{도147, 147-1, 147-2}

이와 같이 궁중에서 글씨병풍은 그림병풍과 함께 여러 목적에서 두루 사용되었음을 알 수 있다. 서병은 장식적인 기능보다는 글씨의 내용을 통해 교훈을 전달하고 감계의 대상이 되는 경우가 많았다. 주로 왕과 왕세자 거처에서 더 많이 사용되었지만 그렇다고 완전히 남성의 소유물은 아니었다. 서병은 그림병풍보다도 무난하게 여러 장소를 꾸미고 메시지를 전달하는 역할을 했던 것이다.

6 궁중 장식화에 담긴 왕실의 염원

조선시대 궁중에서 사용된 채색 장식화를 오봉도, 모란도, 십장생도, 화조도, 곽분양행락도, 요지연도, 한궁도, 책가도, 백동자도, 서병 등을 중심으로 살펴보았다. 이는 남아 있는 작품의 비중과 문헌기록에 등장하는 빈도에 근거하여 궁중에서 많이 필요로 하였다고 생각되는 그림들이다. 그러나 이외에도 궁중에서는 훨씬 다양한 종류의 그림들이 의례 및 생활 공간을 치장하였고, 여기에 길상의 의미를 부여하였다.

궁중에서 사용되었던 채색 장식화는 그 주제의 원류를 찾아 거슬러 올라가면 중국의 그림들에 닿아 있다. 거의 모든 주제는 중국에서 유래한 것이라 해도 과언이 아니다. 그러나 조선의 화가들은 중국적인 주제와 도상을 수용하되 조선의 상황과 조선인의 취향에 맞게 적절하게 변용하거나 독자적으로 발전시켜 나갔다. 조선시대 궁중 장식화의 특징이 바로 여기에 있는 것이다.

일월오봉도의 소재는 모두 절대성과 영원성을 내포하는 자연물로서 중국이나 일본의 궁중미술에서도 널리 사용되었다. 하지만 이 소재들을 좌우대칭으로 구성하여 어좌의 배경그림으로 사용한 것은 조선의 창안이다. 모란도 역시 마찬가지이다. 세로로 긴 화면에 단독의 모란나무를 태호석과 조합하는 도상은 중국에서도 매우 오래된 전통을 가진 것이지만 조선의 화원은 이를 8첩 혹은 10첩의 첩병에 응용하여 독자적인 모란병풍을 창안하였다. 수직으로 뻗어 올라가는 모란나무를 반복적으로 배치한 도상은 시각적으로 매우 독특한 미감을 불러일으킨다. 수직의 상승감과 규칙성은 보는 사람을 압도하는 권위와 엄정함을 느끼게 하는데, 이러한 특징은 궁중 회화로서 요구되는 장식성과 의례성을 동시에 충족시키기에 충분한 것이었다.

책가도의 발전은 중국과 한국에서 모두 서양화법의 수용과 밀접한 관련이 있다. 서양화법의 구사 없이는 사실적인 책가의 묘사가 불가능하기 때문이다. 책가도는 다른 장식화에 비하면 비교적 늦은 정조 대에 시작되었다. 하지만 양적으로 크게 성장하여 나아가 민화에서 문방도를 유행시키는 데에 기여할 수 있었던 것은 책가도의 구도 덕분이다. 세로로 긴 화면의 첩병은 책가의 한 칸 한 칸을 표현하는 데에 매우 적합하였기 때문에 책가도의 발전은 조선시대 첩병의 선호와도 맞물려 있다고 생각한다.

요지연도와 곽분양행락도는 명칭에서부터 한국적인 고유성이 발휘되었다. 주 목왕과 서왕모가 만나는 요지연과 신선들이 파도를 타고 요지에 이르는 반도회를 한 화면에 대등하게 결합하면서도 요지연도라는 제목을 선택한 것이다. 여선女仙의 영수인 서왕모, 3천 년에 한 번씩 열매를 맺어 수명 연장의 상징이 된 반도, 장수의 상징인 팔선八仙을 포함한 신선들을 통해 한 화면에서 불로장생을 다중적으로 강조하는 구성이다.

곽자의라는 영웅의 다복한 생애를 행락도라는 인물화의 한 유형으로 풀어낸 곽분양행락도도 마찬가지이다. 중국에서는 부귀와 명예를 누린 곽자의에 대한 축수가 주제인 그림으로 많이 제작되었다면 조선에서는 오복을 누린 곽자의의 다복함을 표현하는 데에 초점이 맞추어졌다. 행락도라는 제목이 시사하듯이 곽자의와 아들 및 사위, 부인과 여자 후손들, 그리고 손자뻘 되는 아이들까지 각각의 생활공간에서 편안하게 일상을 영위하는 정경이 그려졌다. 조선시대 궁중에서 곽자의의 일생을 통해 본받고 싶은 측면은 부귀와 명예보다 행복한 여생과 자손번창이었다. 곽분양행락도에서 다복함의 핵심은 부귀와 장수가 아니라 자손번창이었으며 그 염원은 백동자도상의 일부를 절충함으로써 극대화되었다.

전체적으로 볼 때 궁중 장식화에서 두드러지는 상징성은 장수와 다남이다. 부귀와 복록, 입신출세가 보장되어 있던 왕실의 인사들은 무병장수와 부부화합, 자손번창을 가장 염원하였기 때문일 것이다. 장수의 염원은 사실 거의 모든 궁중 장식화 속에 포진되어 있다. 해와 달, 구름, 산, 물(파도), 바위(괴석), 소나무, 대나무, 모란, 매화, 오동나무, 영지, 봉황, 공작, 사슴, 거북 등 장생도에서 즐겨 다루어지는 소재는 조선시대 궁중회화에서 가장 빈번하게 등장하는 길상의 소재인 것이다. 열 가지의 장생물로 '십장생'이라는 화제를 만든 것도 매우 한국적인 특징이지만 십장생도 외에 요지연도, 곽분양행락도, 백동자도 등의 배경에 길상의 표현으로서 위의 장생물들은 반복적으로 등장한다. 그러나 조선시대에는 중국만큼 동음이어同音異語를 활용하여 상징의 의미를 심화·확대시켜 나가지는 않았다. 중국의 길상도에 나타난 상징체계와 비교하면 상당히 기본적이며 단순한 편이다.

사실 궁중 장식화는 온통 상서로운 의미로 가득 차 있다고 해도 과언이 아니다. 가시적인 치장의 기능 이면에는 장수와 영원, 다남과 자손번창, 태평과 복락을 바라는 상징 세계가 무한하게 펼쳐져 있다. 길상은 궁중미술의 중요한 키워드이다. 길상은 회화는 물론 궁중의 건축과 공예, 그리고 일상용품에 이르기까지 광범위하고 깊숙하게 자리 잡고 있다. 궁중에서 사용된 길상의 상징체계를 풀어나가는 것은 조선시대 궁중미술을 좀 더 쉽고 빠르게 이해할 수 있는 지름길이라 생각한다.

궁중 장식화는 민화의 형성에 초석이 되었으며 그 발전 과정에 중요한 역할을 하였다. 궁중 장식화와 일부 민화는 제작자가 모두 도화서 화원이었다는 점도 중요한 요소이다. 화원들이 그린 세화나 문배화는 사대부가로 퍼져 나갔고 양반관료들은 화원을 초치하여 집안을 장식하는 그림을 주문하였다. 궁중 장식화가 민화로서 양반관료들의 집안에서도 향유되었으나 지극히 부분적이었다. 민화는 대중의 미감을 담은 독특한 양식으로 급속하게 발전하였다. 궁중회화가 민화로 확산되는 양상은 이 책의 제4부에서 좀 더 자세하게 다루어질 것이다.

궁중 감상화는 국왕을 비롯한 왕족과 신료 등 왕실 구성원들이 감상을 목적으로 궁중
에서 소용한 비의례적인 성격의 그림이라고 정의할 수 있다. 그림의 제작자는 전문적
인 화원에 국한되지 않고 궁 밖에서 활동하는 화가들뿐 아니라 왕족이나 신료들, 심
지어 중국이나 일본 화가들에 이르기까지 다양했으며 국왕이 단독으로 또는 왕이 주
도하여 종친, 신료들과 더불어 감상했다는 점에서 장식화와 구별된다.

엄격한 신분 질서와 유교적인 의례가 중시되었던 궁중이라는 공간의 특성상 감상화
라 할지라도 주제와 표현기법 등에 있어 일정한 제약이 따랐다. 이는 감상화를 주제
에 구애됨 없이 미적美的인 안목으로 자유롭게 완상했을 것이라는 통념과는 사뭇 다
른 현상이다.

조 선 시 대 궁 중 감 상 화

宮
中
繪
畵

1 궁중 감상화의 전통

일찍이 선조宣祖(재위 1567~1608) 임금의 여덟번째 아들인 의창군義昌
君 이광李珖(1589~1645)은 서화를 좋아한 부왕父王을 두고 '만기萬機
에 여유가 생기면 손에서 붓을 놓지 않으셨다'고 하였고, 정조正祖
(재위 1776~1800) 임금은 자신이 그린 그림에 '만기여가'萬機餘暇 또는
'만기지가'萬機之暇라는 도장을 찍었다. '만기여가'란 만 가지 기회
중에 얻는 여유라는 뜻으로 나랏일로 바쁜 국왕이 어렵게 시간을
내어 취미생활을 즐기는 것을 의미한다.

조선시대 궁중에서는 국왕의 만기여가 습관 덕분에 공식적인 행
사도나 오봉병五峯屛처럼 왕실 행사와 공간 장엄莊嚴을 위한 의례용
그림 외에 내면의 성정性情을 북돋우고 일상생활의 활력소가 되는
순수 감상용 회화도 많이 제작되었다. 그러나 당시에는 왕이 그림
이나 글씨를 즐기는 행위를 긍정적으로 인식한 측면도 있었지만,
물건에 탐닉하면 위정자로서 고귀한 뜻을 해친다는 완물상지玩物喪
志의 관점 때문에 신료들은 국왕의 서화취미가 과도하다며 수시로
반대하곤 하였다. 그럼에도 15세기 안견安堅이 세종과 어린 문종을
위해 〈임강완월도〉臨江玩月圖를 그린 일화에서 알 수 있듯이, 궁중에
서 공·사적인 차원에서 제작된 감상용 회화의 전통은 이미 오래 전

제2부 조선시대 궁중 감상화

부터 시작되었다고 볼 수 있다.

근래 조선시대 궁중회화의 학술적 성과가 증대함에 따라 종류, 형태, 비용, 화원畫員의 역할 등 다양한 궁중회화에 대한 밀도 있는 조명이 가능하게 되었다.[1] 궁중 감상화는 그 역사와 수량에 비추어 엄격한 의례와 격식을 토대로 제작된 의례용 회화와 더불어 궁중 회화사에 있어 중요한 비중을 차지하고 있으나, 어진御眞이나 행사 기록화, 오봉병, 모란병(牡丹屛)처럼 궁중회화로서 대표성이 강한 그림에 비해 본격적인 주목을 받지 못하였다.[2]

문헌상의 풍부한 기록을 뒷받침하기에는 현존 작품이 부족하다는 한계가 있으나, 이 글에서는 조선시대 궁중회화와 궁중문화에 대한 전반적인 이해를 위해 감상화에 초점을 두고 살펴보고자 한다. 먼저 궁중 감상화에 대한 개념을 살펴본 후, 조선시대 궁중 감상화를 주제별로 나누어 왕실에서의 회화 감상이 어떠한 의미를 내포했는지 이어서 언급하도록 하겠다.

宮中繪畫

2 궁중 감상화의 개념과 범주

궁중회화는 주제와 용도에 따라 궁실의 안팎을 치장한 벽화와 병풍 등 장식화, 왕실의 기념행사를 그린 기록화, 임금의 초상을 그린 어진, 서화를 즐긴 왕족이 남긴 작품과 감상용 명화名畫 등으로 분류하거나[3] 초상화, 기록화, 감계화鑑戒畫, 장식화, 세화歲畫, 감상화로 구분하기도 한다.[4] 초상화나 기록화처럼 주제와 용도가 명확한 의례용 그림에 비해 '비의례용'인 감상용 회화는 성격을 명확하게 구분 짓기가 모호한 것이 사실이다. 특히 감상화는 때에 따라 전각 내부에 비치해 두어 감상과 장식, 바람막이 등 실용적인 용도로도 활용되었기 때문에 여러 기능이 혼합된 측면이 있다.[도1] 이처럼 하나의 작품이 몇 가지 용도로 쓰인 것이 궁중회화의 특성이지만 한편으로 감상화의 제작 배경과 내용, 쓰임을 분석함으로써 고유의 성격을 제시할 필요가 있음을 의미하기도 한다.

궁중 장식화가 궁중의 장식을 위해 화원畫員들이 제작한 그림으로 정의되듯, 궁중 감상화는 국왕을 비롯한 왕족과 신료 등 왕실 구성원들이 감상을 목적으로 궁중에서 소용한 비의례적인 성격의 그림이라고 정의할 수 있다.[5] 그림의 제작자는 전문적인 화원에 국한되지 않고 궁 밖에서 활동하던 화가들뿐 아니라 왕족이나 신료

들, 심지어 중국이나 일본 화가들에 이르기까지 다양했으며 국왕이 단독으로 또는 왕이 주도하여 종친, 신료들과 더불어 감상했다는 점에서 장식화와 구별된다.

선행 연구에서는 조선시대에 비록 국왕의 완물상지를 경계하는 분위기가 강했다 하더라도 궁중 감상화는 예술에 대한 호감好感이 없으면 불가능하다는 기본 전제 아래, 왕실의 서화 애호 취미와 밀접하게 연관하여 거론되었다.[6] 특히 성종成宗(재위 1469~1494), 숙종肅宗(재위 1674~1720), 헌종憲宗(재위 1834~1849) 등 몇몇 국왕의 특별한 서화 취미는 다양한 주제의 감상화가 다수 제작되거나 궁중으로 유입되는 결정적인 계기가 된 것으로 논의되었다.[7]

그럼에도 엄격한 신분 질서와 유교적인 의례가 중시되었던 궁중이라는 공간의 특성상 감상화라 할지라도 주제와 표현기법 등에 있어 일정한 제약이 따랐다. 이는 감상화를 주제에 구애됨 없이 미적美的인 안목으로 자유롭게 완상했을 것이라는 통념과는 사뭇 다른 현상이다. 예부터 동양 문화권에서 그림의 주된 목적이 시각매체를 통해 교훈적인 의미를 전파하는 공리적公利的 목적이 컸음을 상기해 볼 때, 궁중에서의 회화 감상 풍조 또한 이러한 맥락에서 살펴볼 수 있다고 본다.[8]

이 글에서는 궁중에서 감상한 그림이라는 감상화의 특수성을 고려하여, 제작의 '주체'와 '쓰임'이라는 관점에서 크게 왕실이 화원에게 주문하여 공적인 감상 대상으로 활용된 그림과, 제작자가 일반 화가이고 궁중에서 사적인 순수 감상용으로 쓰인 작품으로 구분하였다. 현재 전하는 작품을 중심으로 감상의 목적과 주제에 따라 네 가지로 세분화하면, 빈풍칠월도류豳風七月圖類 그림·역대 군왕도君王圖·행실도行實圖 등과 같이 계도적啓導的인 내용으로 교화를 목적으로 감상한 감계화鑑戒畵, 신왕조 창업과 번영의 뜻이 담긴 팔준도八駿圖나 관련 고사도故事圖, 역대 임금의 어필어화御筆御畵 등 선대의 위업을 칭송하고 왕가의 존숭尊崇을 기린 그림, 덕목과 수양의 의미가 담긴 사군자 그림, 마지막으로 화원이나 일반 화가들이 제작하여 궁중에서 순수 완상용으로 활용한 그림으로 분류할 수 있다.[9] 이러한 분류는, 민간에서와는 달리 궁중에서 지향한 감상용 그림은 단순한 유희 차원을 넘어 위정자의 치도治道를 위한 방편으로 활용된 측면 또한 컸음을 말해 준다.

조선시대 문헌 기록에 의하면 당시 궁중에서 왕족들이 공·사적으로 감상했던 회화의 수량은 매우 풍부했을 뿐 아니라 대상이 된 작품 역시 시기에 따라 일정한 변화를 보인 것으로 확인된다. 위에서 제시한 분류 중 감계화나 왕조 창업과 관련된 고사도 등은 시기를 막론하고 꾸준히 제작되었지만 주로 초기에 집중되었던 반면, 후기로 갈수록 다양한 주제의 일반 감상용 회화가 점점 증가한 추세를 엿볼 수 있다.

작품을 대하는 태도 역시 주제에 따라 달랐음을 볼 수 있는데, 감계화나 팔준도처럼 표현 방식보다는 내용의 상징성에 더 의미를 두고 감상한 대상이 있었는가 하면 산수화나 인물화, 화조화 등 일반 감상용 회화는 상징성보다는 회화기법, 작가, 풍격 등이 논의 대상이었다는 점에서 차이가 있다.

현존하는 궁중회화의 표구 형태(장황粧䌙)는 병풍, 족자, 가리개

도2 〈적벽공범도〉 강필주, 국립중앙 박물관 소장.

(장병障屛, 판넬 형식의 1~2폭짜리 칸막이), 문짝, 벽화, 화첩 등이 주를 이루며 이 가운데 병풍과 가리개(障屛)가 전체의 과반수 이상을 차지하고 있다.[10] 또한 일제강점기에 이르면 강필주姜弼周(19세기 말)의 〈적벽공범도〉赤壁共帆圖[도2]처럼 벽면에 걸어 두기 위한 액자 형식도 등장하였다. 감상화의 경우 조선 초기에는 감상의 편리와 실내 장식을 위해 병풍으로 장황한 사례가 많았지만[11] 후기로 갈수록 많은 그림이 제작되고 궁중으로 유입됨에 따라 전시보다는 보관을 위해 족자나 첩의 형태로 더 많이 꾸며진 사례가 증대된다. 이러한 사실은 헌종이 열람했던 서화 목록을 적은 『승화루서목』承華樓書目에 병풍보다는 첩帖, 두루마리(卷), 횡피橫披(가로가 좀 더 긴 형태), 축軸 등 좁은 공간에서 열람하거나 보관하는 데 용이한 형식으로 장황된 작품들만 기록된 사실을 통해서도 유추할 수 있다. 그러나 대한제국기(1897~1910) 이후에는 병풍이나 가리개 형식으로 된 순수 회화작품들 역시 궁중에서 많이 소용한 것으로 보아 감상과 장식이라는 두 가지 목적이 동시에 증대된 경향을 보여 주었다.

宮中繪畵

3 조선시대 궁중 감상화의 유형과 내용

교화敎化와 치도治道를   당나라의 서화 비평가인 장언원張彦遠
위한 그림   (815~879)이 그의 저서 『역대명화기』歷代

名畵記에서 "무릇 그림이란 교화敎化를 이루고 인륜의 도道를 돕는
것이다"라고 회화의 효능론을 천명했듯이, 동아시아 사회에서 그림
이란 교훈과 도덕의 의미를 시각적으로 전달하기 위한 수단으로 인
식된 경향이 강하였다.¹² 위정자의 입장에서는 국정 철학과 사회 질
서의 원리를 담은 그림에 대한 요구와 감상을 일반 회화에 비해 훨
씬 중요하게 여겼을 뿐 아니라, 이러한 그림은 화원에게 명령하여
공적으로 감상하기에도 용이한 대상이었다.

이렇듯 인간의 성정性情을 교화시키기 위한 목적으로 그린 그림
을 감계화鑑戒畵라고 하며, 감계화는 유교성리학의 권계주의勸戒主義
가 보급되면서 한·중·일에서 두루 성행하였다. 왕실에서는 국왕이
국정 운영과 백성들의 생활을 이해하는 치도治道의 방편으로, 민간
에서는 충忠·효孝·의儀 등 인간관계에 있어 지켜야 할 도리를 가르
치는 용도로 활용되었다.¹³

눈을 통해 즐거움을 얻기보다는 눈을 통해 가르치는 기능이 크
다는 성격상, 감계화는 조선시대 궁중의 감상용 회화 중 가장 먼저

도3 《역대제왕도권》(부분) 전傳 염 립본閻立本, 당唐, 비단에 채색, 51.3×531.0cm, 미국 보스턴미술 관 소장. ⓒMuseum of Fine Arts, Boston

등장하고 발전한 그림이었다. 특히 궁중에서 선호하여 많이 제작된 감계화로는 역대 임금과 왕비의 옳고 그른 행적을 그린 사적도事蹟 圖와 각종 고사인물도故事人物圖를 비롯하여 어진 임금과 신하들의 초상인 역대군신도歷代君臣圖, 백성들의 노고를 상징화한 무일도無逸 圖, 빈풍도豳風圖, 경직도耕織圖, 가색도稼穡圖, 충신忠臣과 효자孝子 · 효녀孝女·열녀烈女 등의 행적을 시각화한 행실도行實圖 등이 있다.[14] 이런 그림들은 성격상 조선왕조의 거의 모든 시기에 걸쳐 그려졌지 만 관련 기록이 주로 15·16세기에 집중되어 있어, 건국 초기 유교 적인 윤리를 보급하여 나라의 기강을 확립하고자 했던 시대 분위기 에 많은 영향을 받은 것으로 보인다.

역대군신도상歷代君臣圖像 또는 이들과 관련된 고사도는 국왕이 위정자의 입장에서 본받을 만한 중국의 역대 황제들과 신하들의 초 상 및 그들의 일화를 그린 것으로, 그림과 함께 이들의 행적을 기 록한 『명황감계』明皇鑑戒, 『역대군신감』歷代君臣鑑의 편찬도 아울러 활발하게 이루어졌다.[15]

1525년 중종이 홍문관弘文館에 명하여 《역대군신도상》을 제작하

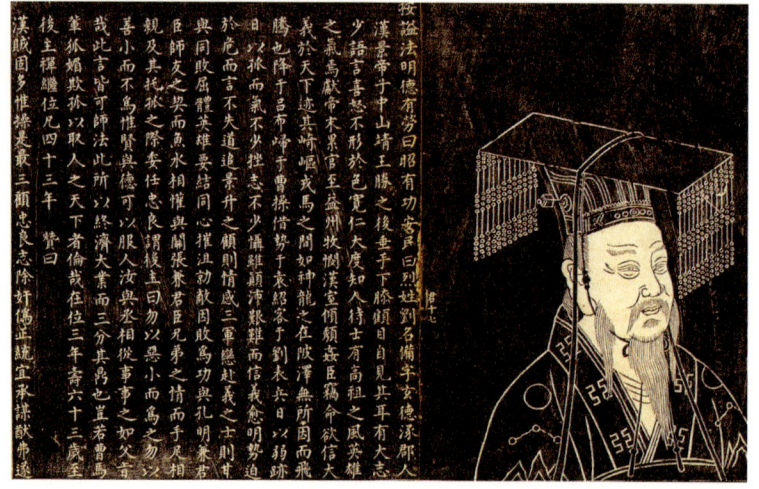

게 하고 아울러 도상찬圖像讚을 짓게 한 일화처럼, 이미 오래 전부터 군신도상은 통치자들에게 중요한 시각 자료로서 역할을 하였다.[16] 이때 그려진 군신도상은 1438년 중국에서 간행된 《성현도》聖賢圖가 밑바탕이 된 것으로, 중국 황제와 신하들을 그렸다는 점에서 당나라 화가 염립본閻立本이 그렸다는 〈역대제왕도권〉歷代帝王圖卷의 전통을 따른 그림인 것으로 생각된다.[도3]

중종의 명에 의해 편찬된 《역대군신도상》의 실물은 발견되지 않았으나 동일한 제목의 화첩이 개인 소장본으로 공개된 바 있으며, 18세기 모사본이라고 알려진 《역대도상첩》歷代圖像帖이 지면을 통해 소개되기도 하였다.[17] 전자는 수묵 소묘 기법으로 중국과 우리나라의 국왕과 명신名臣 80명의 초상을 그린 화첩이며, 후자는 총 4책으로 이루어졌고 채색기법으로 중국과 우리나라의 제왕과 문인 관료 총 220명의 모습을 그린 매우 큰 규모의 화첩이다.

우리나라에서 그려진 군신들의 도상은 인물의 전신을 그린 중국과 달리 대부분 어깨까지만 그린 반신상이며, 배경을 모두 생략한 채 인물만을 그린 것이 대부분이다. 이러한 경향은 아마도 원·명대 이후 중국 역대 명현들의 상반신만 부각시킨 목판화가 보급되면서 우리나라에도 영향을 준 결과로 판단되는데, 조선 중기 문신 정경

도5 《만고제회도상》 전기, 첩, 1854년, 종이에 먹, 38.4×29.3cm. 소장처 미상.

세鄭經世(1563~1633)가 소장했던 《고선군신도상》古先君臣圖像 목판화 첩은 1584년(선조 17)에 간행된 매우 이른 초기작으로서, 우리나라 에 전래되어 영향을 준 중국 군신도상의 연원을 짐작하게 해 준 다.[18] 도4

　　이러한 군신도상은 조선 말기까지 궁중과 민간에서 꾸준히 그려 졌으며, 19세기 화가 전기田琦(1825~1854)가 1854년에 밑그림을 그 린 《만고제회도상》萬古祭會圖像을 통해 확인할 수 있다.[도5] 이 작품은 궁중에서 군신도상 제작이 유행한 15·16세기와 시기적으로는 매우 먼 작품이지만, 이전부터 그려진 군신도의 전통이 반영되어 정착된 도상인 것으로 생각된다. 이 그림첩은 20세기 초 이왕가도서관李王 家圖書館에 소장되었던 것으로 태고太古부터 원나라 초기까지의 역대 황제·군신 192명의 모습을 목판화로 만든 것이다.[19]

　　중인 출신 화가 전기는 헌종의 요청에 의해 연꽃그림을 그렸을 정도로 화가로서의 명성이 궁중에까지 알려졌던 인물이다.[20] 그러나 이 목판화첩은 전기의 개성적인 필치를 보여 준다기보다는 백묘白描 로 기존의 범본을 충실하게 구현하여 인물의 형상을 부각시킨 전통 적인 양식에 더 가깝다.

宋太祖母皇后南郡夫人杜氏治家嚴而有法及尊爲皇太
后嘗戒帝稱賀后愀然左石曰臣聞母以子貴今子爲天子
爲何此后曰爲君難天子置身兆庶之上若治得其道則此位可尊
苟或失馭求爲匹夫何可得也太祖再拜曰謹受敎矣

궁중에서는 초상화로서의 성격이 강한 군신도상 외에 귀범이 되는 인물들의 행적을 그린 고사인물도 역시 빈번하게 제작되었다. 고려의 학자 이제현李齊賢(1287~1369)이 그린 것으로 전칭되는 《현후실적도》賢后實蹟圖[도6]는 비록 고려시대 작품으로 확증할 수 없으나, 이미 조선 이전부터 역사인물을 소재로 한 교화 풍습이 있었음을 암시해 준다.[21] 조선 개국 이후에는 이러한 전통이 더욱 굳건해져 태종이 옛날의 본받을 만한 일을 궁전 벽에 그리게 하였고, 세종은 화원에게 중국 개원開元·천보天寶 연간(713~755)의 성공하거나 실패한 사적事跡을 그림으로 그리도록 명하였으며, 성종이 화공으로 하여금 명현名賢의 사적과 제왕의 악함, 장려할 만한 일을 병풍에 그리게 해 항상 감상하는 등 많은 사례를 찾아볼 수 있다.

조선 초기의 군왕 중 성종은 어느 임금보다도 명현군신들과 관련된 고사인물화를 자주 감상하고 신료들에게 자주 제시題詩를 쓰게 한 왕이었다. 그는 그림을 보고 "그림을 감상하는 사람이라면 삼황오제三皇五帝를 볼 때 누구라도 우러러 존경하지 않는 자가 없으며 (하·은·주의) 마지막 괴팍한 군주를 그린 그림을 보면 어느 누구도 슬퍼하고 원망하지 않는 사람이 없다"면서 바른 정치를 베풀거나 그렇지 못한 인물들을 통해 도덕적인 감흥을 일으키는 것을 중요시하였다.[22]

성종은 1475년 11월 화공에게 명하여 은殷나라 무을戊乙, 위衛나라 선공宣公, 진晉나라 영공靈公, 송宋나라 강공康公, 제齊나라 동혼후東昏侯, 진陳나라 후주後主, 진陳나라 영공靈公, 오왕吳王 부차夫差 등의 사적을 그려서 병풍을 만들게 하고, 문신들로 하여금 각각의 일화에 대한 시를 지어 바치게 하였다.[23]

다음 해인 1476년에는 화공에게 명하여 신농神農·요堯·순舜·문왕文王·무왕武王·한漢 문제文帝·당唐 태종太宗의 사적 중 권장할 만한 것을 골라 병풍에 그리도록 하였다.[24] 이 일이 있은 후 얼마 지나지 않아 성종은 다시 화공으로 하여금 주周 문왕文王의 후비后妃, 강후姜后, 제齊나라 화맹희華孟姬, 초楚나라 번희樊姬, 한漢나라 풍소의馮昭儀·반첩여班婕妤, 당唐나라 장손황후長孫皇后, 송宋나라 광헌조황후光獻曹皇后 등의 사적으로서 권장할 만한 것과 오왕吳王 부차夫差, 한 무제武帝, 당나라 현종玄宗, 덕종德宗의 처음에는 훌륭했으나 나중에는 잘못한 사적을 병풍에 그려 들일 것을 주문하였다.[25]

이처럼 역대 비빈妃嬪과 후궁의 행적을 그림으로 형상화한 것은 동진東晉의 고개지顧愷之(345~406)가 그렸다는 〈여사잠도〉女史箴圖에서 볼 수 있듯이, 이미 오래전부터 궁궐 여인들로 하여금 경계를 일깨우기 위해 있어 왔던 전통이다.도7 아마도 성종은 나라의 기강을 확립하기 위한 일환으로 중전과 비빈들에게 이러한 그림들을 보여 교훈을 삼게 하려 했던 것으로 보인다.

성종의 명으로 그려진 감계화는 한 폭짜리 그림에서부터 20폭의 그림으로 제작된 병풍까지 규모가 다양했는데,[26] 이는 열람하는 형식인 족자나 첩帖보다는 전각 안에 항상 펼쳐 놓고 신료들과 더불어 편리하게 감상하기 위한 목적이었다. 그러나 현존하는 작품이

없어 당시 그려진 그림의 구체적인 모습을 살펴볼 수 없는 것이 아쉽다.

성종 연간 역대 중국 성군·현비 등의 일화를 그린 전통은 연산군(1476~1506)과 중종(1488~1544)으로 이어져 지속되었으며, 숙종 연간(1661~1720)에 이르러서는 주제와 구성이 좀 더 다채롭게 전개되었다. 관련 연구에 의하면, 숙종은 조선왕조 기간 동안 어느 왕보다도 궐 안팎으로 그림을 열심히 구해 감상한 군주였으며, 그가 접한 그림들 중 상당수는 앞 시기 인물들의 모습과 역사적 일화를 그린 감계화였다고 한다.[27]

조선 임금들의 글을 모은 『열성어제』列聖御製에 의하면 숙종은 《역대군신도상소첩》歷代君臣圖像小帖을 비롯하여 수나라를 제국으로 만든 양제煬帝의 〈수양제유행도〉隋煬帝遊幸圖, 주나라와 송나라의 명군이었던 무왕·목왕·악왕의 치적을 그린 〈무목악왕도〉武穆鄂王圖, 동진의 전략가 사안謝安(320~385)이 전진前秦의 군사를 물리친 고사

를 그린 《사현파진백만대병도》謝玄破秦百萬大兵圖 등을 감상하고 소감
을 글로 남겼다. 그러나 숙종이 본 대부분의 감계화들은 현존 여부
가 확인되지 않았고 《사현파진백만대병도》만이 알려져 있다.^{도8, 9}

도8, 9

　　총 8첩의 병풍으로 구성되었고 전체 길이 약 4미터가 넘는 이
그림은 동진의 장수 사안謝安이 전진의 왕 부견符堅이 이끈 백만 대
군을 격파한 전투 장면을 그린 것으로, 화면 상단 왼쪽에 1715년
봄 숙종이 지은 글이 있다.²⁸ 부견은 신하들의 조언을 무시하고 동
진 정벌을 공략한 결과 처참한 패배를 당했는데, 숙종은 이 그림을
통해 임금이 신하들의 간언諫言을 주의 깊게 들어야 한다는 국왕으
로서의 처신에 대한 교훈을 얻었던 것이다.²⁹ 숙종의 휘하에서 활동
하던 궁중 화원이 그렸을 것으로 믿어지는 이 그림은, 험준한 산
사이로 무리 지어 달려가는 동진의 병사들과 멀리 백마를 타고 도
망가는 부견의 대조되는 순간을 장대한 파노라마식 구성 속에 효과
적으로 부각시켰다.

　　이처럼 왕실에서는 중국의 여러 군왕들과 신하들의 좋고 나쁜
행실을 그림으로 그려 통치의 교훈을 얻은 반면, 우리나라의 고사
역시 수집하여 그림과 설명을 곁들인 행실도行實圖로 제작하여 반

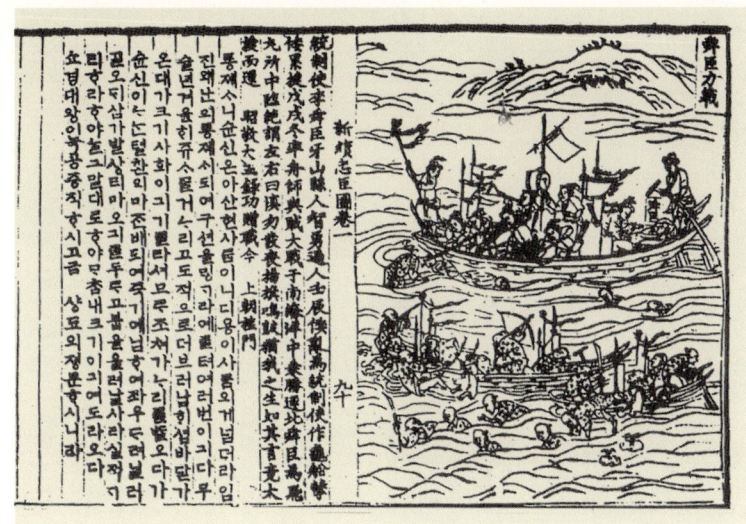

도10 『동국신속삼강행실도』에 수록된 〈순신역전도〉

포하기도 했다. 세종 연간의 『삼강행실도』三綱行實圖, 중종 연간의 『이륜행실도』二倫行實圖, 정조 연간의 『오륜행실도』五倫行實圖 등 일련의 행실도가 궁중에서 판화로 제작되어 간행되었다.

이 중 1617년에 간행된 『동국신속삼강행실도』東國新續三綱行實圖는 임진왜란 후 피폐된 나라의 기강을 세우고자 국가적인 차원에서 체계적으로 제작한 것으로, 행실도 중 가장 풍부한 내용을 담고 있어 한국판화사에서도 중요한 자료로 꼽는다.[30] 이 판화의 간행 과정을 기록한 『동국신속삼강행실찬집청의궤』東國新續三綱行實纂集廳儀軌에 의하면 당시 도화圖畵는 김수운金守雲, 이신흠李信欽, 이징李澄 등 당대 유명 화가들이 참여하여 완성했다고 하며, 이들의 기량을 뒷받침하듯 『동국신속삼강행실도』에 수록된 판화는 아기자기한 구도와 섬세한 인물 표현이 특징이다. 그중에서도 〈순신역전도〉舜臣力戰圖는 임진왜란 시 왜군을 물리치는 이순신과 부하들의 무공武功을 그린 것으로, 대치 중인 아군과 적군의 배를 화면 중앙에 상하로 배치하고 인물군상의 다양한 모습을 통해 치열한 격전의 순간을 긴장감 있게 표현하여 17세기 궁중에서 접했던 행실도의 수준과 전형이 잘 반영되어 있다.도10

도9 〈사현파진백만대병도〉(부분)

도11 『오륜행실도』중 〈석진단지〉石珍斷指 정조正祖 명命, 전 김홍도 밑그림, 1797년, 종이에 채색, 각 22.0×15.0cm, 리움미술관 소장.

이러한 행실도는 그림을 통해 본받을 점을 찾고자 한 군왕들의 감계적인 목적과 일치하면서도 백성들에게 배포하여 유교성리학의 규범을 더욱 확고히 하고자 했다는 점에서, 중국의 고사도보다도 파급 효과가 더 컸다고 볼 수 있다. 정조가 1797년 『오륜행실도』를 공식적으로 간행하기 전 "대저 이 책의 그림을 보고 언문諺文을 읽는다면 사람의 정리情理에 반드시 감화되는 바가 있을 것이니, 그렇다면 이 책이 간행됨으로 인해서 적게나마 보탬이 없지는 않을 것이다"라고 남긴 글은 이러한 사회적 의미를 잘 대변해 준다.[31] 이 글을 쓸 당시 정조가 본 『오륜행실도』의 원형을 추정할 수 있는 작품이 현재 리움미술관에 전하고 있다. 이 『오륜행실도』는 1797년 정조가 명하여 간행된 것으로, 한 면에는 한글로 내용을 적었고 반대 면에는 글의 내용을 그린 그림으로 구성되었다. 이야기의 장면에는 김홍도金弘道(1745~1806년 이후)의 인물화풍이 강하게 반영되었고 목판이 아닌 필사본으로 채색을 한 점이 특징이다.[도11]

18세기 이후에는 군신도상이나 정치적인 고사인물도나 행실도와 더불어 성리학적인 철학을 시각화한 그림들이 그려졌는데, 정선

제2부 조선시대 궁중 감상화

鄭歚(1676~1759)의 전칭작인 〈장주묘암도〉漳州峁庵圖(1746년 어제御製)도12와 김홍도가 1800년 정조에게 그려 바친 《주부자시의도》朱夫子詩意圖도13를 사례로 들 수 있다.32 〈장주묘암도〉는 주희가 복건성 장주 지역의 지사知事를 지내면서 주역周易의 원리에 입각하여 암자를 지었다는 일화를 그린 것이다. 이 그림은 1746년 영조英祖(재위 1724~1776)가 「묘암기」峁庵記를 지어 신하들에게 하사하면서 그림으로 그릴 것을 명한 실록 기사를 근거로, 왕명에 의해 그려진 작품으로 알려져 있다.33 《주부자시의도》는 주희의 시를 그림으로 도해한 것으로, 정조는 그림을 보고 "주자가 남긴 뜻을 깊이 얻었다"라고 김홍도의 솜씨를 극찬하였고 각 폭마다 화운시和韻詩를 덧붙였다. 각 폭은 꼼꼼하고 정성들인 필치로 그려 어람용 그림다운 풍격을 보여 준다. 이 두 그림 모두 성리학을 집대성한 주희의 사상을 바탕으로 하여 그려진 것으로, 성현의 유훈遺訓과 유교주의 이상향 추구라는 의미를 전달하기 위한 교육적인 감계화로서의 역할을 하였다.

도12 〈장주묘암도〉 전 정선, 18세기 (1746년 영조 어제御製), 비단에 담채, 112.0×63.0cm, 개인 소장.

　　이렇듯 조선 유학에 직접적인 영향을 끼친 주희의 행적과 관련된 그림과 더불어 성현의 가르침을 시각화한 그림인 공부자성적도孔夫子聖蹟圖 역시 궁중에서 자주 열람한 작품이었다. 공부자성적도는 '성적도'聖蹟圖라고도 불렸으며 공자와 그 제자들의 모범적인 일화를 그린 것으로, 이미 중국 송나라 때 도상圖像이 성립되어 동아시아 유교 사상 전파에 많은 영향을 끼쳤다. 우리나라에서는 중국에서 유래된 성적도를 모사摸寫하거나 목판으로 판각板刻하여 활용하였는데, 18세기 화원 김진여金振汝가 그린 《성적도첩》聖蹟圖帖과

도13-1 〈주부자시의도〉(제5~6폭)

도14 〈성적도첩〉중 〈자로문진〉子路問津 김진여, 1700년, 비단에 채색, 32.0×57.0cm, 국립전주박물관 소장.

도15 〈공부자성적도〉중 〈자로문진〉 1904년, 채색목판, 27.6×37.8cm, 한국학중앙연구원 장서각 소장.

1904년 채색 목판화로 제작하여 궁중에 들여온 《공부자성적도》가 좋은 예이다.도14, 15 조선 후기 대표적인 화원이었던 김진여의 그림은 정교한 공필工筆 기법으로 인물과 형상을 자연스럽게 구사한 수준 높은 경지를 보여 주는 반면, 후자의 그림은 민간에서 판각한 후 황실에 내입한 것이어서 그런지 손으로 직접 그린 육필본肉筆本에 비해 다소 경직된 필선을 보여 준다. 그러나 두 그림 모두 조선왕조 시기에 '공부자성적도'에 대한 궁중의 관심이 면면히 유지되었음을 잘 보여 준다.

감계화로서 공부자성적도가 내포한 유교성리학적인 사상은 그 의미에 따라 다양한 주제로 도상화圖像化하여 회화 작품으로 남겨졌다. 그중 유교 정치철학의 핵심이라고 할 수 있는 민본사상民本思想에 기초하여 빈풍칠월도豳風七月圖·무일도無逸圖·경직도耕織圖 등의 빈풍칠월도류 회화는 궁중에서 다수 제작하여 활발하게 감상하였다.[34] 이 그림들은 유교 경전인 『시경』詩經과 『서경』書經의 내용 중 백성들의 생활상과 관련 있는 내용을 형상화한 것으로, 임금이 민심民心을 거울 삼아 국정을 운영해야 한다는 관념이 내포된 감계화의 일종이다.[35] 이러한 그림의 효용성에 대해서는 아래 연산군과 신하들의 대화를 참조할 수 있다.

(임금이) 조하朝賀를 받고 경연經筵에 납시었다. 정언正言 오익념吳益念이 아뢰기를, "사서四書·육경六經이 모두 천하 국가를 다스리는 근본입니다. 그러나 그중에서 가장 치무治務에 절실한 것은 마땅히 좌우座右에 써서 때때로 보고 반성하는 것이 옳습니다. 옛날의 신하들은 임금으로 하여금 농사의 어려움을 알게 하려면 빈풍칠월도豳風七月圖를 올리고, 안일安逸에 흐르지 말아야 함을 알게 하려면 무일도無逸圖를 올렸던 것입니다. 신은 생각하건대, 정치를 하는 데 긴요한 것은 수신修身보다 큰 것이 없습니다."[36]

위 대화에서도 암시되듯, 군신도상 등과 더불어 빈풍칠월도류 그림이 표방하는 수신修身정신은 유교 통치이념으로서 위정자가 항상 유념해야 할 중요한 덕목으로 인식되었던 것이다.[37]

우리나라에서 이러한 빈풍칠월도류 그림은 이미 고려 왕실에 '무일도'를 시작으로 전래되었음이 문헌에 나타난다. 태조가 「훈요십조」訓要十條를 통해 '무일도'를 그려서 걸어 놓고 출입할 때마다 성찰하라고 한 것이 가장 대표적인 기록이다.[38] 따라서 '무일도'는 병풍이나 장자障子로 만들어 옥좌 곁에 두고 항상 임금이 성찰할 수 있도록 하는 것이 관례였는데, 조선시대에는 지방의 관리나 신하들이 왕실에 경사가 있을 때 이 그림을 진상하기도 하였다.[39] 그러나 고려시대나 조선시대에 그려졌다는 '무일도'는 그림보다는 글씨로 쓴 서예 작품이었을 가능성이 더 크다. 현존하는 무일도 그림이 없

다는 것이 그 이유이기도 하지만 『고려사』, 『조선왕조실록』 등 관련 기록을 통해 보면 대부분 왕이 관료들에게 명하여 「무일편」無逸篇 글씨병풍을 바치도록 한 사례가 훨씬 많기 때문이다. 특히 조선시대에는 왕실뿐 아니라 양반집에서도 무일편 서예 병풍을 「홍범편」洪範篇을 쓴 병풍과 더불어 방안에 비치해 놓고 감계용이자 겨울철 바람막이용으로 이용한 사례가 종종 등장한다.[40]

반면 '무일도'와 달리 경직과 관련된 '빈풍칠월도'라든지 '경직도', '잠직도' 등은 실제로 궁중에서 그림으로 자주 제작되었던 것으로 보인다. 〈빈풍칠월도〉는 『시경』詩經 「빈풍칠월편」의 내용을 묘사한 그림으로, '빈풍'豳風이란 빈나라(주나라의 옛 이름)의 풍속을 말하며 '칠월'七月은 빈풍의 한 편을 의미한다. 이 '빈풍칠월도'는 1402년 4월 예조전서禮曹典書 김첨金瞻이 주나라 문왕文王이 침소에 문안드리는 그림과 '빈풍도'를 바쳐 태종이 내구마內廐馬를 하사하였다는 기록으로 보아, 15세기에 중국으로부터 도상이 전래되었음을 알 수 있다.[41] 경직 관련 그림을 중요시 여겼던 중종은 1511년 도화서 화원들에게 이러한 주제의 그림을 종종 그려 바칠 것을 명

제2부 조선시대 궁중 감상화

하였고, 항상 바라보기 편하도록 특별히 병풍으로 제작할 것을 지
시하였다. 중종의 명이 내려지고 약 2개월 후 도화서에서는 경직도
병풍 세 벌을 제작하여 중종에게 바쳤다.[42]

　이후 중국본 빈풍칠월도가 지속적으로 조선 궁중으로 유입된
듯, 1544년에는 호조참의 이명규李名珪가 북경에서 구해 온 원나라
서화가 조맹부趙孟頫(1254∼1322)가 그린 〈빈풍칠월도〉를 바쳤고
1696년에는 숙종이 원나라 왕세창王世昌이 그린 〈빈풍도〉를 얻고

최석정崔錫鼎(1646~1715)으로 하여금 시를 짓게 하였다. 중국에서 우리나라로 유입된 〈빈풍도〉의 구체적인 모습은 확인하기 어렵지만 국립중앙박물관에 소장된 청나라 〈빈풍도〉^{도16}를 보면 어느 정도 그림의 순서와 도상이 완성된 단계의 작품이 전래되었을 것으로 추정된다. 현존하는 작품 중 조선 궁중에서 그려졌을 것으로 생각되는 〈빈풍도〉는 대략 17~18세기경에 제작된 것이며, 짙은 채색을 가미한 청록산수靑綠山水 계열이 대부분이다.^{도17, 18} 주제와 세부 도상은 빈풍칠월 시의 내용을 충실하게 반영하였으나, 세로로 긴 화면에다 원경·중경·근경에 괴량감 있는 산과 언덕을 배치한 구도, 공간 사이사이에 그려진 놀이하는 아이들, 지붕의 박을 따는 모습, 집 안에서 술을 담그는 여인들, 사냥하는 인물들의 모습이 자못 한국적인 정감을 자아내고 있다.

빈풍도와 더불어 중국의 경직도에 영향을 받아 제작된 그림 중 궁중 화원 진재해秦再奚(1691?~1769)의 전칭작인 〈잠직도〉蠶織圖는 숙종이 친히 열람한 그림이자 궁중에서 감상한 경직도 중 대표적인 사례이다.^{도19} 〈잠직도〉 역시 〈빈풍도〉와 마찬가지로 군주로 하여금 농사짓고 누에치는 백성들의 고단함을

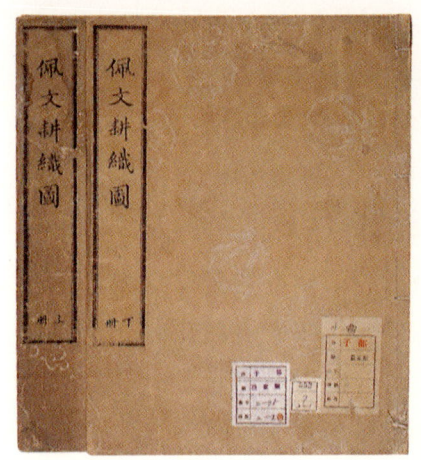
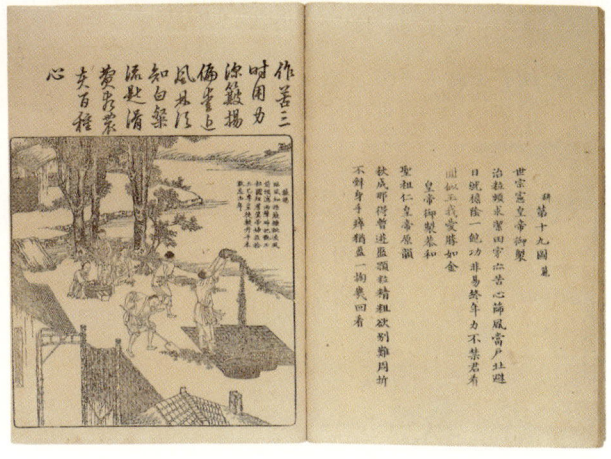

깨닫게 하고자 제작한 그림으로, 『열성어제』에는 최석정이 1697년 북경에 가서 구해 와 진상한 『패문재경직도』佩文齋耕織圖를 보고 숙종이 지은 「제경도」題耕圖, 「제직도」題織圖 두 시문이 수록되어 있다. 『패문재경직도』는 『시경』의 「빈풍칠월편」을 모범으로 하여 청나라 강희제康熙帝 때 제작한 판화이다.^{도20} 숙종이 지은 시는 세자에게 주기 위해 병풍 2좌坐로 모사하게 하여 각 한 수씩 시를 적은 것이라고 하며,[43] 이 중 한 작품이라고 여겨지는 그림이 바로 이 〈잠직도〉이다. 그림을 보관한 갑의 표제에 '진재해화'秦再奚畵라고 쓰여 있어 17세기 대표적인 화원이었던 진재해의 작품으로 알려져 있으며, 그림 상단에는 숙종이 1697년에 지은 글이 있다. 이 그림 역시 조선 후기 궁중에서 본 빈풍도나 경직도 등과 같이 짙은 색채 감각이 돋보이는 청록산수 계열의 작품이며, 무엇보다도 1697년 이전에 조선 왕실에 『패문재경직도』가 유입되어 궁중 감상용으로 제작되었음을 알려 주는 자료로 의미가 있다.[44]

진재해가 그렸다는 이 〈잠직도〉는 중국 『패문재경직도』의 〈직도〉織圖를 범본으로 그렸기 때문에 그림 속 건물과 인물들의 모습이 조선의 풍습과 비교하면 사뭇 이질감이 느껴지지만 숙종은 이러한 그림을 통해 민생들의 궁핍하고 곤난한 실제 모습을 간접적으로

도20 『패문재경직도』 표지와 〈경도〉
1696년, 목판본, 36.4×27.6cm,
한국학중앙연구원 장서각 소장.

도19 〈잠직도〉 전 진재해, 17세기,
비단에 채색, 137.6×52.4cm, 국립
중앙박물관 소장(왼쪽 면).

체험하기 위해 힘썼던 것으로 보인다. 그는 1681년 병조판서 이숙李翩의 집에 소장된〈농가사시도〉農家四時圖를 모사하게 하여 궁중에 들여왔고, 1691년에는 빈풍칠월의 뜻을 차용하여《십이월도》十二月圖 병풍 두 점을 그리게 하였다.[45] 또한 1706년에는 강원도江原道 감진어사監賑御使 오명준吳命峻이 진상한〈영동기민도〉嶺東饑民圖를 보고 제시를 썼는데, 시문의 내용에 의하면 이 그림은 조선 민생들의 궁핍하고 힘든 생활상이 현실적으로 표현된 작품이었던 것으로 보인다.[46] 이러한 내용들은 17세기 후반 위정자인 왕실이 농민 구휼의 입장을 표방하는 의미로 경직도를 자주 감상한 사실을 뒷받침해 준다.

한편 영조 역시 1744년 창경궁 일녕헌日寧軒과 연경당延慶堂에서 경직도耕織圖를 감상하고 글을 남겼다. 보통〈사계산수도〉라고 불리는 이 그림은 영조의 휘하에서 활동한 화원畫員 김두량金斗樑(1696~1763)과 그의 아들 김덕하金德夏(1722~1772)가 그린 것으로 각각〈춘야도리원도〉春夜桃李園圖와〈전원행렵승회도〉田園行獵勝會圖를 일컫는다.[도21, 22] 두 그림의 시작 부분에 붙어 있는 인수引手에 쓴 글은 영조의 친필로서, 여기에 의하면 김두량이 밑그림을 그리고 김덕하가 채색을 한 것이라고 한다.〈사계산수도〉는 폭이 좁은 비단으로 된 긴 두루마리 위에 농민들이 수렵과 농사에 종사하는 평화로운 모습을 그린 것으로, 생업에 종사하는 백성들의 수고로움과 이를 가능하게 한 안정된 정치 등을 간접적으로 상징화한 그림이라고 할 수 있다.[도22-1] 또한 김두량·김덕하라는 걸출한 두 화원이 뛰어난 솜씨로 탄생시킨 궁중화의 수작으로 손꼽을 만하다.

그 밖에 경직도의 한 부류로 왕족들이 감계용으로 완상한 그림으로〈가색도〉稼穡圖가 있다. 이 그림은 태고자가색太古子稼穡 고사를 그린 경직도의 한 종류로서 우리나라에서는 이미 태종 연간인 1411년 궁중으로 유입되었다.[47]〈가색도〉는 빈풍도나 경직도처럼 자주 그려지지는 않았지만 조선 후기까지 왕실에서 애용된 주제였던 듯, 영조는 장헌세자莊獻世子(1735~1762)를 위해 화원에게 명하여

도22-1 〈사계산수도〉(부분)

이 그림이 수록된 《선가법》善可法이라는 화첩을 제작하기도 하였
다.[48] 간송미술관에 소장된 《선가법》 화첩은 영조가 1737년 둘째 아
들인 장헌세자를 위해 편찬한 것으로, 영조가 쓴 「어제선가법서」御
製善可法序에 의하면 세자의 교육을 위해 친필로 효도孝道·우애友愛·
권학勤學·치도治道 등의 덕목을 쓰고 본받을 만한 고사를 추려 그림
을 그리게 한 것이라고 한다. 화첩에 친히 글씨를 쓰고 화원 양기
성梁箕星에게 명하여 그림을 그리게 했는데 이 중 〈가색도〉 한 폭이
수록되어 있다. 그림을 그린 양기성은 사과司果를 지낸 화원으로,
1735년 세조의 영정 모사 시에 양희맹梁希孟과 함께 수종화원隨從畵
員의 자격으로 참여하기도 하였다.[49] 이로써 이 화첩은 궁중에 비치
하여 세자로 하여금 항상 열람하고 권면할 목적으로 제작되었음을
알 수 있다.

   양기성이 그린 〈가색도〉처럼 궁중 화원이 그리고 왕실에서 열람

春夏挑 李園豪 興景 豈甲子 春正月 吉日 日寧軒 書 金斗㯅畵本

도21 〈춘야도리원도〉(부분)와 인수 리手에 쓴 영조의 題題 김두량, 1744, 비단에 담채, 8.4× 184.0cm, 국립중앙박물관 소장.

秋冬田 園行獵 勝會 歲仝甲 年正春 仝書 延慶堂 內 金德廈畵來

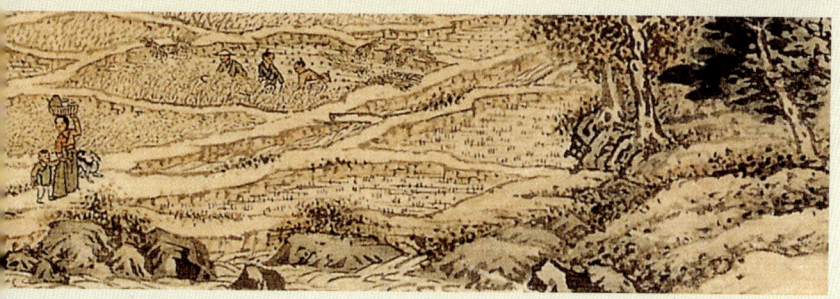

도22 〈전원행렵승회도〉(부분)와 인수에 쓴 영조의 제 김덕하, 1744, 비단에 담채, 8.4×184.0cm, 국립중앙박물관 소장.

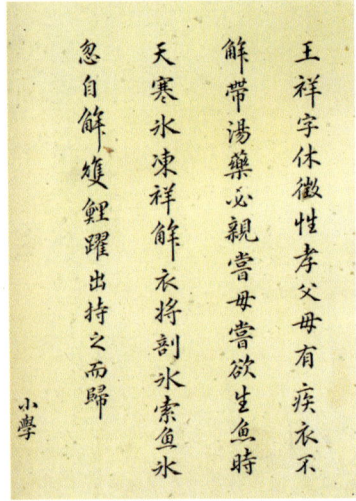

도23 〈왕상고빙〉王祥叩氷《만고기관첩》에 수록, 한후량, 18세기, 종이에 채색, 38.0×30.0cm, 리움미술관 소장.

한 세자 교육용 그림으로 《만고기관첩》萬古奇觀帖에 실린 그림들이 있다. 《만고기관첩》은 중국의 효자·성현·군신·신선 등의 고사와 관련된 그림과 설명문을 함께 실은 작품으로, 인물들의 행적은 이미 『삼강행실도』나 『오륜행실도』 등에 수록되어 알려진 것들이다.

도24 『삼강행실도』에 수록된 〈왕상부빙〉王祥剖氷

예를 들어 진나라 효자 왕상王祥이 병든 부모를 위해 얼음을 깨서 잉어를 잡았다는 이야기는 『삼강행실도』와 《만고기관첩》에 각각 '왕상이 얼음을 깨트리다'(王祥剖氷), '왕상이 얼음을 두드리다'(王祥叩氷)라는 제목으로 수록되었는데, 전자는 이야기가 순서에 따라 한 화면에 모두 묘사된 반면,도24 《만고기관첩》속의 그림은 『삼강행실도』속 〈왕상부빙〉의 마지막 장면만 확대하여 별도로 그린 것이 차이점이다.도23 《만고기관첩》속 〈왕상고빙〉은 18세기 대표적인 화원인 한후량韓後良의 재치가 엿보이는 작품으로, 『삼강행실도』의 도상에서 탈피하여 겨울 산수풍경을 배경으로 잉어를 잡기 위해 얼음을 깨고 있는 주인공 왕상의 애처로운 모습을 부각시켜 감상자로 하여금 그의 효심孝心을 깨닫게 하는 효

도25 《고사인물화보》(부분) 진재해 외, 18세기, 종이에 채색, 47.2×36.2cm, 리움미술관 소장.

도26 《고사인물화보》(부분) 진재해 외, 18세기, 종이에 채색, 47.2×36.2cm, 리움미술관 소장.

과를 준다. 이처럼 《만고기관첩》에는 한후량을 비롯하여 장득만張得萬, 한후방韓後芳, 양기성 등 영조~정조 연간 활동한 여러 궁중 화원들이 자신들의 기량을 발휘하여 그린 그림들이 수록된 것이 특징이다.[50] 특히 이 화첩에는 '홍재'弘齋와 더불어 정조가 세자 시절에 쓴 '중광지장'重光之章이라는 인장이 찍혀 있는 것으로 보아 그가 권면勸勉과 교훈을 목적으로 친히 열람한 사실을 알 수 있다. 여기에 실린 대부분의 작품들은 짙은 채색으로 그린 진채화眞彩畵로서, 17세기 말~18세기에 유행한 도화서 화풍을 대변해 주고 있다.

정조가 소장했던 또 다른 화첩인 《고사인물화보》故事人物畵譜는 《만고기관첩》처럼 여러 궁중 화원들이 참여하여 완성한 그림이다.도25, 26 이 화첩에도 '홍재', '중광지장'의 인장이 찍혀 있어 정조가 《만고기관첩》을 감상했을 당시와 가까운 세자 시절에 열람한 것으로 생각된다. 총 4책으로 구성된 화첩에는 내용을 알려 주는 설명이 없어 구체적으로 누구와 관련된 고사인지 알 수 없으나, 대체로 교훈적인 성격을 표방한 것으로 추정되며, 제작에 있어서도 장득만, 진재해 등 조선 후기 대표적인 도화서 화원들이 참여한 것이 특징이다. 또한 작가의 개성보다는 다양한 색채와 섬세한 필치, 사실적인 묘사로 고사의 내용을 충실하게 전달하는 데 목적을 두었던 것으로 보인다.

지금까지 궁중 감계화의 대표적인 사례인 역대 군신도상과 사적도, 행실도, 빈풍칠월도류 회화에 대해 살펴보았다. 궁중 감계화는 국왕이 나라를 다스리는 데 직접적으로 본받거나 유념해야 할 사례를 뽑아 시각화한 그림으로서 주로 왕명에 의해 제작된 사례가 많았다. 시각적인 즐거움이나 미적인 접근이 아닌 군왕이 스스로 교화의 매개물로 삼고 국정 업무의 방향을 설정하는 데 이용했다는 점에서, 궁중이라는 특수한 상황이 반영된 그림이라고 이해할 수 있다.

왕조의 개창과 번영이 담긴 그림　조선시대 궁중 회사繪事에 있어 중요하게 여겼던 대상 중 하나가 왕조의 개창開創과 안정, 번영의 의미가 내포된 그림이었다. 이러한 주제의 그림은 조선처럼 봉건적인 군주제를 유지했던 중국에서도 종종 그려졌다. 한 가지 예로 북송 황제 휘종徽宗이 1112년에 그린 〈서학도〉瑞鶴圖를 들 수 있다.도27 이 그림은 휘종이 연회 도중 궁궐로 학이 무리 지어 날아든 진기한 장면을 목도한 후 그린 것으로, 국운國運이 융성하기를 바라는 마음과 더불어 황제는 천명天命을 받은 절대적인 존재라는 암시가 담겨 있다.

조선 왕실 역시 휘종의 〈서학도〉처럼 왕조의 창업이나 상서로운 일화를 그림으로 남김으로써 선왕의 업적을 찬양하고 조종祖宗의 정통성을 대내에 공표하려는 노력을 기울였다. 물론 동양사상에 뿌리를 둔 길상적인 소재나 문양을 도안화하여 국가의 안녕을 상징한 길상화吉祥畵가 그려지긴 했으나 이는 감상용이 아닌 장식용으로

도27 〈서학도〉 휘종徽宗, 북송 1112년, 비단에 채색, 51.0×138.2cm, 요녕성박물관 소장.

활용된 측면이 강하고, 감상용 회화는 대부분 특정한 사건과 대상을 그린 고사도가 주류를 이룬다.

조선왕조의 개창과 관련하여 그려진 대표적인 그림으로 팔준도八駿圖가 있다. 팔준도는 주나라 목왕穆王의 팔준도 고사(八駿故事)에 빗대어 조선의 창업 군주 태조 이성계의 업적을 칭송하기 위해 그린 그림을 말한다.[51] 본래 왕이 타던 말 또는 여러 마리의 준마駿馬가 무리 지어 있는 모습을 그린 그림은 국왕의 선정善政을 찬양하는 의미를 담은 것으로, 중국에서는 당나라 궁정화가 한간韓幹(701~761)의 활동을 계기로 청대까지 유행하였다.[52] 그러나 조선의 팔준도는 태조 이성계의 조선 건국의 위업을 달성하는 데 도움을 주었다는 여덟 마리 말인 유린청游麟靑, 추풍오追風烏, 발뢰자發雷赭, 용등자龍騰紫, 응상백凝霜白, 사자황獅子黃, 현표玄豹를 그린 것으로, 화첩의 왼쪽에는 각기 다른 자세를 하고 있는 말의 형상을 그렸고 오른쪽에는 『용비어천가』龍飛御天歌에 기록된 일화와 태조의 위업을 찬양하는 내용으로 구성되어 중국과는 다른 고유한 배경 속에서 탄생된 그림이라고 하겠다.

조선 초기에는 태조 이성계와 세조가 각각 타던 말들이 조선을

도28 《팔준도》 중 〈유린청〉 작자미
상, 조선 후기, 비단에 채색, 42.5
×34.8cm, 국립중앙박물관 소장(왼
쪽).

도29 《팔준도》 중 〈용등자〉 작자미
상, 조선 후기, 비단에 채색, 42.5×
34.8cm, 국립중앙박물관 소장.

개국하거나 새로운 정권을 세우는 데 수행한 공훈을 기리기 위해
'팔준도' 또는 '십이준도十二駿圖'라는 제목으로 자주 그려졌다. 곧
팔준도는 단순한 말 그림이 아니라, 개국공신開國功臣과도 같은 태
조의 말을 그린 초상의 일종인 것이다. 이러한 팔준도는 15세기를
대표하는 화가인 안견安堅이 세종의 명을 받아 1446년과 1447년 팔
준도를 그렸다는 사실을 통해 팔준도의 제작 역시 궁중의 중요한
회사繪事로서 재능이 뛰어난 화원이 담당했음을 알 수 있다.[53] 그러
나 안견이 그렸다는 팔준도는 현재 전하지 않고 숙종의 명에 의해
제작된 《팔준도》 화첩만 전해지고 있다. 도28, 29

이 그림은 조선 초기부터 전해져 온 팔준도 제작 전통을 계승하
면서 18세기 초 시대 양식이 반영된 것으로 생각되는데, 숙종 재위
시 말 그림에 뛰어났고 궁중 회사에 참여하여 어람용 그림을 그렸
던 선비화가 윤두서尹斗緖(1668~1715)가 그린 것으로 알려지기도 했
으나, 아직 뚜렷한 증거는 없다. 이 화첩을 보면, 정면과 측면 등에

서 바라본 말의 모습과 개개의 습성, 생김새 등을 매우 정교하게 묘사한 것으로 보아 솜씨가 뛰어난 화가가 그린 것으로 추정되며, 건장한 체구와 위풍당당한 자세를 통해 조선 개국의 기운을 전해 주는 듯하다. 이처럼 조선 후기 왕실에서 그려졌던 《팔준도》 화첩은 장승업張承業(1843~1898), 강필주姜弼周(19세기), 조석진趙錫晉(1853~1920), 안중식安中植(1861~1919) 등 조선 말기~근대 시기 동안 활동했던 화가들에 의해 민간으로 확산되어 다양한 양상으로 제작되었으며, 개별적으로 말을 그린 기존의 화첩 형식에서 벗어나 두루마리(卷)나 긴 축軸 형태의 화면에 여덟 마리가 자유롭게 무리 지어 있는 모습을 그린 사례가 많다.^{도30}

왕실의 어람용 그림이 대부분 중국의 고사를 토대로 그려진 것에 비해 조선 태조의 《팔준도》는 조선 고유의 고사를 그렸다는 점에서 차별이 된다. 《팔준도》처럼 우리나라의 창업 고사를 소재로 그린 궁중 감상화의 또 다는 예로 〈금궤도〉金櫃圖가 있다.^{도31} 이 그림의 윗부분에 쓰인 글에 의하면 병자년(1636) 봄 인조仁祖(재위 1623~1649)가 삼국사三國史의 주제로 그림을 그릴 것을 어명하였고 이조판서 김익희金益熙(1610~1656)가 어제를 대신 쓰고 조속趙涑(1595~1668)이 그림을 그렸다고 한다.⁵⁴ 〈금궤도〉는 신라 경순왕敬順王 김부金傅의 시조인 김알지金閼智의 탄생 설화를 그린 것으로, 김알지를 금궤에서 얻어 당시 임금인 석탈해昔脫解가 김金씨 성을 내렸다는 고사에서 차용한 것이다. 그림을 그린 작가와 시기에 대해 명확한 근거가 없어 단지 조속의 전칭작으로 전해져 오고 있지만, 화면 전체에 구사된 청록산수화법과 인물과 경물의 세부 표현은 17세기 산수인물화 양식에 근접해 있다.

『인조실록』이나 기타 관찬 사료에는 인조가 왜 이 그림의

御製
此新羅敬順
王金傳始祖
金櫝中得之
仍姓金氏者
上其下白雞
鳴故見而取
来新羅昔氏
為男子繼有
其孫敬順王
入高麗嘉其
来順謚敬順
命畵乙亥翌年春
歲乙亥見三國史
吏曹判書臣金益熙
奉教書
掌令臣趙涑奉
教摹繪

제작을 명하였는지 유추할 만한 근거가 잘 나타나지 않는다. 그러나 여기서 〈금궤도〉의 제문에 언급된 1636년 봄은 조선 역사에 있어 병자호란이라는 매우 뼈아픈 전쟁을 앞둔 시기였다는 사실이 주목된다. 사실 인조는 중국에 대해 중립정책을 펼쳤던 광해군과 달리 이민족인 금金을 배척하고 명나라를 추종하는 입장이었다. 이에 1636년 4월 국호國號를 청淸으로 고친 태종은 계속 조선을 회유했으나 끝까지 강경한 입장을 보이자, 같은 해 12월 2일 분개한 태종이 10만 대군을 거느리고 조선을 침략, 인조는 남한산성南漢山城에서 패하여 청군淸軍에 항복하고 소현세자昭顯世子와 봉림대군鳳林大君이 볼모로 잡혀가는 치욕을 당했던 것이다. 인조가 그림 제작을 명한 1636년 봄은 아마도 청 제국이 건립되고 청의 정치적·군사적인 압박이 계속되던 시점이었을 것이다. 이러한 시대상황에 당면해 있던 인조는 〈금궤도〉 제작을 명함으로써, 김金씨 성의 시조인 김알지 탄생설화를 통해 금金나라에 대한 우월감을 간접적으로 표출하고자 한 것은 아니었을까. 어디에도 이러한 추측을 증명해 줄 만한 기록은 없지만, 인조의 심기일전에도 불구하고 얼마 후 금의 후예인 청에 의해 패배를 한 사실을 상기하면 이 〈금궤도〉는 역사적으로나 미술사적으로 의미심장한 그림이 아닐 수 없다.

인조의 어제가 있는 〈금궤도〉처럼 우리나라와 관계된 직접적인 주제는 아니지만 숙종 역시 나라의 안정을 기원하는 그림을 여러 점 감상하였다. 그 중 〈진단타려도〉陳摶墮驢圖는 다섯 번이나 왕이 바뀐 혼란스런 시대에 참된 군주가 출현했다는 소식을 듣고 기뻐한 나머지 나귀에서 떨어졌다는 북송시대 진단陳摶(872~989, 호 희이希夷)이라는 인물의 고사를 그린 작품이다.도32 그는 나귀에서 떨어지면서도 "천하가 안정되리라!" 하고 외쳤다는데, 이 때문인지 그림 속 주인공이 땅에 떨어지는 순간에도 은은한 미소를 띠고 있는 것이 이채롭다. 1715년 숙종은 이 그림을 보고 진단의 고사를 암시하는 글을 지었고 신하가 대필하여 매우 정성스런 필치로 옮겨 적었다.[55] 화면 오

도31 〈금궤도〉 전 조속, 17세기, 비단에 채색, 105.5×56.0cm, 국립중앙박물관 소장.

希夷何事忽鞍徒非
醉非眠別有喜夾馬
徵祥真主出從今天
下可無惺
歲在乙未仲秋上浣題

른쪽 나무 둥치 옆에 윤두서의 호를 의미하는 「공재」恭齋라는 네모
난 도장이 희미하게 찍혀 있으나, 전형적인 화원화풍으로 그렸기
때문에 과연 그의 작품인지는 분명치 않다. 조선시대에는 화가가
그림을 왕에게 진상할 경우, 자신의 존재를 드러내는 표기는 거의
하지 않았으며, 이처럼 잘 보이지 않는 곳에 인장을 찍거나 호號를
작게 써 넣었다. 청록산수 계열의 공필로 섬세하게 그린 이 〈진단타
려도〉는 성군聖君의 출현과 천하의 안정이라는 주제를 다루었다는 점
에서 17세기 궁중 어람용 감상화의 성격을 이해하는 데 도움이 된다.

한편, 고종高宗(재위 1863~1907) 역시 규장각 소속 차비대령화원
으로 활동하던 장승업에게 국왕의 장수와 평안을 기원하는 그림을
진상 받았으니, 〈춘남극노인〉春南極老人과 〈추남극노인〉秋南極老人이
란 작품이다.도33, 34 각각 봄과 가을을 상징하며, 두 폭의 대련對聯에
화려한 채색으로 그렸다. 〈추남극노인〉에는 오른쪽 하단에 장승업
이 왕에게 그림을 진상한다는 문구가 있다(差備畵員 臣 張承業 進上).

남극노인은 '수성노인'壽星老人이라고도 하며 인간의 수명을 관장
하는 도교의 신선이자 별자리이다. 이 별이 나타날 때에는 국가가
편안해지고 왕의 수명이 연장되는 반면, 보이지 않게 될 때에는 전
란이 일어난다 하여 사람들은 추분秋分 새벽과 춘분春分 저녁에 남
교南郊에서 수성이 나타나기를 기다렸다고 한다. 이를 증명하듯 〈추
남극노인〉에는 "남극성이 보이면, 임금이 오래 살고, 천하가 잘 다
스려진다"(南極見則, 人主壽昌, 天下治安)라는 문구가 쓰여 있어, 고종의
무병장수와 나라의 태평성대를 기원하여 그려졌음을 분명하게 말
해 준다.

남극노인은 보통 그림에서 보이는 것처럼 흰 수염과 정수리가
불룩한 머리, 긴 도포자락을 입고 있는 것이 가장 전형적인 모습이
지만 물감에 변화를 주며 등껍질을 사실적으로 표현한 소나무를 배
치했다든지, 화면 상단에 둥근 별무리를 가득 그린 것 등은 장승업
의 창의적인 표현법이다. 선명하고 화려한 채색과 섬세하게 공들인

도32 〈**진단타려도**〉 전 윤두서, 1715년
숙종어제, 비단에 채색, 110.9×
69.1cm, 국립중앙박물관 소장.

필치에서 어람용 회화의 수준과 특징을 엿볼 수 있는 작품이다.

장승업의 〈추남극노인〉과 〈춘남극노인〉은 일종의 신선도神仙圖에 속하는 그림이다. 신선도는 조선 왕실에서는 이미 17세기경 궁중 행사 장소에 비치하기 위해 그려지기 시작했으며, 나라가 어지러웠던 대한제국기~일제강점기 동안 임금의 만수무강과 무병장수, 더 나아가 왕조의 영원을 기리기 위해 궁중 헌납용으로 특히 많이 그려졌다. 이때 그려진 그림 중 김은호金殷鎬(1892~1979)가 1918년 황실을 위해 그린 일련의 신선도는 규모나 수준에 있어 대표작으로 언급할 만하다. 첫번째《신선도》는 전체 폭이 약 4미터에 가까운 12폭 병풍에 그린 것으로, 마지막 폭에 김은호가 삼가 그려서 임금에게

바친다는 글이 적혀 있다.도35 오른쪽 화면부터 황초평黃初平, 위숙경衛叔卿, 갈선옹葛仙翁, 적송자赤松子, 이소군李少君 등 신선 12명의 모습을 각 화폭마다 다채롭게 구성하였다. 김은호는 안중식安中植의 화법과 중국 인물화보人物畫譜를 습득하여 특유의 필치를 이루었으며, 화사한 색채와 섬세한 기법은 궁중에서 소용된 인물화의 경향을 보여 준다.

김은호가 같은 해인 1918년에 그린 또 다른《신선도》는 두 폭에 그린 병풍그림으로, 오른쪽 폭에는 거북이 위에 앉아 표주박을 들고 있는 장수의 신선인 황안黃安을 그렸고 왼쪽에는 피리를 불고

도36 《신선도》 김은호, 1918년, 2첩 병풍, 비단에 채색, 각 159.5×52.0cm, 국립고궁박물관 소장.

도35 《신선도》 김은호, 1918년, 12첩 병풍, 비단에 채색, 각 162.3×36.3cm, 국립고궁박물관 소장.

있는 동자 신선을 그렸다.^{도36} 특히 두번째 폭에 '신운이 날아올라 하늘까지 통한다'(神韻飛颺澈九霄)라 쓰여 있어 신선들의 영험한 능력에 빗대어 국가의 운명이 평탄하기를 바라는 염원을 표현하였다. 궁중 감상화의 일종인 김은호의 신선도는 길상적인 주제와 도식화된 양식이 특징인 궁중 장식화와 비교해 볼 때 회화적인 표현이 강조된 것이 사실이긴 하나 국왕의 장수와 나라의 부귀영광을 표방했다는 점에서 장식화와 성격상 상통하며, 이는 궁중회화가 담고 있는 보편적인 소용 목적을 말해 준다고 볼 수 있다.

신선도 외에 국왕이 왕조의 번영과 평안에 대한 염원, 백성들의 생업을 살피고자 한 목적으로 감상한 그림으로 〈성시전도〉城市全圖가 있다. 북송 대 화가 장택단張擇端(12세기 전반)이 그린 〈청명상하도〉淸明上河圖로 대표되는 번성한 시장 풍경을 그린 성시도城市圖는 후대의 화가들이 따라 그리면서 동양문화에서 평화롭고 문물이 번창한 태평성대를 대변한 그림으로 인식되었다.^{도37} 우리나라에서는 17세기 이래 중국으로부터 〈청명상하도〉의 모본이 전래되면서 왕실과 민간에서 이와 유사한 성격의 그림에 대한 감상 사례가 증가

도37 〈청명상하도〉 장택단, 북송 12세기, 비단에 수묵, 24.8× 528cm, 북경 고궁박물관 소장.

도38 《태평성시도》**부분** 작자미상, 18세기 후반, 8첩 병풍 중 4폭, 비단에 채색, 113.6×49.1cm, 국립중앙박물관 소장.

하였고 1796년에는 '성시전도'城市全圖가 차비대령화원 녹취재 시험 중 속화俗畵(풍속화)의 화제畵題로 채택되기에 이르렀다.[56] 그러나 정조는 이전부터 신하들로 하여금 성시전도를 그리게 하고 제시를 지어 바치게 했을 정도로 이 주제에 큰 관심을 보였다. 정조의 성시도에 대한 관심은 아들 순조純祖(재위 1800~1834)에게 이어져 그는 1803년 조선의 시장 모습을 그린 '성시도'를 보고 읊은 「성시화기」城市畵記를 남겼다. "우리나라의 성시를 그린 작은 그림으로 전체가 하나의 두루마리이다. 평교平轎를 타고 가는 사람이 1명이요 …… 가게에 앉아 있는 사람이 81명 …… 노는 사람이 149명 ……"이라는 제시의 내용을 통해 알 수 있듯이 번화한 시장거리를 상상할 수 있을 만큼 그림 속 등장인물의 인원수까지 상세하게 기록하였다.[57]

순조의 「성시화기」는 18세기 말~19세기 초 상업화가 진행된 조선사회의 시정 풍경을 간접적으로 알려 주는 것으로 의미가 크다고 할 수 있는데,[58] 그가 실제로 접했을 그림과 비교할 수 있는 작품으로 국립중앙박물관 소장 《태평성시도》太平城市圖를 들 수 있다.[59] 이 그림은 총 8첩으로 이루어져 있고 총 길이 약 4미터에 달하는 큰 병풍그림으로, 완만한 사선구도 위에 화면 가득 건물과 인물군상을 다채롭게 표현하였다.도38, 38-1 《태평성시도》처럼 상업과 수공업, 군사, 놀이, 기예 등 민생과 연관된 세세한 면들을 다룬 성시도는 저잣거리의 실상을 알고 싶어한 위정자들에게 백성들의 생활에 대한 이해를 돕는 중요한 시각 매체로 작용함과 동시에, 생동감 넘치는 표현을 통해 조선이 추구한 이상사회로의 지향점이 잘 구현된 작품으로 평가할 수 있다.

군·신의 덕목을 상징한 그림

국가의 운영과 사회적·인간적 관계에 있어 충효의례의 유교적인 윤리를 매우 중시했던 조선시대에, 국왕은 선하고 도덕적인 정치를 위해 끊임없이 자신을 갈고 닦아야 하는 입장에 놓여 있었다. 국왕의 그림 창작과

도38-1 《태평성시도》 세부

감상 역시 단순한 취미의 차원을 넘어 이와 유사한 기능을 하였으며, 왕이 기본적으로 갖춰야 할 군자로서의 자세를 상징하는 사군자四君子 그림, 신하가 갖춰야 할 덕목인 지혜와 충절忠節을 상징화한 그림 등이 여기에 해당된다.

군자의 절개와 세상에 대한 처신을 상징하는 사군자는 사대부 정신을 표방한 것이지만, 국왕에게도 필요한 상징적인 덕목이었다. 이 때문에 궁궐 내에서도 왕족들의 수양을 위해 꾸준히 제작·감상되었고 몇몇 왕들은 친히 작품을 남기기도 하였다. 예를 들어 세종世宗(재위 1418~1450)은 당대에 그림에 뛰어났다는 평을 들었을 정도였고 직접 그린 〈난죽도〉蘭竹圖 8폭 병풍이 15세기까지 경복궁의 내탕고內帑庫에 보관되어 있었다고 하나, 안타깝게도 화재로 소실燒失되어 현존작은 찾아볼 수 없다.[60] 인종仁宗(재위 1544~1545) 역시 이미 동궁 시절부터 유명 서화가의 작품을 수집하였고 손수 그린 묵죽화를 남겼다고 한다. 인종이 그린 〈묵죽도〉는 원본이 아닌 탁본그림이 남아 있으며 이는 본래 인종이 총애한 문신이었던 김인후金麟厚(1510~1560)에게 하사한 것을 후에 판각하여 여항閭巷에 알려진 작품이다.도39 목판본이어서 비록 먹빛의 섬세함은 확인할 수 없으나 한쪽으로 치우친 구도와 비에 젖은 우죽雨竹을 표현한 듯 아래로 처진 촘촘한 댓잎, 가느다란 줄기, 간략한 형태에 군데군데 거친 질감을 표현한 암벽 등이 탄은灘隱 이정李霆(1554~1626)으로 대표되는 조선 중기 묵죽화 경향을 반영하고 있다.

인종과 더불어 그림에 관심이 많았던 성종 역시 대나무와 매화

도40 〈난죽화〉蘭竹畵 선조, 16세기,
목판본, 49.0×34.7cm, 한국학중
앙연구원 장서각 소장.

그림을 보고 제시를 남겼으며, 선조는 평소 사군자 그림에 관심이
많아 여러 자료를 참조하며 창작 의욕을 불태우기도 하였다. 그는
1604년 동지사冬至使로 파견되어 명나라에 가는 윤방尹昉(1563~
1640)에게 편지를 보내 중국 서첩과 매화, 대나무, 국화 등을 그린
족자를 구해올 것을 부탁했는데, 사위였던 박미朴瀰(1592~1645)는
선조가 이러한 자료를 토대로 사군자 그림에 심취했던 모습을 아래
와 같이 회상하였다.

(두번째 병풍은) 선조대왕이 손수 그리신 난과 대나무인데 각 네 폭이
고 작은 병풍으로 장황하였다. (돌아가신) 선조임금께서는 중년에 난
그리기를 즐기시어 실제로 살아있는 듯 꼭 닮은 묘함이 있었다. 만년에
는 비로소 대나무 그리기를 즐기셨으니, 대개 중국에서 후한 값을 치른
좋은 죽보竹譜를 얻어 평소에 항상 본뜨고 연습하셨다.[61]

현재 선조가 그린 친필 사군자는 알려진 사례가 없고 대신 여러

임금들의 필적을 모은 《열성어필》列聖御筆에 수록된 묵란墨蘭과 묵죽墨竹 그림이 전해지고 있다. ^{도40} 본래 이 묵란도와 묵죽도는 1661년 종실들이 간행한 《열성어필》에 수록되어 세상에 처음 알려진 것으로, 이후 왕실에 의해 꾸준히 번각鍵刻되어 선조가 그린 묵란화의 대표작으로 인식되었다.

조선 초·중기 임금들의 창작과 감상활동은 후기에도 이어져 숙종, 영조, 정조 역시 많은 작품을 남겼으며, 왕의 필적은 그 수준을 떠나 신하들에게 경외와 숭모의 대상이 되어 대대로 칭송되었다.

아울러 신하가 그린 사군자 그림은 나라와 국왕에 대한 충절을 표상한 그림으로 인식되기도 하였다. 그 대표적인 예가 오달제吳達濟(1609~1637)의 〈묵매도〉墨梅圖이다. ^{도41} 오달제는 병자호란 때 순절한 삼학사三學士(홍익한洪翼漢·윤집尹集·오달제吳達濟) 중 한 명으로, 청에 끌려갔으나 결국 화의和議하지 않고 절개를 지켰다는 이유로 충신忠臣으로 추앙되었으며, 더불어 그가 남긴 매화그림도 충절忠節의 상징으로 인식되었다.

〈묵매도〉에는 상단에 1705년 12월 숙종이 지은 글이 첨부되어 있다. 이 글에서 숙종은 "빛나는 절개와 의리는 세 분이 같지만 밝디 밝은 효심과 충성심은 오직 이 한 몸에 갖추어져 있네"(節義昭昭三子同, 孝忠炳炳一身備)라며 오달제의 절개와 충성심, 그리고 그가 그린 매화그림이 담고 있는 정신세계를 칭송하였다. 1756년 영조는 존경의 표시로 이

도41 〈묵매도〉 오달제, 17세기, 종이에 수묵, 108.8×52.9cm, 국립중앙박물관 소장.

그림을 오달제의 후손인 오언유吳彦儒에게
선사하면서 제찬題讚을 내려 주었고, 오언
유는 그림 왼쪽에 영조의 찬문을 옮겨 적
었다. 오달제의 매화그림은 숙종과 영조가
연달아 감상하고 어제를 남김으로써 국운
國運이 흔들린 시기에 목숨을 다한 신하의
충절에 대한 경외심을 표현한 대상이었다
고 할 수 있다.

오달제의 그림을 통해 충성심을 높이
평가한 숙종의 태도에서도 알 수 있듯이,
그는 신하들에게 왕에 대한 도리를 다할
것을 그림이라는 시각 매체를 이용하여 종
종 주문한 왕이었다. 그는 바다에 배가 떠
가는 그림인 〈주수도〉舟水圖 제작을 명하고
그 뜻을 풀어 쓴 글을 대신들에게 보여 주
며 말하길, "군주는 배와 같고 신하는 물
과 같다. 물이 고요한 연후에 배가 안정되
고 신하가 현명한 연후에 군주가 편안하

도42 〈제갈무후도〉 작자미상, 1695
년, 비단에 채색, 164.2×99.4cm,
국립중앙박물관 소장.

다. 경卿 등은 마땅히 이 그림의 뜻을 본받아 보필輔弼의 도리를 다
하여야 할 것이다." 하였다.[62]

충성스럽고 현명한 신하를 바랐던 숙종의 마음은 〈제갈무후도〉
諸葛武侯圖를 통해서도 엿보인다. 도42 이 그림은 촉한蜀漢의 재상 제갈
량諸葛亮(181~234)을 그린 것으로, 제갈량은 중국 통일을 이루려는
유비劉備를 곁에서 도운 뛰어난 지략가였다. 이 그림에서 제갈량은
윤건輪巾과 학창의鶴氅衣를 입고 있고 옆에서는 시동이 털부채를 들
고 시립하고 있다. 역사적인 인물을 부각하여 그린 일종의 초상화
와 유사한 성격의 그림으로서, 숙종은 이 그림을 보고 쓴 글에서
"명군明君과 현신賢臣이 만났으니, 마음은 항상 서로를 지켜 주었다.

······ 나는 느끼는 바가 있어 선생의 모습을 그림으로 그려서 생각한다. ······"고 하였다. 곧 숙종은 제갈량의 초상을 그리게 하여 현명한 신하의 출현을 기대하고 존경하는 마음을 표현하고자 한 것이다.

할아버지인 영조 재위 기간 노론과 소론의 끊임없는 반목을 경험한 정조 역시 군주를 향한 신하의 도리를 누차 강조하였다. 그는 숙종이 〈주수도〉舟水圖를 제작한 선례를 들어 군왕과 신하, 백성의 조화로운 관계를 배와 물에 비유하여 강론하기도 하였다.[63] 정조는 특히 당대의 유학자 또는 신료들의 초상화를 보며 그의 됨됨이에 대해 인물평을 하거나 자신의 감정을 실은 시문 짓기를 즐겨 하였다. 1778년에는 17세기 대학자이자 정치 거목이었던 송시열宋時烈(1607~1689)의 반신을 그린 초상화를 보고 송시열이 신하로서 지녔던 절개와 의리를 칭송하며 글을 남겼다.

본래 송시열의 초상화는 화원 한시각韓時覺을 비롯하여 김진규金鎭圭(1658~1716)·김창업金昌業(1658~1721)이 각각 그린 세 점만이 있었다고 하나, 사후에 그를 받들고 추모하는 사람들에 의해 각지에 서원·영당 등이 건립됨에 따라 제향하고 봉안하기 위한 송시열상의 이모본移摸本들이 많이 제작되었다. 이 초상화 역시 후대의 모사본으로서, 도43 서울의 한 사당에 모셔진 것을 1778년 정조가 배향하고 어제를 남긴 것이다. 그림 속의 송시열은 검은색 복건幞巾을 쓰고 유학자들이 평상시에 입는 옷인 유복儒服 차림을 하고 있으나, 과장되게 표현한 거구의 몸체와 명암을 전혀 사용하지 않고 묘사한 강한 눈매와 개성적인 눈썹, 그리고 깊게 패인 광대뼈의 주름 등이 그의 성품과 학식을 느끼게 해 준다.

정조는 고인이 된 앞 시기 유학자의 초상과 더불어 자신의 휘하에서 관직생활을 하던 신료들의 초상화 제작을 지시하거나 친히 열람하였다. 또한 해당 인물의 성격과 인품에 대한 간략한 평을 직접 지음으로써 형사形寫뿐 아니라 정신(神)을 추구한 전통적인 초상화 감상법에 충실한 면모를 보여 주었다.[64] 현재 서울대학교 규장각에 소장되어 있는 〈유언호상〉兪彦鎬像 역시 정조의 이러한 면모를 보여 주는 작품이다. 도44 1787년 당대 최고의 초상화가였던 이명기李命基가 유언호(1730~1796)가 영의정으로 승진한 뒤 그린 것으로 추정되는 이 초상화는 보기 드물게 실제 몸 크기를 절반으로 축소하여 그렸다는 글이 화면 오른쪽 귀퉁이에 쓰여 있다. 화면 상단에는 "우리가 서로 만나는 것은 먼저 꿈속에서 점지되었지(相見于离, 先卜於夢), 팽팽한 활시위 하나 다듬은 가죽 하나로 내게 최선과 차선을 가르쳐 주었네(一弦一韋, 示此伯仲)"라고 쓴 정조의 어평御評이 있

다. 여기서 정조는 유언호의 노련하고 강직한 성품을 활과 가죽에 비유하여 세손 시절 곁에서 자신을 성심껏 보필해 주었던 노신老臣에 대한 애정을 드러내었다.

정조가 매우 각별히 친애했던 대신들의 초상화를 열람한 후 그

도44 〈유언호상〉과 정조의 어제 이명기, 1787년, 비단에 채색, 172.4×73.6cm, 서울대학교 규장각 소장.

들의 풍모와 성품 등을 암시하는 글을 남긴 사례는 다른 작품을 통해서도 확인할 수 있다. 《정조어제근신초상첩》正祖御題近臣肖像帖 역시 그의 이러한 감상 행위를 잘 헤아릴 수 있는 작품이다. 도45, 46 제목에서도 암시되듯이 이 화첩은 유언호를 비롯해 평소 정조가 신임하여 가까이했던 총 23명 관료들의 반신半身 초상화를 모은 것으로, 각 화면마다 오른쪽 상단에는 주인공의 관직과 이름이, 왼쪽 상단에는 정조의 제평題評이 실려 있다.[65] 각각의 초상화가 화가의 손끝을 통해 섬세하고 사실적인 필치로 인물들의 모습을 충실하게 구현했다면 정조는 이 초상화를 토대로 각 인물들의 성품과 기질, 행동의 특징에 대해 포착하고 평한 글을 남겼다. 특히 정민시鄭民始(1745~1800)의 초상화 도47에 쓰기를 "그림은 모습만 못하고 모습은 마음만 못하다"(圖不如貌, 貌不如心)라고 하였는데, 이는 정조가 『일득록』日得錄에서 '그림을 잘 그리는 사람은 형사形似(모습)보다는 신운神韻(정신)을 그리는 사람'이라고 표방한 회화관繪畵觀을 압축적으로 보

여 주는 것이자, 인물의 모습을 통해 심리
적 차원으로까지 승화시킨 조선 후기 초상
화의 조형적인 완성도를 다시금 깨닫게 해
주는 사례라고 할 수 있다.[66] 정조가 한 시
대를 풍미한 실존 인물들을 그린 초상화를
감상하고 글을 남긴 행위는 그의 신하관臣
下觀을 주위 신료들에게 암묵적으로 전파하
는 정치적인 효과를 지녔던 것으로 생각된
다. 이는 조선 궁중에서 행해진 회화 감상
이 단지 시각적 유희를 넘어 고도의 정책적
인 의미를 수반한 것으로 사적인 예술 취향
에 좌우되었던 민간에서의 감상 활동과 구
별되는 측면이라고 하겠다.

도47 《정조어제근신초상첩》 중 《정
민시상》 작지미상, 18세기, 비단에
채색, 56.1×41.2cm, 일본 텐리대
학교 부속 텐리도서관 소장.

순수 감상용 그림   위에서 살펴본 그림들이 일정한 정치적·상
                    징적인 주제와 목적을 띠고 감상한 대상이
었다면 이 절에서 의미하는 "순수 감상용"이란 주로 미적인 감상과
유희遊戲를 목적으로 접한 그림을 의미한다. 조선 궁중에서는 왕실
의 안녕과 수복壽福을 기원하기 위한 십장생도, 백동자도, 백수백복
자도, 책가도 등 짙은 채색을 칠한 화려한 장식화 외에 화조화, 산
수화, 인물화 등 다양한 주제로 순수 감상용 회화를 구입하거나 제
작하기도 하였다. 조선시대 궁중에서 순수 감상용 회화를 즐긴 분
위기는 "궁중에 만수정萬壽亭·양성정養性亭·태평정太平亭의 정자를
짓고 가산假山을 쌓아 완상물玩賞物을 두었고 임금이 이녕李寧·이광
필李光弼·고유방高惟訪 같은 궁중 화원과 더불어 그림을 즐겼다"는
『고려사』의 기록을 통해 이미 고려시대부터 궁중 예술 취향으로 이
어져 온 것으로 생각된다.[67]
    조선 초기부터 각종 문헌에서 산견되는 일반 감상용 회화는 수

량이 적지 않음에도 불구하고 현존하는 작품이 매우 소수이고 시기 또한 조선 후기 이후로 제한되어 있다. 또한 문헌과 제목이 동일한 작품이라 할지라도 근거가 부족하여 궁중에서 감상한 그림인지 증명할 수 없는 한계가 있다. 이런 이유로 아래에서는 문헌 자료를 토대로 감상화의 대략적인 현황을 살펴보면서 관련된 현존 작품을 소개하도록 하겠다.

일반 감상용 회화 역시 감계화와 더불어 15세기부터 도화서 소속 화원들이 왕명王命을 받들어 그렸기 때문에 제작 전통은 오래되었다고 하겠다. 그러나 시기별로 감상에 대한 인식이 동일하지 않고 차이가 있음은 주지의 사실이다.[68] 앞에서 살펴본 바와 같이 '완물상지'玩物喪志의 유교적 관념이 뿌리 깊었던 17세기 이전에는 이상적인 현군賢君이 되기 위한 보조 매개물로서의 효용성이 더 크거나 국정 업무에 도움이 되는 그림을 더 중요하게 취급하였다. 18세기 초 숙종 연간 이후부터는 그림의 효용성과 감상성이 혼합되며, 그림을 순수 감상물로 바라보게 되는 시각의 변화가 있게 되었다. 이후 19세기에 이르러 그림에 감정을 이입하여 인간 내면의 감성을 그림에 투영시키는 현상이 두드러졌는데, 그 구체적인 감상평은 왕이 지은 어제류御製類를 통해 확인할 수 있다.

먼저, 조선 초기 궁중에 소장된 그림은 앞에서 사례로 든 실용적인 목적 외에 순수 감상용으로 애용되기도 하였다. 세종·문종·성종 등은 궁중에 소장되었던 그림을 창고에서 꺼내 와 감상하며 승정원·예문관의 신하들에게 찬문을 쓰도록 하였는데, 이 중에는 안견 등 당시 저명한 화원이 그린 그림을 비롯하여 사대부들이 진헌한 〈금강산도〉金剛山圖, 예조禮曹에서 그리게 한 〈평양승경도〉平壤勝景圖, 세조가 감상한 〈관가도〉觀稼圖, 〈등왕각도〉滕王閣圖, 〈황학루도〉黃鶴樓圖, 〈설경도〉雪景圖, 개성유사開城留司 이문화李文和가 바친 〈가색도〉稼穡圖, 양성지梁誠之가 바친 〈용비어천도〉龍飛御天圖, 중국 사신에게 준 《화초산수도병》花草山水圖屏 등 유명 무명의 그림들이 다수 포함되어 있었다. 그림의 규모도 다양해서 한 폭짜리 그림에서부터 20폭의 그림으로 장황된 병풍도 있었다.[69] 특히 성종은 이러한 서화 감상의 시간을 군신 간의 관계를 돈독히 하고 임금의 문치를 선양하는 자리로 삼았다.[70]

위에서 열거한 그림들 중 〈금강산도〉는 수양대군이 단종에게 진헌하였고 중국 사신이 특별히 부탁했다는 기록으로 보아 당시 여러 점이 유통되었을 정도로 인기 있는 화제였던 것으로 생각된다.[71] 그밖에 소감小監 김서金敍가 태종에게 말을 그려 바친 기록이라든지 대사헌 김첨金瞻이 산수 족자 및 수묵룡 족자를 한 쌍씩 바친 예를 통해 종친이나 민간에서 그림을 진상함으로써 이러한 그림들이 국왕을 위시한 왕족들의 회화 감상을 위한 원천이 되었을 것으로 생각된다. 또한 15세기 대표적인 컬렉터였던 안평대군安平大君 이용李瑢(1418~1453)이 모은 약 200점에 달하는 조선 및 중국 서화 작품은 개인이 수집한 것들이므로 엄밀히 말해 궁중 소장품이라고는 할 수 없으나, 기록이 극히 드문 조선 초기 왕실의 예술 취향과 감상화의 실상을 유추하는 데 도움이 된다.[72]

궁중 회사繪事에 많은 관심을 보였던 15·16세기 국왕들 중 성종은 고사인물도나 산수도, 사군자 그림 등을 보고 제찬을 남겼으며, 선조 연간(1567~1608)을 중심으로 조선 중기 화가들의 작품 감상이 활발하였다. 특히 선조는 앞서 언급한 바와 같이 사군자를 즐겨 그렸을 뿐 아니라 서화에 대해 안목이 높아 스스로 감상평을 남겼으며, 그 일부를 열두번째 아들 인흥군仁興君 이영李瑛(1604~1651)이 기록한 『월창야화』月窓夜話라는 문집을 통해 살펴볼 수 있다. 이 글에 의하면 선조는 명나라 서화가인 문징명文徵明, 선우추鮮于樞, 주지번朱之蕃의 글씨를 비롯하여 우리나라의 김명국金明國, 이징李澄, 이정李楨, 오달진吳達晉, 오달제吳達濟, 이정李霆 등 당대 활동하던 화가들의 그림을 보고 짧은 감상평을 남겼다. 그중 〈풍죽도〉風竹圖 도48 를 비롯하여 대나무의 다양한 양태를 잘 그리기로 유명했던 이정의

도48 〈풍죽도〉 이정, 16세기, 비단에 수묵, 127.5×71.5cm, 간송미술관 소장.

그림에 대해,

> 석양石陽(이정李霆)의 그림은 동파東坡(소식蘇軾)의 대그림에 미치지 못하고, 동파의 대그림은 묘妙하지만 실제에는 미치지 못한다. 그림이란 비록 닮게 그리는 데에는 미치지 못했어도 오직 그 뜻과 의취를 구할 뿐이다.[73]

라고 평가한 것으로 보아 선조는 대나무의 형상을 사실적으로 그려내는 데 중점을 둔 현실적인 회화관을 지녔던 것으로 생각된다.

선조를 이은 인조 역시 그림 취향이 각별하여 화가 이징을 불러다 궐내에서 자주 그림을 그리게 하여 신하들로부터 종종 서화에 대한 탐닉을 자중하라는 진언을 받곤 하였다고 한다.[74] 그럼에도 조선에 온 중국 화가 맹영광孟永光에게 매일 그림을 부탁했다든지 〈승사지도〉乘槎之圖라는 그림을 남겨 숙종과 정조가 친히 열람하고 제시를 읊은 것으로 보아, 인조의 그림 애호가 대단했음을 유추할 수 있다. 현재 인조가 그린 그림 중 진작은 알려져 있지 않고 전칭작 한 점이 〈군선경술도〉君仙競術圖라는 제목으로 알려져 있다. 도49 이 그림은 총 2폭으로 이루어진 대련對聯이며, 여러 도가道家의 신선들이 선녀와 시동侍童을 데리고 절벽 위를 날거나 건너는 모습을 형상화하였다. 도식적인 인물 표현, 화려하고 짙은 채색, 섬

도49 〈군선경술도〉 전 인조仁祖, 17세기, 비단에 채색, 144.5× 49.3cm, 리움미술관 소장.

세하고 숙련된 필치로 보아 군왕이 그렸다기보다는 궁중화가의 작품일 가능성이 크다. 전반적으로 위엄 있는 궁중 취향이 강하게 풍기는 작품으로, 왕실에서 감상한 신선도의 한 유형을 보여 준다는 점에서 참고가 된다.

　조선왕조실록이나 궁중에 소장되었던 서책과 서화 자료를 기록한 서목書目 등에 의하면 18세기를 전후로 감계화에 대한 기록이

점진적으로 감소하고 역대 화가들이 그린 순수 감상용 서화에 대한 소용이 증가한 것으로 나타난다. 왕족들이 감상했거나 궁실 전각에 보관되었던 그림에 대해서는 서목 등 관련 자료를 통해 구체적으로 확인되며, 각종 산수화, 화조인물화, 고사도 등이 궁중에 상당수 수장되어 있었고 19세기로 가면 우리나라뿐 아니라 중국 및 일본에서 유입된 작품도 증가되었음을 볼 수 있다. 이와 관련하여 도움이 되는 자료는 『열성어제』에 수록된 숙종이 쓴 서화를 주제로 한 제화찬문이다.[75] 숙종은 "그림을 좋아한다는 것은 신묘神妙한 곳을 가리켜서 말하는 것이지 완물상지가 아니다. 무릇 화의畵意가 짝하면 그림에서 선善을 본받고 악惡을 경계하지 않음이 없다"라며 그림 속에서도 교화를 얻을 수 있으므로 완물상지라는 이유로 배격할 필요가 없음을 강조했을 정도로[76] 그림 감상에 스스로 의미를 부여했던 인물이다. 이러한 태도를 반영한 듯, 그는 총 100편 이상의 서화 관련 글을 남겼으며, 이는 조선왕조 역대 어느 왕보다도 많은 화제를 남긴 경우에 해당한다.[77]

감계화를 제외하고 숙종이 본 순수 감상용 그림으로는 북송 휘종徽宗의 〈백응도〉白鷹圖, 〈화응〉畵鷹, 남송대 마원馬遠의 〈산수인물도〉, 여기呂紀의 〈공작도〉孔雀圖 등 주로 송·원대 화가들의 화조화를 포함한 중국 그림이 주를 이루고 있다. 우리나라 화가의 작품으로는 공민왕의 〈천산대렵도〉天山大獵圖, 인조의 〈묵죽도〉墨竹圖, 이경윤李慶胤(1545~1611)의 〈인마도〉人馬圖, 이명욱李明郁(17세기)의 〈수묵인물도〉水墨人物圖, 김진규金鎭圭의 〈묘사수묵선인〉猫寫水墨仙人, 이징의 〈산수도〉山水圖, 신사임당申師任堂(1504~1551)의 《초충도》草蟲圖 병풍, 이정李霆의 《묵죽팔폭》墨竹八幅 등이 있고, 해원군海原君 이건李健(1614~1662), 화선군花善君 이량李浪(1645~?), 유천군儒川君 이정李瀞(17세기)처럼 종친들이 그린 그림들도 포함되어 있다.

이 중 고려 공민왕이 그렸다고 하는 〈천산대렵도〉는 낭선군 이우가 소장한 것을 빌려다 본 것이다.^{도50} 〈천산대렵도〉는 현재 조선

도50 〈천산대렵도〉 전 공민왕, 비단에 담채, 24.5×22cm, 국립중앙박물관 소장.

후기 수장가 김광국金光國(1727~1797)이 만든 것으로 알려진 《화원별집》畵苑別集 안에 수록되어 있는데, 아마도 낭선군 사후 호사가들이 〈천산대렵도〉를 다투어 잘라갔다는 이하곤李夏坤(1677~1724)의 증언에 따라 세상에 흩어졌다가 후에 김광국의 수중에 들어간 것으로 추정된다.[78]

〈천산대렵도〉 이외에 숙종이 본 작품 중 그가 총애한 이명욱의 그림은 남아 있지 않지만, 그의 화풍을 계승한 작자미상의 〈어초문답도〉漁樵問答圖는 숙종의 감상평이 남아 있는 귀중한 사례이다.도51 〈어초문답도〉는 수려한 산수를 배경으로 대화를 나누는 어부와 나무꾼을 그린 것으로 이들은 모두 세속을 떠난 현자賢者의 모습을 대변하고 있다. 화면의 왼쪽 상단에 쓰인 숙종의 글 역시 이러한 주

도51 〈어초문답도〉 작자미상, 1715
년, 비단에 채색, 58.7×43.0cm,
국립중앙박물관 소장.

제를 바탕으로 주인공 두 사람의 대화에 관해 읊은 것이다.

속세의 평범한 장씨와 이씨 두 사람,	兩個有人張與李
한 사람은 허리에 도끼를 차고, 한 사람은	腰間一斧手中鯉
손에 잉어가 있다네.	
술기운이 얼근히 올랐는데 무슨 일로 강가로 왔을까?	酒酣何事來河邊
나무꾼과 어부가 주고받은 말은	應語樵漁害利耳
해로움과 이로움에 대한 것이라네.	
을미년(1715) 8월 하순에 씀.[79]	歲在乙未仲秋下浣題

숙종의 제시 중 마지막 문장 끝에 찍힌 인장은 「신장」辰章을 일컫는 것으로, 임금이 지은 글을 뜻하며 친필 글씨를 의미하는 것은 아니다. 조선시대 왕들은 위조를 염려해 자신의 친필을 남기는 것을 매우 조심스러워 했기 때문에 신하로 하여금 대필시킨 경우가 많았으며 그럴 경우 숙종처럼 왕의 글임을 뜻하는 도장을 찍거나 서두書頭에 '어제'御製라는 문구를 별도로 넣었다.

숙종이 감상한 종친의 그림 중 현존하는 것으로 해원군 이건이 그린 〈연화백로도〉蓮花白鷺圖가 있다.^{도52} 그림의 상단에 있는 제시에서 숙종은 자신이 좋은 그림만 찾는 기벽이 있다고 하면서 해원군의 솜씨를 은연중 칭찬하였다.[80] 이러한 숙종의 감상 활동은 당시 왕실의 서화 애호 분위기 더 나아가 조선 궁중으로 유입되었던 국내외 작품이 무엇이었는지 알려 준다는 점에서 의의가 있으며, 결과적으로 궁중 감상화에 대한 궁중 내 관심과 제작 증대에도 영향을 끼쳤을 것으로 생각된다.

숙종 이후 영조와 정조 모두 스스로 그림 창작을 즐겼을 뿐 아니라 궁중 화원 또는 방외 화가들의 작품을 감상하고 평하기를 즐겼다. 영조는 〈손무연진도〉孫武演陳圖를 비롯하여 각종 고사도, 산수인물도, 초상화 등을 보고 감상평을 남겼으며, 왕세제 시절부터 수집한 자신의 서책과 서화 컬렉션의 내역을 기록한 『일한재소재책지부』日閑齋所在冊置

도52 〈연화백로도〉 이건, 17세기, 종이에 먹, 55.1×20.6cm, 국립중앙박물관 소장.

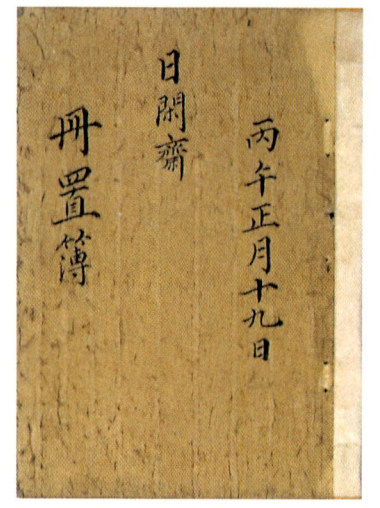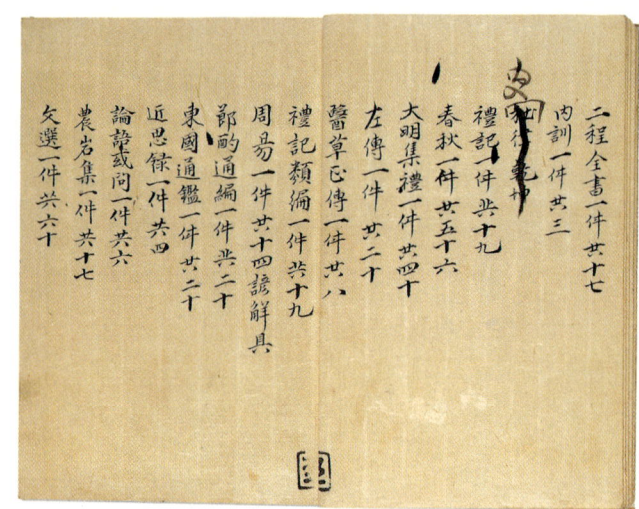

簿(1726년)를 남기기도 하였다.^{도53} 정조 역시 〈만리장성도〉萬里長城圖, 〈음산대렵도〉陰山大獵圖, 〈관동팔경도〉關東八景圖 등 다양한 소재의 그림을 감상하고 자신의 감회를 신하들과 공유하기도 하였다.[81]

그는 신하들에게 자신이 선호하는 주제의 그림을 진상할 것을 요구하기도 하였다. 그중 1789년 6월 13일 규장각 차비대령 녹취재 시험에서 '조운선박의 점검'(漕船點檢) 또는 '논밭의 새참'(稻田午 饁)이라는 두 가지 화제를 출제하면서 "모두가 껄껄 웃을 만한 그림을 그리라"(皆以看卽噱噱者畵之)고 지시한 사실은 특별히 주목된다. 정조의 주문은 곧 해학성으로 대표되는 조선 후기 풍속화의 특성이 18세기 궁중에서도 통용되던 미감이었을 가능성을 말해 준다.[82] 두 화제 중 '논밭의 새참'은 김홍도가 그린 '새참'을 연상시킬 뿐 아니라, 여타 풍속화에서도 표출된 개개 인물들의 인간적이고 해학적인 모습을 통해 정조가 원했던 "껄껄 웃을 만한 그림"이란 이러한 부류의 그림이 아니었을까 생각된다.^{도54, 55}

조선 후기에 이르면 궁중에서는 우리나라 그림뿐 아니라 중국 및 일본 그림들을 종종 접했을 정도로 대외교류가 활발하였다. 정조가 명대 화조화가 임량林良의 그림을 보았다는 『홍문관지』弘文館誌

의 기록을 통해 알 수 있듯이, 이 당시에 이미 많은 외국 그림이 궁중으로 유입되어 감상한 사실이 보이는데 그중에서도 영조와 정조 모두 일본 그림을 접한 사실이 흥미롭다. 현재 《부용안도》芙蓉雁圖라는 제목으로 전해지는 이 병풍은 《금박아조도》金箔鵝鳥圖와 한 쌍을 이루는 작품으로, 지금은 두 그림을 합쳐 《부용안도》로 부르고 있다.^{도56, 57} 이 중 한 작품은 활짝 핀 부용꽃 사이로 논밭에 모여드는 기러기 17마리를 묘사하였는데 논두렁은 금박을 뿌려 장식하고 지면地面은 금니인金泥引 선염 기법을 이용해서 표현하였다. 두 작품 모두 영조가 1751년 봄에 쓴 친필 어제시御製詩가 있어 그가 직접 열람한 그림임을 알 수 있다. 이 《부용안도》와 《금박아조도》는 1748년 일본인 화가 가노 야스노부狩野宴信(?~1761/1762)가 그린 것으로, 일본에 파견된 조선통신사를 통해 조선의 국왕에게 헌납된 작품이다. 영조는 이 그림을 정조의 동복형 의소세손懿昭世孫이 머문 원손전元孫殿에서 보았다고 기록하였다.[83] 바탕에 금색을 칠하고 그 위에 형형색색의 물감과 정교한 필치로 부용꽃과 기러기를 그려

도54 〈새참〉 김홍도, 《풍속화첩》에 수록, 18세기, 종이에 담채, 27.0×22.7cm, 국립중앙박물관 소장.

도55 〈씨름〉 김홍도, 《풍속화첩》에 수록, 18세기, 종이에 담채, 27.0×22.7cm, 국립중앙박물관 소장.

장식적이고 화려한 표현의 극치를 보여 준다.

이렇듯 조선 후기에 궁중으로 전해진 일본 그림은 조선과 일본의 회화 교류를 보여 주는 중요한 자료로 평가할 수 있는데, 일본 화가가 그린 《금계도》金鷄圖 병풍을 보고 정조가 김홍도로 하여금 모사하게 한 내력이 19세기 학자 이유원李裕元(1814~1888)의 『임하필기』林下筆記에 기록되어 있다.

그림을 잘하는 왜인倭人의 작품이다. 단풍나무 아래 노란 국화가 활짝 피어 있고 난초와 대나무가 간간이 있는데, 바위 위에서 금빛 닭이 새벽을 알리고 바다 빛이 어슴푸레하다. 이는 과연 명화이니 정조 임금 때 김홍도에게 명하여 한 벌을 모사케 한 것이 화성의 행궁行宮에 있다. 그림에 보이는 뜻과 생각은 악부시樂府詩 가운데 「황계곡」黃鷄曲에서 얻었다.[84]

김홍도가 정조의 명을 받들어 그렸다는 《금계도》와 유사한 작품

이 리움미술관에 《금계도팔곡병풍》金鷄圖八曲屛風이라는 제목으로 소장되어 있다.도58 총 8폭으로 구성된 이 그림은 이유원의 글에서 묘사된 바와 같이 붉은 단풍잎과 황색 국화가 피어 있고 중앙에 금분金粉을 칠한 금계金鷄가 새벽을 알리듯 울고 있는 모습을 표현하였다. 매우 장식적이고 감각적인 색감 처리로 원화原畵의 분위기를 잘 전달하고 있으며, 18세기 궁중회화의 국제적인 성격과 더불어 조선 화원의 수준 높은 필력을 보여 주는 작품이다.

《금계도》 병풍처럼 화성행궁에 비치하여 정조가 보았을 법한 그림으로 김홍도의 〈서성우렵〉西城羽獵과 〈한정품국〉閒亭品菊을 들 수 있다.도59, 60 이 두 점의 산수화는 1796년에 완공된 수원행궁에 두었던 《화성추팔경도병풍》華城秋八景圖屛風 중 남아 있는 두 폭이다.[85] 〈서성우렵〉은 수원성 서장대 아래 기슭에서 이루어진 매사냥을 그린 것이고, 〈한정품국〉은 행궁 뒤쪽 미로한정未老閒亭에서 벌어진 가을 국화 품평의 장면을 그린 것이다. 위에서 내려다본 시점을 적용하여 박진감이 느껴지는 구도이며, 건물과 초목 등을 능숙한 필치

도58 《금계도팔곡병풍》 전 김홍도, 19세기 전반, 종이에 채색, 111.2×404.0cm, 리움미술관 소장.

도59 〈서성우렵〉 김홍도, 1796년경, 비단에 수묵담채, 97.7×41.3cm, 서울대학교박물관 소장.

도60 〈한정품국〉 김홍도, 1796년경, 비단에 수묵담채, 97.7×41.3cm, 서울대학교박물관 소장.

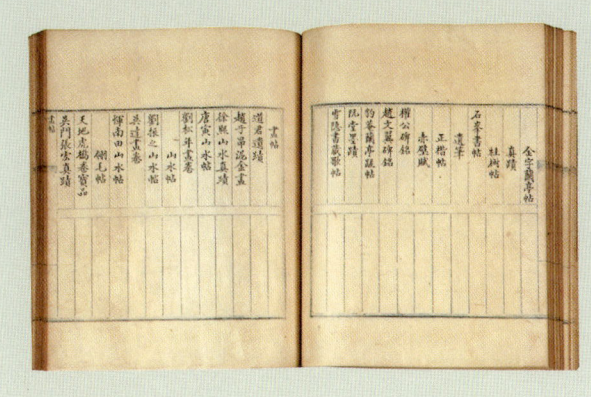

로 구현하여 노년기 화가의 원숙한 기량을 엿보게 한다. 화성행궁은 정조가 실학정신을 바탕으로 위민爲民과 개혁을 실천하고자 했던 역사적 공간이자 어머니 혜경궁 홍씨의 회갑진찬연을 베풀었던 효의 상징적인 장소였다. 화성행궁을 주제로 한 위의 두 그림은 당대 최고의 화원인 김홍도로 하여금 그 풍광을 남기게 한 기념비적 작품이자 진경산수화가 궁중 감상화로 본격적으로 등장했음을 보여 주는 의미 있는 사례이다.

　영조와 정조의 뒤를 이어 19세기 궁중의 회화 감상 풍조는 헌종이 주도하였다. 이 시기 궁중에서 감상되었던 그림의 실상을 잘 알려 주는 자료인 『승화루서목』承華樓書目에는 우리나라와 중국, 일본의 서화를 포함한 680여 점의 작품들이 기재되어 있어 19세기 왕실 소용 감상화의 범위와 수량이 매우 방대했음을 알려 준다. 도61, 62전체적으로 중국 서화가 더 많은 양을 차지하며 글씨보다는 그림이 훨씬 많다. 모든 서화는 시대 순으로 배열되었으며, 그림의 경우 산수·인물·사군자·영모翎毛 순으로 화목이 배치되었다. 중국 화가의 작품으로는 북송 휘종徽宗 황제(1082~1135), 명 선덕제宣德帝(1399~1435), 당인唐寅(1470~1523), 문징명文徵明(1470~1559), 심주沈周(1427~1509), 왕휘王翬(1632~1717), 왕원기王原祁(1642~1715), 왕시민王時敏(1592~1680) 등 명·청대 정통파 화가들의 그림과 주단朱端, 변문진戴

도61　창덕궁 승화루(왼쪽)

도62　『승화루서목』「화첩」 부분

文進, 남영藍瑛(1585~1664), 이재李在, 여기呂紀, 우지정禹之鼎(1647~1709), 정관붕丁觀鵬 등 명·청대 화원화가들의 작품이 상당수 포함되어 있다.

무엇보다도 서양화를 모은 화첩인 《양화첩》洋畵帖이 소장되어 있었다는 사실은 중인 출신 수장가 김광국金光國(1727~1797)이 가지고 있었던 서양 동판화에서 알 수 있듯이[도63] 조선 후기부터 국내로 유입되기 시작한 서양화가 궁중에서도 열람되었음을 말해 주는 중요한 전거가 된다.[86]

조선시대 화가들도 여러 명 포함되었는데, 대부분 조선 후기부터 말기까지 활동한 인물들이 대종을 이루고 있다. 우리나라 그림을 모은 화첩 또는 인장印章(圖書)첩을 비롯하여 심사정沈師正(1707~1769)의 《현재묘묵》玄齋妙墨과 《영모첩》翎毛帖, 정선鄭敾의 〈해산도〉海山圖·《산수첩》山水帖·《유람첩》遊覽帖, 김홍도의 《단원첩》檀園帖·《희묵》戲墨 등 조선 후기 화가들의 작품이 수록되었다. 이밖에 강희언姜熙彦(1710~1784년경)의 《담재첩》澹齋帖, 김득신金得臣(1754~1822)의

도64, 64-1 헌종이 사용한 '만기여가' 인장의 실물과 『보소당인존』寶蘇堂印存에 수록된 '만기여가인' 인장은 국립고궁박물관, 『보소당인존』은 한국학중앙연구원 장서각 소장.

《긍재첩》兢齋帖, 조영석趙榮祏(1686~1761)의 《관아재첩》觀我齋帖, 이한철李漢喆의 《희원화첩》希園畵帖을 포함하여 작가 불명의 화첩들도 포함되어 있었다. 아쉽게도 이러한 그림 중 상당수는 일제강점기 초기에 대부분 궁 밖으로 유출되어 구체적인 모습을 파악하기 어려운 실정이다.

　이러한 승화루 소장품이 형성되는 데 결정적인 역할을 한 헌종은 스스로 한묵翰墨을 즐겼는가 하면, 자호인字號印, 사구인詞句印 등 다양한 인문印文을 새긴 인장을 상당수 소장하기도 하였다.[87] 그중에는 자신이 그렸거나 감상한 그림에 찍었던 '만기여가인'萬幾餘暇印을 비롯하여 국왕의 취미와 품격을 보여 주는 인장들도 포함되어 있다.[도64] 헌종은 인장과 서화, 금석학에 조예가 깊었을 뿐 아니라 궁중에 소장된 그림을 화가들에게 내보이며 품평하기를 즐긴 서화 애호 군주였다. 그는 도서관으로 이용한 승화루를 비롯하여 평소에 거처한 창덕궁 낙선재樂善齋 주변의 여러 전각에 서화를 비치해 놓고 종종 열람하였고 허련許鍊(1809~1892)을 불러 궁중에 소장된 고서화 감평에 대해 조언을 구하였다.[88] 아래 인용문은 허련이 1849년 정월 헌종에게 그림을 그려 바친 후 중국 그림을 품평한 장면을 서술한 것으로, 서화에 대한 그의 관심사를 엿볼 수 있는 대목이다.

임금께서 또 오래된 그림 족자를 한 점 내놓으셨는데 길이가 약 이척二
尺, 폭이 약 팔분촌 가량 되어 보였다. 상께서 손수 그 윗부분을 잡으
시고 나더러 그 두루마리를 풀게 하셨는데, 두루마리 아랫부분을 내가
잡고 풀도록 하실 모양이셨다. 다 펴지자 상께서 "이 그림이 어떠냐?"
고 물으시기에, "이것은 원나라 황대치黃大癡(황공망黃公望)의 산수화
진적眞跡입니다"라고 답하였다. 그 그림을 감상하신 뒤 한쪽에 치워 놓
고 다시 소동파蘇東坡의 진품 한 책첩冊帖을 가져다 끝에 고목枯木과
대나무, 돌을 그리라고 분부하시기에 바로 그렸다.[89]

　위 글은 19세기 궁중 서화 감상이 그림을 통해 교훈을 얻는 감
계적인 목적에서 벗어나, 역대 명서화가들의 작품을 두루 감상하며
품평하는 분위기가 대두되었음을 암시해 준다. 이러한 변화 속에는
임금들의 서화 취미가 중요한 역할을 했음은 물론이다. 헌종은 당
대 화가들에게 그림을 자주 주문한 듯, 고람古藍 전기田琦에게 항상
연꽃을 그리라고 명하였고, 허련은 헌종이 주문한 《연운공양첩》煙雲
供養帖,《산수화첩》山水畵帖을 비롯해 많은 그림을 그려 진상하였다.[90]
이때 허련이 헌종에게 그려 바친 작품들이 일부 전해져 오고 있는
데, 그중 〈산수도〉를 보면 화면 오른쪽에 배치된 암벽 위에 텅 빈
정자를 그린 원나라 예찬倪瓚(1301~1374)의 산수화 양식을 차용한
것으로, 간일하면서도 담담한 필치의 전형적인 남종문인화풍을 보
여 준다.도65 이러한 허련의 그림은 헌종이 1843년에 그린 〈산수도〉
와 구도와 경물 표현에 있어 매우 유사한 면모를 보여 주고 있어,
화가와 후원자가 공유했던 화풍의 취향을 말해 준다.도66
　고종이 집권한 19세기 말부터 20세기 초 기간 동안에는 청록산
수화, 화조화, 고사인물도를 비롯하여 청공도淸供圖 성격의 기명절
지도器皿折枝圖 등 화려하고 장식적인 성격의 감상용 그림이 많이 그

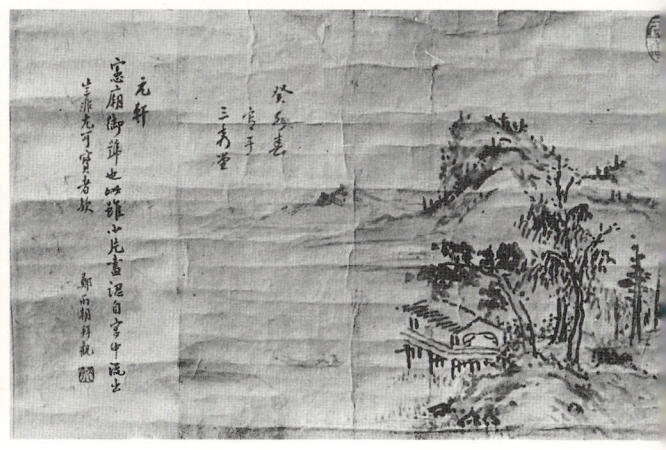

려졌고 기존의 축이나 첩, 병풍보다는 두 폭의 가리개(장병障屛)로 구성된 약소한 규모의 병풍으로 많이 제작된 것이 특징이다. 그러나 이 시기는 승화루 소장품을 비롯하여 18세기 이후 축적된 많은 서화 및 국가적인 차원에서 새로 구입한 작품으로 인해 궁중에 많은 회화가 소장되어 있었음에도 이전의 군왕들이 보여 주었던 순수한 서화 애호 차원의 그림 감상 행위는 거의 찾아볼 수 없다. 아마도 고종 연간에는 서화예술이 순수 감상에 목적을 두기보다는 부국강병책의 일환으로 당대 최신 문화조류의 수용에 치중한 정책적인 흐름 속에 흡수되어 고유의 기능을 제대로 발현하지 못하였던 것 같다. 또한 순종純宗(재위 1907~1910) 연간 이후부터는 서화 감상에 대한 뚜렷한 활동을 이룰 만큼 내적인 여건이 뒷받침되지 못했던 것으로 생각된다. 따라서 조선 후기 군왕들이 보여 주었던 회화에 대한 전문적인 식견을 찾아볼 수 있는 사례는 상대적으로 빈약하다고 할 수 있다.

다만 급변하는 시대적 변화 속에서 갑오경장(1894)으로 인해 전통적인 도화서 체제가 와해되고 화원들의 신분상 변화가 이루어지면서,[91] 황실(일제강점기 이후 이왕직李王職)이 궐외에서 활동하던 화가들에게 작품 제작을 요구하는 사례가 증가함에 따라 오늘날 '신자관臣字款 회화로 통칭되는 그림이 제작되는 현상이 두드러졌다.[92] 비

록 이러한 그림들에 고종이나 순종이 어제어필御製御筆을 남긴 경우
는 매우 드물지만, 국왕에게 헌납된 만큼 이들이 작품을 감상했을
가능성은 크다고 보며, 안중식安中植의 〈붕조〉鵬鳥나 〈춘경산수도〉春
景山水圖처럼 고종이 직접 신하들에게 하사한 몇 가지 작품 사례를
통해서도 이러한 사실을 추정해 볼 수 있다.^{도67} 당시 국왕에게 그림
을 헌상한 화가들은 안중식을 비롯하여 양기훈楊基薰(1843~?), 김응
원金應元(1855~1921), 조석진趙錫晉(1853~1920), 강필주姜弼周(19세기
말), 이한복李漢福(1897~1940), 이도영李道榮(1884~1933), 김은호金殷鎬
(1892~1979) 등 당시 활발한 활동을 펼친 작가들이었으며, 대체로
전통적인 소재로 각자의 개성을 발휘하여 제작한 작품들을 남겼다.
　평양 출신 화가 양기훈은 주로 노년의 평안을 상징하는 〈노안
도〉蘆雁圖를 그려 바쳤고, 1890년 궁중 행사에 초치招致된 계기로
어용화사로 활동한 안중식은 1915년 여름 〈백악춘효도〉白岳春曉圖를
그려 헌상하였다.^{도68} 특히 안중식은 황실의 주문을 받아 산수, 영
모, 화훼, 기명절지 등 다양한 소재로 작품을 제작했는데, 대부분
정밀한 묘사와 사실적인 채색 표현이 두드러진 것이 특징이다.⁹³ 이
밖에 이도영과 조석진 역시 화려한 채색을 쓰거나 선염渲染기법을
살린 화조화, 기명절지도 등을 남겼는데, 이 당시 나라에 헌상된
그림들 중에는 황실의 평안과 행복, 영광 등을 상징하는 그림들이
많아 일제 치하를 목전에 둔 위태로운 상황 하에서 국운國運이 회
복되기를 염원한 당대인들의 심정을 엿볼 수 있다.^{도69, 70} 또한 이들
의 그림에는 "신臣 아무개", 또는 "근사"謹寫(삼가 그려서 바친다)라고
써서 화가 스스로 황실을 위해 그린 사실을 밝혔는데 이는 전근대
시기에서는 잘 찾아볼 수 없는 대한제국기 이후에 두드러진 현상으
로, 직업화가로서의 정체성 인식이라는 차원에서도 주목할 만하다.
　한편, 고종과 순종에게 그림을 바친 화가들은 대부분 철종~순
종 연간에 어용화사로 활동한 인물들이었으며 그들의 유작은 황실
의 요청으로 궁중 내부를 장식하기 위한 목적과 감상의 목적이 혼

도67 〈춘경산수도〉 안중식, 1909년, 비단에 수묵담채, 103.5×47.5cm, 개인 소장.

도68 〈백악춘효도〉 안중식, 1915년 여름, 비단에 채색, 192.5×50cm, 국립중앙박물관 소장.

도69 《연로송응도》蓮鷺松鷹圖 이도영, 1904년, 2첩 병풍, 비단에 채색, 각 154.5×47.7cm, 국립고궁박물관 소장.

합된 성격으로 제작된 것이었다.

이들이 남긴 작품 중 김응원의 10첩 대형 병풍인 《석란도》石蘭圖는 감상과 장식이라는 두 가지 용도가 복합된 이 시기 궁중회화의 소용 목적을 잘 보여 주는 작품이다.^{도71} 마지막 폭에 "난초의 기운은 맑고 돌의 형체는 고요하니, 맑으면 오래가고, 고요하면 장수한다"(蘭之氣淸, 石之體靜, 淸則久, 靜則壽)라는 화제와 함께 "김응원이 삼가 그림"(金應元謹寫)이라고 쓰여 있어 그가 궁중을 위해 제작한 그림인 것으로 판단된다. 실제로 이 그림은 일제강점기 창덕궁 인정전의 어전御殿에 다른 작가의 그림들과 함께 놓였던 사실이 당시 발행된

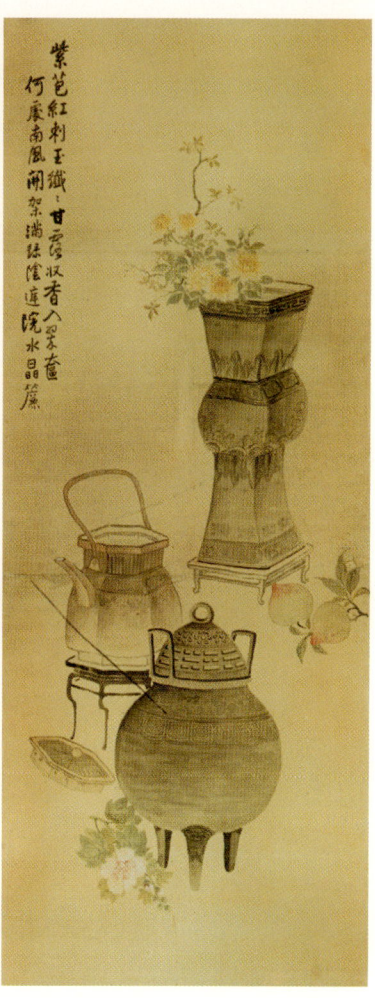

엽서 사진을 통해 확인된다.^{도72} 태점이 많이 찍힌 괴석과 바위 틈 사이로 촘촘히 혜란惠蘭을 배치하여 복잡하면서도 화려한 분위기를 창출하였다. 이러한 김응원의 작품을 통해 구한말 황실에서는 여전히 전통적인 소재와 기법으로 그린 그림들이 선호되었음을 알 수 있다.

　장식성이 강조된 감상용 회화의 제작 경향은 순종 연간 이루어진 창덕궁 벽화 작업에서 정점을 이루었다고 볼 수 있다. 1920년 김규진金圭鎭(1868~1933)이 순종의 어명을 받고 가을에 완성하여 희

도71 〈석란도〉 김응원, 1920년, 10
첩 병풍, 종이에 수묵, 209×
418cm, 국립고궁박물관 소장.

정당熙政堂의 벽에 건 〈총석정절경도〉叢石亭絶景圖와 〈금강산만물초
승경도〉金剛山萬物肖勝景圖는 금강산의 실경을 부감법과 평원平遠으로
바라본 장면을 그린 것으로, 짙은 설색과 정교한 표현으로 인해 서
양화를 방불케 한다. 희정당은 고종과 순종이 집무를 보던 곳으로,
지금도 응접실 천장 밑에는 〈총석정절경도〉와 〈금강산만물초승경
도〉가 걸려 있다. 그밖에 김은호가 28세 때 그린 〈백학도〉白鶴圖,
이상범李象範(1897~1972)이 그린 〈삼선관파도〉三仙觀波圖, 노수현盧壽
鉉(1898~1978)이 그린 〈조일선관도〉朝日仙觀圖, 오일영吳一英(1890~
1960)과 이용우李用雨(1902~1953)의 합작품인 〈봉황도〉鳳凰圖 등은 모
두 화려한 색채 감각을 보여 주는 전형적인 궁중 감상화이자 동시
에 장식화의 기능을 한 작품들로, 19세기 말 화가들이 어떠한 방식
으로 궁중 회사에 참여하였고, 그들의 그림이 어떻게 이용되었는지
잘 보여 주는 사례라고 하겠다.

　　이 중 김은호의 〈백학도〉와 오일영·이용우의 〈봉황도〉는 왕과
왕비의 침전寢殿이었던 창덕궁 대조전大造殿의 동·서벽을 장식하기

도72 김응원의 〈석란도〉 병풍이 놓인 창덕궁 인정전의 모습 일제강점기 사진.

위해 1920년 이왕직李王職에서 의뢰하여 완성한 그림으로, 왕과 왕비의 불로장생不老長生과 나라의 태평성대를 기원하는 뜻을 극채색의 화려한 필치로 구현하였다.^{도73, 74} 이미 나라를 빼앗긴 현실 앞에서 순종은 그림 속 학과 봉황의 힘찬 날갯짓을 보며 조정의 옛 영광을 다시 회복하려는 의지를 다졌을지 모를 일이다. 한편, 순종의 비였던 순정효황후純貞孝皇后 윤씨尹氏(1894~1966) 역시 그림에 남다른 애착을 보인 인물이었다. 황후는 채용신蔡龍臣(1850~1941)이 산수·인물·화훼·영모 등 다양한 소재로 그린 《백납병풍》百納屛風을 가지고 있었으며, 한국전쟁 때 부산으로 피난을 가면서도 이 병풍을 챙겨간 것으로 보아 마음속으로 소중하게 여겼음을 짐작케 한다.[94] 본래 12폭에 걸쳐 60여 점이 그려진 큰 규모의 병풍이었다고 하나 지금은 9점만 알려져 있다. 여성 취향에 맞게 밝고 화사한 색감이 돋보이는 화훼화·화조화가 대부분이며, 그밖에 산수화·영모화도 포함되어 있어 주로 인물화로만 알려진 채용신의 다재다능한 일면을 보여 주는 작품이다.^{도75, 76} 순정효황후가 소장하고 감상했던 이 그림들은 조선시대 궁중에서 그림을 감상한 주체와 수요자, 감상한 작품 등을 한층 더 넓은 시각으로 바라볼 여지를 제공해 주는 작품

도73 〈백학도〉 김은호, 1920년, 비단에 채색, 214.0×578.0cm, 창덕궁 대조전.

도74 〈봉황도〉 오일영·이용우, 1920년, 비단에 채색, 214.0×578.0cm, 창덕궁 대조전.

도75 〈소과호접도〉 채용신, 20세기
초, 비단에 채색, 크기 미상, 부산
박물관 소장.

도76 〈산수인물도〉 채용신, 20세기
초, 비단에 채색, 크기 미상, 부산
박물관 소장.

이라고 하겠다.

　이렇듯 19세기 후반~20세기 초는 궁중회화의 효용이 감상용에
서 더 나아가 실용적인 기능도 함께 강조된 시기였다고 할 수 있
다. 그러나 구체적인 정황이 미흡할 뿐 이전 시기에도 궁중에서 열
람했던 많은 비의례용 회화들은 궁전의 건물 내외부에 그려지거나
공·사적인 영역에 비치되어 감상되었음을 상기할 때 궁중회화의
제작과 감상의 전통은 순종 연간까지 면면히 유지되었다고 할 수
있다.

4 조선시대 궁중 감상화의 특징과 의미

지금까지 살펴본 바와 같이 궁중 감상화는 왕실에 의해 '감상'을 목적으로 소용된 회화 작품을 일컫는다. 그 대상은 우리나라와 중국, 일본 등 국내외 작품을 아울렀고 국왕뿐 아니라 왕족, 신료들이 '궁중'이라는 같은 장소에서 열람하였으며, 교화와 치도라는 효능론에 부합함과 동시에 예술적·심미적인 기능을 한 그림이었다고 볼 수 있다.

문헌과 현존하는 사례를 볼 때 궁중 감상화는 이미 15세기부터 도화서 소속 화원들이 왕명에 의해 제작한 것으로 확인되며 작품 주제와 감상의 목적 역시 다양했던 것으로 파악된다. 이는 조선시대 궁중에서의 '그림 감상'이라는 행위 이면에는 눈을 즐겁게 하는 '완상'玩賞의 개념을 넘어 다층적인 의미가 내포되어 있었음을 말해준다. 즉 유교정치의 이상을 실현하기 위한 공간으로서 국가라는 좀 더 큰 틀을 항상 염두에 두어야 했던 국왕과 신료들의 입장에서는 개인적인 취향을 공식적으로 드러낼 수 없었으므로, 회화를 일차적으로 국정 운영에 도움이 되는 매개물로 인식한 분위기가 강하게 반영되었음을 의미한다.

이러한 경향의 대표적인 그림이 어람용 감계화鑑戒畵이다. 중국과 우리나라의 역대 군주와 성인군자들의 초상을 통해 그들의 행적을 뒤돌아보게 한 군신도상 화첩, 백성들의 생업을 간접적으로 체험하여 민본주의를 깨닫게 한 무일도·빈풍도·경직도·잠직도, 조선의 통치 원리인 유교성리학의 이념을 담은 성적도聖蹟圖, 충신·효자·효녀·열녀 등의 일화를 시각화한 행실도行實圖, 모범이 되는 위인들의 행적을 그린 고사인물도 등은 모두 그림을 통해 역사적인 교훈을 얻고 위정자로서 이상적인 자세를 갖추기 위해 감상한 그림들이었다. 이러한 감계화는 이미 고려시대부터 전통이 확립되어 20세기 초 순종 연간까지 궁중에서 가장 중요한 화제畵題로서 꾸준히 애용되었으며, 항상 전각에 비치해 놓고 바라볼 수 있도록 하기 위해 병풍으로 많이 제작되었다.

교훈적 의미를 담은 감계화와 더불어 궁중에서는 왕조의 창업과 번영, 이상적인 군신관계를 상징한 그림, 국왕이 총애한 신료들의 초상화 역시 자주 감상하였고 이러한 작품들 역시 넓은 의미에서 국정 운영의 원리를 담은 그림들로 분류할 수 있다. 태조 이성계의 조선 건국 일화와 관련된 팔준도八駿圖를 비롯하여 국왕과 나라의 평안을 기원한 신선도·주수도舟水圖처럼 임금과 신하의 도리를 상징한 그림 등이 대표적이며, 특히 신선도는 나라의 운명이 쇠퇴해 가던 고종·순종 연간에 집중적으로 많이 제작된 것으로 나타나 궁중 감상화 제작의 시대상을 반영하고 있다. 또한 돈독한 군신관계를 확립하고자 힘쓴 정조의 경우 주변 신료들의 초상화를 보고 그들의 품성을 적은 감상평을 쓰기도 했는데, 이는 인물의 형상을 뛰어넘어 신운神韻까지 담아낸 조선 화원들의 뛰어난 필력이 뒷받침되었기에 가능한 것이었다.

이상에서 언급한 그림들은 감상자에게 내용을 정확히 전달해야 하기 때문에 짙은 채색을 사용한 청록산수화 또는 진채화眞彩畵 계열로 제작된 것이 대부분이다. 선명하고 밝은 색채는 궁중 취향에 어울릴 뿐 아니라 멀리서도 형상을 알아볼 수 있도록 또렷한 이미지를 구현하기 위한 필수적인 방편이었다. 그러나 18세기 초 숙종 연간 이후 그림 자체에 몰입하여 풍격을 논하는 분위기가 강조되면서, 청록산수 계열의 진채화에서 벗어나 수묵과 담채淡彩 등 필선 위주의 화법을 바탕으로 화가의 개성을 살려 그린 작품들을 감상한 사례가 서서히 증가했다. 이러한 경향은 임금들의 제화시題畵詩나 궁궐 전각에 소장되었던 그림 내역을 적은 목록을 통해 더욱 명확히 확인된다. 그럼에도 조선 후기 이래 궁중에서 감상한 많은 화가들의 작품이 방화放火와 약탈로 인해 대부분 소실되어 오늘날까지도 그 진면목을 확인하지 못하고 있는 현실은, 한국 근대의 어두운 역사와 맞물려 너무나도 안타까운 일이다.

끝으로 순정효황후의 사례에서 살펴본 바와 같이 궁중에서 회화를 감상하는 데 있어 국왕과 신료들에만 국한되지 않고, 비빈妃嬪들 역시 감상의 주체이자 수요자였다는 사실을 다시 한 번 언급하고자 한다. 일찍이 조선 왕실에서 후궁이나 공주, 옹주가 서화에 관심을 보인 예는 선조의 비 인목왕후仁穆王后(1584~1632)와 선조의 첫째 딸인 정명공주貞明公主, 그리고 영조의 후궁이자 사도세자의 생모인 영빈이씨暎嬪李氏(?~1764)에 관한 기록을 통해 찾아볼 수 있다. 아마도 조선 궁중에서 감상용 그림이 내입內入되어 완상하는 분위기가 형성된 데에는 여성 수요자들 역시 일정한 기여를 했을 것으로 생각된다. 서화 감상자로서 이들의 구체적인 활동에 대해서는 향후 관련 자료의 적극적인 발굴과 소개를 통해 규명될 수 있을 것이다.

궁중회화와 관련하여 궁궐 내부에 장식되었던 회화는 병풍이나 족자, 벽화 형태로 그려졌지만 넓은 의미에서는 당가唐家, 보개천장寶蓋天障, 장식 창호窓戶, 단청丹靑처럼 건축물의 내외 벽에 장식되는 그림도 포함시킬 수 있다. 이 중에서 벽화는 건축의 일부인 고정된 벽에 그려진 그림이지만 당가에 장식된 오봉병, 당가와 정전正殿의 천장화, 장식 창호인 불발기창(연창문連窓門), 그리고 단청은 모두 건축적인 그림으로서 벽화의 영역에 포함시킬 수 있다. 조선의 궁궐은 여러 차례의 화재와 오랜 세월 거듭된 보수로, 현재 벽화가 남아 있는 예가 매우 드물다. 근대기에 창덕궁의 벽화 제작은 조선 황실의 자존과 당대 최고의 화가가 결집된 기념비적인 사업이었다.

제 3 부

궁궐을 장식한 벽화

宮中繪畫

1 궁궐의 벽화와 장식화

조선시대에 세워진 궁궐은 화재와 전란에 의해 소실된 후 재건되거나 오랜 세월 보수를 거듭하면서, 오늘날까지 창건 당시의 모습이 남아 있는 경우는 매우 드물다. 궁궐의 창건과 재건 또는 보수와 관련된 기록과 영건의궤 같은 문헌을 통해 그 내부에 장식된 회화의 흔적을 더듬는 일은 사라진 역사의 조각을 맞추는 것처럼 어렵고, 또한 그 결과를 가늠하기 어려운 작업이다.

궁중회화와 관련하여 궁궐 내부에 장식되었던 회화는 병풍이나 족자, 벽화 형태로 그려졌지만 넓은 의미에서는 당가唐家, 보개천장寶蓋天障, 장식 창호窓戶, 단청丹靑처럼 건축물의 내외 벽에 장식되는 그림도 포함시킬 수 있다. 이 중에서 벽화는 건축의 일부인 고정된 벽에 그려진 그림이지만 당가에 장식된 오봉병, 당가와 정전正殿의 천장화, 장식 창호인 불발기창(연창문連窓門; 빛이 투과할 수 있도록 흰 종이를 얇게 바른 문), 그리고 단청은 모두 건축적인 그림으로서 벽화의 영역에 포함시킬 수 있다.

그러나 현존하는 조선시대의 궁궐 중에서 벽화가 남아 있는 경우는 근대기 이전에는 그 예가 극히 드물고 관련된 문헌 자료도 거의 없다. 더욱이 조선은 궁궐 내부의 4면이 종이 창호로 둘러싸인 공간이 많고, 단조로운 흰 벽면을 선호
하는 경향이 있어 영구적인 벽화를 장
식하는 경우는 흔치 않았던 듯하다. 현
재 남아 있는 전각의 내부 벽면을 보면
근현대기에 보수되는 과정에서 변형되
었긴 해도 흰 한지나 옅은 문양이 들어
간 장식 도배지가 사용되었을 뿐 벽면
에 직접 그림을 그리는 일은 드물었던
것으로 보인다.^{도1} 즉 흰 선지宣紙에 수

묵 혹은 채색으로 그림을 그리듯 흰 벽면에 고정된 벽화보다는 이
동이 가능한 병풍, 족자, 가리개 등을 사용해서 장식하는 것을 선
호했던 듯하다. 이러한 병풍이나 족자, 가리개 같은 장식화는 유실
되었거나 현재 국립중앙박물관을 비롯하여 국립고궁박물관, 그밖에
사립박물관, 개인에게 소장되어 있다. 여기에 관해서는 『왕과 국가
의 회화』(돌베개, 2011)에서 다룬 바 있다.

　궁궐의 벽화는 현재 당가를 장식했던 오봉병, 보개천장에 그려
지거나 새겨진 봉황과 용, 장식 창호의 일부인 장지화(障子畵), 그리
고 목재의 보호와 의장효과를 위해 그려진 단청丹靑이 대부분이다.
그나마 처음 창건된 이후 중건과 보수가 거듭되어 궁궐 내부가 보
존된 경우는 매우 드문 실정이다. 대한제국기에는 제국의 면모를
갖추기 위한 궁궐의 재건사업이 활발히 이루어졌지만 그만큼 많은
전각들이 소실되기도 했다. 오늘날 우리는 모든 장식화가 사라진
뒤의 텅 빈 공간만을 확인할 수 있을 뿐이지만, 다행히 19세기 말
부터 근대기에 제작된 사진 자료 가운데 궁궐의 내부를 보여 주는
것들이 있어서 어떤 그림이 어떻게 장식되었었는지를 단편적으로
알려 준다. 그러나 1920년에 창덕궁의 재건사업으로 제작된 대조
전·희정당·경훈각의 벽화는 근대기 황실의 대표적인 미술정책의
하나로 꼽을 수 있는 기념비적인 과업이었다.

2 건축 공간과 회화

당가唐家의 장식화　현존하는 조선의 궁궐은 경복궁景福宮, 창덕궁昌德宮, 창경궁昌慶宮, 경운궁慶運宮(고종이 양위할 때 덕수궁으로 개칭), 경희궁慶熙宮(서궐이라고도 부름)이 있다. 조선의 건국과 함께 지어진 경복궁은 조선왕조의 법궁法宮(또는 정궁正宮)으로, 국가의 예의제도인 오례의 절차를 정비한 세종 대에 격식을 갖추기 시작하면서 공적 의례가 이루어지는 중요한 건물이 되었다.

도2　경복궁 근정전 전경
도3　경복궁 근정전의 어좌 주변과 천장

경복궁은 임진왜란 때 소실되었다가 고종 연간인 1867년에 중건되
었고, 그 사이에는 동궐東闕로 불리는 창덕궁과 창경궁이 법궁으로
사용되었다. 고종 말년인 대한제국기에는 경운궁이 법궁으로 사용
되는 등 조선의 영달을 함께한 궁궐은 왕실의 역사 문화적 공간으
로서 존재하고 있다.

　조선시대 궁궐의 중심이 된 경복궁은 한양 천도 후 1395년에 창
건을 시작하여 그 이듬해에 주요 전각인 근정전勤政殿, 사정전思政
殿, 강녕전康寧殿, 연생전延生殿, 경성전慶成殿 등이 완공되었다. 세종
대에는 자선당資善堂, 교태전交泰殿, 흠경각欽敬閣이 새로 지어졌고
사정전, 경회루慶會樓, 강녕전 같은 건물들이 고쳐 지어지면서 궁궐
의 격식을 갖추기 시작했다. 왕의 즉위식이나 가례의식嘉禮儀式, 조
하의식朝賀儀式이 행해지고 외국의 사신들을 맞이하기도 하는 공적
공간인 정전은 경복궁의 근정전勤政殿을 비롯해서 창덕궁의 인정전
仁政殿, 창경궁의 명정전明政殿, 경운궁의 중화전中和殿, 경희궁의 숭

정전崇政殿이 있는데 모두 궁궐의 중심에 위치하면서 높은 기단 위의 월대月臺를 지나 내부로 들어가게 되어 있다.도2 이곳은 여러 전각 중에서도 가장 규모가 크고 위엄을 갖춘 공간으로서 그 내부도 가장 영화로운 공간으로 꾸몄을 것은 당연하다. 특히 이곳에 있는 어좌의 주변과 천장은 회화적·공예적 장식미를 잘 보여 준다.도3

　궁궐을 장식한 벽화는 우선 정전 안의 당가와 왕과 왕비의 신주를 모시는 빈전, 어진을 모시는 진전의 당가에서 찾아볼 수 있다.도4, 5 당가는 닫집이라고도 불리는데 건축 구조물 안에 놓이기 때문에, 정전 안에 또 하나의 건축물을 이루고 있는 셈이다. 당가는 곧 왕을 상징하는 존엄한 공간의 상징적 구조물인 것이다. 당가는 닫집의 지붕 장식구조에 한정된 의미로 쓰이기도 하지만 어좌를 받치는 좌탑座榻과 그 위에 장식된 일체를 포함한 구조물을 의미하는 것으로 보아야 할 것이다.1 정전의 어좌는 왕을 위한 특별한 좌석으로서 다섯 단으로 된 붉은 좌탑 위의 닫집 안에 안치되며, 좌탑에는 사방으로 계단이 설치되고, 어좌의 뒤에는 곡병曲屛과 오봉병이 차례로 설치된다. 오봉병은 주로 좌탑 위에 한 면으로 고정시켜 벽화로 설치하거나 때로는 움직일 수 있는 병풍 형식으로 놓이는 경우도

도7 경복궁 근정전의 당가
도8 창덕궁 신선원전 내부의 당가

있다.

오봉병은 5개의 산봉우리가 중앙에 배치되고, 그 위에 해와 달이 좌우로 놓이며, 산 아래에는 하얀 포말을 일으키며 굽이치는 파도, 그 앞에는 언덕 위에 각각 두 그루씩 소나무가 대칭을 이루며 그려지는 일정한 도상을 지니고 있다.[2] 도6 화려한 5개의 봉우리는 이 세상에서 가장 높고 성스럽다는 중국 전설 속의 곤륜산을 그린 것이다. 오봉병은 국왕의 영원한 번영을 기원하고 국왕을 보호하는 뜻을 지니며, 왕의 어좌 뒤뿐 아니라 진전眞殿의 뒤편에도 설치되어 있다.[3] 조선시대에는 오봉병·오봉산병五峯山屏·일월병日月屏으로 불렸지만 현재는 주로 일월오봉병日月五峯屏 또는 일월오악도日月五嶽圖로 불리고, 대개 4첩·6첩·8첩 병풍으로 제작되었거나 단폭의 액자 형태나 벽장문 형태로 된 것도 있다.

경복궁 근정전의 당가는 현재 곡병 뒤에 한 면의 벽화 형식으로 된 오봉병이 장식되어 있는 것을 확인할 수 있다.도7 당가에 장식된 오봉병은 세 면으로 나뉘어 구성되기도 하는데, 어진을 모시는 진전인 창덕궁 신선원전에서 볼 수 있다.도8 정면에 일월과 오봉 부분이 넓게 배치되고, 그 양 측면에 소나무가 그려진 협판이 직각을 이루며 연결된다.

도9 창경궁 명정전의 일칸거리장지
도10 창덕궁 선정전의 일칸거리장지

창경궁 명정전은 정전으로서의 양식을 갖추고 있지만 다른 정전에 비해 규모가 작기 때문에 변형된 형식을 보여 준다. 현재 당가에는 곡병 없이 오봉병만 장식되어 있으며 오봉병을 당가의 후면 벽에 고정시키는 방식으로 제작하지 않고, 움직이는 8첩 병풍으로 만들어 어좌 뒤에 세워 놓은 점이 다른 정전의 경우와 차이가 있다. 원래 고정된 오봉병이 놓이는 자리에는 일칸거리장지라 불리는 후면 벽이 당가 기둥에 고정된 채 배치되어 있다.도9, 10 명정전의 일칸거리장지는 궁궐에 전하는 것 중에서 가장 오래된 예인데, 본래의 붉은빛이 거의 퇴색해 버렸고 현재는 다시 제작한 것이 놓여 있다.

한편 오봉병에는 출입문이 달린 경우가 있다. 창덕궁 인정전과 경운궁(덕수궁) 중화전이 그 예로, 편전과 침전에 빠르고 효율적으로 이동하기 위해서 설치된 것으로 당가의 뒤편에서 열도록 되어 있다. 인정전에는 본래 오봉병의 뒤에 오봉도가 그려진 장지가 설치

도11, 11-1 인정전의 현재(좌)와 과거(우)

되어 있었다고 하는데 이 일칸거리장지에도 두 짝의 여닫이문이 설치되어 있어서 출입이 가능했다고 한다.⁴ 이 인정전의 당가는 일제 강점기에 지붕과 후면벽 부분만 남기고 오봉병, 좌탑과 어좌, 곡병이 모두 철거되었음을 당시의 사진자료에서 볼 수 있다.^{도11, 11-1} 현재와 비교하면 오봉병이 놓이는 부분에 1쌍의 봉황이 그려져 있고 그 아래에 유럽식 의자가 놓여 있는 것을 확인할 수 있다. 현재 당가의 지붕 부분은 옛날 그대로지만 채색과 세부 장식이 오히려 단조로워진 듯하다. 이 봉황도의 현존 여부는 알 수 없는데 일제강점기에 그려진 것이라 생각되며, 그다지 수준 높은 작품은 아닌 듯하다.

도12 창덕궁 신신선원의 당가 측면 매화도 벽화

　당가의 오봉병은 왕의 어진을 봉안하는 곳에도 설치되었다. 1921년 창덕궁에 지어진 신선원전에는 태조부터 순종까지 어진을 모셨던 총 12개의 당가, 어좌 그리고 그 뒤에 오봉병이 남아 있다. 오봉병 중앙 뒷면에는 모란병풍이 장식되어 있고, 양측면 뒷벽에는 채색 매화도 벽화가 종이 또는 비단에 그려져 있다.^{도12} 매화의 기교적인 표현 기법, 개울과 바위를 도안화하여 그리는 방식은 일본화의

도14 〈운룡도〉(복제본)가 걸려 있는 경복궁 사정전 현재 원본은 국립고 궁박물관 소장.

장식적 측면을 전형적으로 보여 주고 있는데, 양식상 한 작가가 제작한 것으로는 보기 어렵다. 신선원전이 지어진 1921년 당시 우리나라에서 활동하던 일본인 화가들이 그렸을 가능성이 크다.

정전正殿의 천장화   어좌가 놓이는 당가의 뒷면에 장식되었던 오봉병 외에 벽화로 천장화도 중요하다. 왕이 평상시에 집무를 보는 정전의 중앙 천장과 당가에는 봉황이나 용이 그려지거나 새겨진다.도13 봉황이나 용이 장식되는 중앙부는 별도로 닫집 지붕 모양의 틀을 만들어 공예적 장식미를 더해 준다. 경복궁의 편전인 사정전의 경우처럼 어좌 위 기둥 사이의 공간에 〈운룡도〉를 그려 붙인 경우도 있다.도14 모든 정전의 천장은 중앙 부분을 감입嵌入시킨 보개 부분이 특히 화려하다.

창경궁 명정전과 창덕궁 인정전의 보개천장에는 각각 봉황 한 쌍이 조각되어 있는데 장식적인 구름과 화려한 채색이 아름다운 작품이다. 봉황과 구름을 얇은 나무판에 조각하고 채색하여 보개천장에 덧붙이는 방식으로 제작했는데, 벽화로 보아도 손색이 없을 만큼 정교하다.

용은 왕을 상징하는 가장 대표적인 도상이다. 경복궁 근정전의

도15 경복궁 근정전 천장의 칠조룡
도16 창경궁 명정전의 우물천장

보개천장에는 중앙에 두 마리의 용이 조각되어 있는데, 이 용은 발톱이 7개 달린 칠조룡七爪龍으로 왕을 상징하는 오조룡五爪龍으로부터 황제의 상징물로 승격되었음을 보여 준다.도15 대한제국기 이전에는 이곳에 봉황이나 오조룡이 장식되었지만 1897년에 대한제국을 선포한 이후 황국으로서의 면모를 갖추는 과정에서 오조룡은 황제를 상징하는 칠조룡으로 바뀌었던 것이다. 이와 함께 어좌가 놓이는 좌탑도 붉은색이 아니라 금색으로 칠했는데 창덕궁 인정전과 경운궁(덕수궁) 중화전에서 이를 확인할 수 있다.

현존하는 가장 오래된 궁궐 전각인 명정전은 보수를 거듭하긴 했지만 17세기 광해군 당시의 원형으로 볼 수 있는 귀중한 예이다. 명정전의 천장은 아름다운 우물천장으로 8엽의 겹연화 다섯 송이와 세 송이의 연봉우리 그리고 보상화 무늬가 그려져 있고, 작은 반자에는 8엽의 겹연화 한 송이와 좌우에 연봉우리가 세 쌍씩 그려져 있다. 화려한 채색과 세밀한 묘사는 영화로운 공간을 장식하는 벽화로 보아도 좋을 만큼 회화적 구성미를 보여 준다.도16 이러한 보개천장의 장식은 건축 공간의 일부로 그려진 것이긴 하지만 도화서

의 화원과 승려화가들이 참여하여 제작한 것들로 넓은 의미에서 장식벽화로서의 의의를 담고 있다고 하겠다.

　한편 1867년에 중건된 경복궁의 편전인 사정전은 왕이 평소에 정사를 보고 문신들과 함께 경전을 강론하던 곳으로, 여기에 〈운룡도〉雲龍圖 벽화가 걸려 있다.도17 이곳에는 좌탑 위에 바로 어좌를 두었고, 그 뒤에는 곡병 없이 오봉병을 세워 두었다. 좌탑이 놓여 있는 정면의 좌우 기둥에는 당가의 지붕 장식을 대신하여 〈운룡도〉가 걸려 있다. 벽화처럼 장식되어 있지만 실제로는 매달아 놓은 것인데 이처럼 그림을 장식한 예는 이외에는 없다. 사정전은 세종 대에 이미 편전으로 사용되어 왔는데, 본래 좌우에 있는 만춘전萬春殿, 천추전千秋殿과 연결되어 있던 것을 중건 시에 각각 독립되게 지어 오늘에 이른다. 변형시켜 건축한 셈인데 〈운룡도〉가 언제 그려졌으며, 본래 있었던 것을 다시 제작했는지의 여부는 현재로서는 불분명하다. 다만 작품의 양식상 1867년 이후의 작품이라 생각되지만 실제로 제작된 것은 20세기 초까지로도 추정해 볼 수 있다. 종이에 그려 두껍게 배접을 한 채 걸려 있었는데, 현재는 보존을 위해 국립고궁박물관에 이전되어 있고 사정전에는 복사본이 걸려 있다.

영화로운 공간을 장식한 벽화, 장지화

조선시대의 궁궐 내부는 벽에 직접 그림을 그리거나 그려서 붙이는 경우는 많지 않았던 듯하다. 그러나 일조와 환기를 위한 시설인 창窓과 일반적으로 실내 출입을 위한 시설을 말하는 호戶에는 영화로운 공간에 어울리는 화려한 벽화를 장식했다. 벽화가 그려진 창호는 미닫이 형태로 된 장지화(障子畵)가 가장 많다.[5]

장지는 한자로 '障子' '莊子'로 쓰이는데 전자가 주로 많이 쓰이며, 사묘건축보다는 방이 많은 궁궐건축에서 흔히 사용된다.[6] 그중에서도 창이 없는 미닫이문과 연창烟窓이나 완자창完子窓 같은 불발기창이 달린 미닫이문이 궁궐 전체 장지의 90% 이상을 차지하고 있다. 특수하게 일칸거리오봉장지(一間巨里五峯障子)는 궁궐의 정전이나 사묘건축의 신위를 모시는 뒷벽에 사용되며, 기둥 사이 1칸에 걸쳐 맹장지를 짜고 여기에 일월과 오봉을 그려 붙박이처럼 만든 것이다.[7] 도18 이처럼 일칸거리장지나 일반 장지 또는 불발기창에 그려진 그림들을 통칭해서 장지화(障子畵)라 부르는데 이것은 출입을 위한 문이나 붙박이 같은 기능을 위한 건축 공간의 일부를 이루면서, 벽화로서의 의미도 지닌다.

장지화에 그려지는 주제는 주로 일월오악도, 십장생도가 많다. 십장생도는 구름, 산, 바위, 소나무, 대나무, 물, 불로초가 어우러진 선경仙境에서 학과 사슴이 노니는 모습을 그린 것으로 궁중 장식화의 가장 중요한 주제 중 하나이다. 불로장생을 기원하는 의미를 담아 민간에까지 널리 애용되어 온 주제로 궁중의 가례 행사나 진찬, 진연 때 사용되는 병풍뿐 아니라 장지화의 주제로도 많이 그려졌다.도19, 20 현재 국립고궁박물관에 전하는 장지화는 좌우 4개

도18 **일칸거리오봉장지** 창덕궁 신선원전

씩 총 8개가 한 세트로 제작되었던 것을 알 수 있다.

목재의 보호와
의장 효과를 겸한 단청

단청丹靑은 목재의 보호와 의장 효과를 위해 궁궐과 사찰에서 사용되어 왔다. 단청에 사용되는 각종 문양은 화재와 잡귀를 막는 상징적인 의미를 담고 있다. 단청은 단확丹艧이라고도 했는데 확은 호로 발음 되기도 하며 붉은 칠 또는 붉은 안료를 의미하는 글자이다.[8]

덕수궁의 준명당浚明堂과 즉조당卽祚堂에는 1905년 공사를 했던 단청이 남아 있다. 준명당의 천장에는 '壽福' 자字, 즉 '수'자와 '복'자를 가칠해서 장식 했는데 현재 그대로 남아 있다. 도21, 21-1 안료는 적색계의 주홍, 편연지, 황색계의 장단, 석자황, 청색계의 양록, 양청,

도21, 21-1 '壽福' 자字가 그려진 덕수궁 준명당浚明堂 천장

하엽이 사용되었다.

즉조당의 천장에는 격자 속에 각각 2마리의 용을 그린 용 문양이 그려져 있는데 상당히 화려하다. 각각 4개의 발톱을 가진 용은 서로 좌우를 바꾸어 배치되었고, 구름을 문양화한 테두리 안에 놓여 있다. 용은 흑룡과 백룡인 듯하다.^{도22} 왕의 침전인 즉조당은 1904년 화재로 소실된 후, 1905년에 중건된 건물로 천장의 용 문양은 이때 제작된 것이다. 즉조당은 고종기에 많은 공식 행사를 했던 곳으로 화재 후 곧 중건하면서 고종이 내탕금(임금의 개인 자금)을 쓸 만큼 중요하게 여겼다. 소박한 공간으로 재건되었지만 천장 장식은 매우 공들여 그렸음을 알 수 있다.

3 대한제국의 궁궐 재건사업과 벽화

宮中繪畵

궁궐의 재건사업　　　1897년에 러시아 공사관으로부터 환궁한 고종은 대한제국大韓帝國을 선포하면서 연호를 광무光武로 바꾸고 황제로 즉위했다. 비록 1910년 일본에 합병됨으로써 막을 내리긴 했지만 자주독립국임을 대내외적으로 천명한 것은 역사적인 큰 사건임에 틀림없다.

대한제국기에는 황실의 권위를 군건히 하고 제도를 정립하는 일이 활발하게 이루어졌다. 이에 따라 고종황제는 홍룡포 대신 황룡포를 착용했고, 제국의 위상을 정립하는 안팎의 개혁을 적극적으로 시도했다. 황제 스스로가 중심이 된 광무개혁은 동도서기론에 입각한 것으로, 동도는 전통에 대한 자존의식을 지키고 국가의 자주성 확보라는 정치적 목표를 함께 담은 것이었다. 궁궐의 재건은 고종의 집권 초부터 시작되었지만, 광무정권이 출범한 이후에는 제국의 면모를 갖추기 위해 적극적으로 이루어졌다.

그러나 1900년을 전후해서 빈번하게 일어난 궁궐의 화재로 인해 조선의 역사가 담긴 전각들이 대부분 소실되어 버린 것은 너무도 안타까운 일이었다. 궁궐을 재건할 때는 전통을 계승하여 가능한 한 그대로 복원되었지만, 일부는 구조가 바뀌거나 유럽과 일본의 새로운 건축 양식이 가미되어 변형된 형태로 지어진 곳도 있었다. 이 시기에는 궁궐의 내부를 꾸미는 사업도 대대적으로 이루어졌는데, 다양한 장식화들이 제작되었고 그중에서는 실제로 궁궐에 장식된 예를 확인할 수 있다.

광무정권의 의욕적인 개혁정책에도 불구하고 일본의 국권 침탈이 노골화되면서 을사늑약(1905)이 체결되자, 사실상 독립국가로서의 위상은 바닥에 떨어지고 말았다. 일제강점기로 이어지는 식민지하에서 궁궐은 왕조의 그림자를 드리우고, 제국의 못다 이룬 꿈이 담긴 새로운 공간으로 그 내부를 장식하는 일도 변화된 시대상황을 반영하게 되었다. 일본식으로 꾸며진 공간에 일본인들이 그린 장식화가 걸리기도 하고, 근대기 한국화단의 신진화가들이 참여한 벽화 사업이 이루어지기도 했다. 궁궐의 재건사업과 벽화는 근대화단에서 전통화풍과 외래화풍이 공존하는 장식회화의 새로운 의장을 보여 주는 중요한 예가 될 것이다.

재건된 궁궐의 황궁화皇宮化   경운궁慶運宮은 1902년에 법전인 중화전中和殿이 지어지면서 대한제국의 정궁으로 자리 잡았다. 그러나 경운궁의 주요 전각은 1904년의 대화재로 인해 전소되고 말았고, 2층의 중화전은 1906년에 단층으로 재건되는 등 대한제국기 정치 무대의 중심 공간 역할을 했다. 1907년 헤이그 밀사사건 후 고종이 순종에게 강제 양위하면서 양위식이 이곳에서 이루어졌고, '황제의 덕을 칭송하고 장수를 기원'하는 뜻이 담긴 덕수궁德壽宮으로 명칭이 바뀌었다. 순종의 즉위식도 이곳에서 이루어졌으니, 근대사의 아픈 역사가 담긴 공간이기도 하다.

덕수궁은 재건되면서 그 규모가 축소되었고, 고종이 1919년 함녕전咸寧殿에서 승하한 이후에는 일본에 의해 전통적인 궁궐의 배치 형식에서 벗어나 크게 훼손되어 버렸다. 덕수궁의 중화전은 규모가 축소되긴 했지만 당가에도 좌탑, 어좌, 오봉병, 곡병을 갖추어 제국

도23, 23-1 덕홍전 전경과 내부

의 위상을 보여 주는 황색으로 꾸며졌다.

　이러한 재건사업을 일본인들이 주도했던 경우가 있었는데 벽화와 관련해서 일본 화가인 아마쿠사 신라이天草神來(1872~1917)의 활동이 주목된다. 그는 덕수궁 덕홍전德弘殿의 조영에 관여했다고 알려져 있는데 화가인 그가 어떤 일을 했는지는 알 수 없다. 이러한 사실은 그와 친분이 있었던 일본 화가 히요시 마모루日吉守에 의해 알려지게 되었는데, 히요시는 이외에 신라이가 1912~13년경에 금니 극채색의 〈송학도〉 벽화를 덕수궁 내 '알현의 방'에 그렸다고 회고했다.[9] 히요시는 신라이의 작품으로 "이왕가에 현존하는 송학도 벽화(덕수궁 내 알현의 방)는 역작의 하나라고 생각한다"라고 적고 있다.[10] 이 알현의 방이 신라이가 조영을 맡았던 덕홍전을 의미할 수 있다.도23, 23-1

　이곳은 본래 명성황후의 위패를 모시는 혼전魂殿인 경효전景孝殿이 있던 곳이었다. 1904년의 화재로 전소된 후 1911년에 재건되었고, 1912년에 덕수궁의 알현실로 용도가 바뀌어 개조되면서 덕홍전이라는 현판을 달았다. 고종은 이곳에서 외국 사신을 맞이했는데 현재 이곳의 내부에는 대한제국의 상징인 오얏꽃과 봉황이 선명하게 장식되어 있지만 최근에 보수된 것이다. 현존하는 궁궐의 내부

는 대부분의 벽면이 창호로 이루어져 있는 경우가 많아서 벽화를 둘 만한 공간이 사실상 없다. 따라서 신라이가 그린 〈송학도〉 벽화는 일본인들이 주로 제작하는 형태인 장벽화障壁畵(건물 내부 벽면이나 칸막이용 문에 그려진 회화)로서 종이나 비단에 그려 창호 위에 붙이는 1장짜리 화면이거나, 후스마에襖繪(미닫이문에 그려진 회화)일 가능성이 크다.도24

신라이는 내한 일본 화가의 대표적인 인물로 1895년에 도쿄미술학교東京美術學校 일본화과를 졸업했고, 1899년부터 1901년까지 이 학교의 교수를 지낸 이력이 있다. 한국에 정착하기 전부터 일본 화가들 사이에서 '조선통'朝鮮通으로 알려져 있었을 만큼 한국 사정에 밝았던 신라이는 1902년경부터 한국을 오가며 활동했고, 남산 기슭에 화실을 차려 경영했다. 초기의 일본인 내한 화가들이 대부분 그렇듯이 신라이도 통감부와 총독부의 일본인 관료들과 관계가 있었을 것으로 생각되며, 서울에 정착한 것은 1907년부터 1915년 사이였다. 이 사이 그는 1910년 5월 자신의 개인전을 열기도 했지만 〈송학도〉 벽화를 그린 이후 일본으로 귀국하기 전까지의 말년기

에는 그다지 의욕적으로 활동하지는 못했던 듯하다.[11]

대한제국기에는 일본의 메이지明治와 다이쇼大正 천황과 관료들로부터 고종, 순종황제에게 헌납된 일본화 및 일본 공예품들이 있었는데 그중에는 우리의 궁전 내부를 장식하는 데 활용된 것들도 있었다. 즉 가나이 덴로쿠金井天祿라는 일본 화가는 일본 근대미술사에서는 그 이름과 약력을 알 수 없는 무명의 화가이지만 국립고궁박물관에 소장된 4면의 《산수 후스마에》를 그렸다.[도25] 이 그림은 현재 독립된 병풍 형태로 장황이 되어 있지만, 그림 양쪽 끝에 장지문에 달리는 전형적인 손잡이가 있는 것으로 보아 궁궐 내부의 벽장문 같은 곳에 사용되었던 것임을 알 수 있다. 실제 일제강점기에 궁궐 내부의 장지문에 장식하기 위해 그려진 것이라고 생각된다. 그는 1917년에 내한하여 대한제국 황실에 후지산富士山과 인형 그림을 헌상해서 100원을 받았다고 한다.[12] 이 일본 화가의 활동을 통해서 한국 궁궐의 벽화나 장지문 등 항구적인 건축 공간에 장식할 그림을 일본 화가들이 제작하기도 했음을 알 수 있다. 더욱이 실내 공간에 벽화를 그리는 전통이 드물었던 조선시대의 궁궐건축에서 근대기를 거쳐 이처럼 새로운 소재인 송학도나 산수화를 장식하는 일은 변화된 양상을 보여 주는 것이다.

도25-1 《노안도》 가나이 덴로쿠金井天祿, 1917년경, 비단에 수묵담채, 125.6×214cm, 국립고궁박물관 소장.

　　우리나라의 궁궐은 비교적 간소하고 깨끗한 공간으로서, 항구적인 벽화보다는 이동이 쉽고 가변적인 병풍이나 족자를 이용하는 전통을 지니고 있었다. 그러나 대한제국기에는 궁궐을 장식하는 사업의 하나로 많은 회화 작품들이 제작되었고 외국에서 가구, 공예품들이 수입되기도 했다. 조선의 궁궐은 서구와 동양, 근대와 전통이 공존하는 복합적인 공간으로 변화되었다. 구한말 우리나라를 방문했던 외국인이 우리나라의 궁궐 내부를 묘사한 예를 보면 화려함보다 소박하고 정갈한 분위기를 선호했음을 알 수 있다.

宮中繪畫

4 창덕궁의 벽화

창덕궁의 재건 　　　　창덕궁은 1405년 조선왕조 초기에 지어진 궁궐로 경복궁 동쪽에 위치해 있으며, 인접해 있는 창경궁과 함께 동궐東闕로 불렸다. 조선시대에 예종과 연산군을 비롯해서 효종, 현종, 숙종, 영조, 순조, 철종, 고종 등 여러 왕들의 즉위식이 창덕궁에서 거행되었고, 마지막 왕인 순종이 승하한 역사적인 장소이다. 임진왜란 때 경복궁과 함께 소실된 후 광해군 때인 1610년에 중건되었다가 다시 인조반정(1623)과 순조 때 (1833), 그리고 일제강점기인 1917년에 거듭 화재가 일어나 소실되었다가 재건되었다. 창덕궁의 후원은 '비원'秘苑이라고도 불리고 우리나라에서 가장 아름다운 정원으로 꼽히며, 1997년에 유네스코 지정 세계문화유산에 등재되었다. 현재는 일제 때 불리던 비원이라는 명칭 대신 후원이라는 말이 더 널리 사용되고 있다.

창덕궁은 1917년 11월 원인 모를 화재로 왕의 침전이었던 대조전大造殿을 비롯해서 희정당熙政堂, 경훈각景薰閣, 징광루澄光樓, 통명문通明門 등 열대여섯 채의 전각이 흔적도 없이 사라져 버렸다. 이미 1900년, 1901년, 1904년에 또 다른 궁궐인 덕수궁에서도 화재가 일어나 큰 손실이 있었던 뒤였으므로 더욱더 혼미하고 불안한 상황이었을 것이다.

무엇보다도 이러한 계속되는 화재로 인해 조선시대부터 전해져왔던 왕실의 중요한 어진 및 서화 수장품들이 소실되어 버렸음은 너무나 안타까운 일이었다. 쇠잔해져 가는 왕실의 위용이 안타까워서인지 창덕궁 화재 직후에 대한제국 황실은 궁궐의 재건사업을 즉각적으로 실시했지만 고종의 승하와 기미독립운동으로 인해 미뤄지다가 1920년에야 본격적인 재건사업이 이루어졌다. 그런데 이왕직李王職은 총독부總督府와 협의하여 창덕궁의 소실된 건물을 재건하기 위해서 공교롭게도 조선왕조의 정전正殿이었던 경복궁의 여러 전각에서 옛 목재를 가져오기로 했다. 이러한 황당한 계획으로 인해 창덕궁의 화재가 경복궁을 없애고자 했던 일본의 계산에 의해 일어난 실화失火라고 알려지게 되었다. 이때 헐린 경복궁의 전각은 교태전, 강녕전, 경성전, 흠경각, 함원전, 만경전 등이었다.

창덕궁의 재건사업에는 소실된 궁중의 많은 서화, 특히 궁중을 장식했던 회화작품을 다시 제작하는 일도 포함되어 있었다. 현재 국립고궁박물관에 소장되어 있는 작품들 중에는 국왕에게 헌상한 여러 점의 회화가 남아 있는데 1917년 12월부터 1920년까지 제작된 것들이 대부분이다.[13] 그중에서 가장 주목할 만한 사업이 1920년에 있었던 창덕궁의 벽화 제작이다. 이 벽화 제작은 1917년에 있었던 창덕궁의 대화재 이후 대조전과 희정당, 경훈각을 재건하는 사업의 일환으로 이루어졌다.

또한 창덕궁의 벽화 제작은 본래 일본 화가들에게 맡겨지게 되어 있었으나 순종의 반대로 결국 한국 화가들에게 맡겨졌다. 이 기념비적인 사업은 안중식安中植과 조석진趙錫晉이 타계한 이후에 화단의 중심을 이루고 있던 김규진金圭鎭과 김응원金應元이 그 책임을 맡았다. 김규진과 김응원이 모두 당시 화단을 양분하는 서화연구회書畵研究會와 서화미술회書畵美術會의 대표들임을 고려한 것이다. 서화미술회는 이해 여름에 정식으로 해산되어 사실상 유명무실한 기관이 되었지만 창덕궁의 지원을 받아 왔던 미술 교육기관으로 화단에서 차지하는 위치는 여전히 유효했던 듯하다. 벽화 제작을 실제로 담당했던 화가는 서화연구회의 김규진, 서화미술회의 신진 화가들인 김은호金殷鎬, 이상범李象範, 오일영吳一英, 이용우李用雨, 노수현盧壽鉉이었다.

당대 최고의 화가를 결집시키다

창덕궁 벽화는 1920년에 중건된 희정당, 대조전, 경훈각 세 건물에 그려졌다. 이 건물들은 조선의 전통적인 건축양식을 따르면서도 서양식을 참조한 것으로 실은 화재 이전의 모습과는 달리 심하게 변형되어 재건되었다.^{도26, 26-2} 희정당 뒤에 대조전이 있고, 그 뒤에 경훈각이 지어졌는데 이 세 건물들은 서로 연결되도록 했고, 희정당 앞에는 신관을 지어 현관 바로 앞까지 자동차를 타고 내릴 수 있도록 했다.^{도26-1}

한국은 1910년부터 일본에 의한 식민 통치기에 들어가 국가 정책에서 일본의 통제를 받고 있었으며 창덕궁 벽화 작업에서도 본래

도26, 26-1, 26-2 창덕궁 희정당 내부와 전경

제3부 궁궐을 장식한 벽화

한국 화가들은 제외되어 있었고 일본 화가들에게 맡겨지게 되어 있었다. 하지만 순종은 이 이국적이고 변형된 새 궁궐에 벽화마저 일본화로 장식하고 싶지는 않았던 듯하다. 그는 조선왕조의 영화가 깃든 이곳에 일본 화가들의 작품이 걸리는 것을 원치 않았기 때문에 벽화 작업을 한국 화가들에게 맡길 것을 적극 주장했다고 한다. 고종과 순종은 이외에도 황실과 관련된 일에 화가들을 동원할 때는 반드시 자신이 아끼는 한국 화가들에게 맡겼으며, 일본 관료들에 의해 어쩔 수 없이 일본인 화가들에게 맡겨야 할 때는 매우 의례적으로만 대하며 차별했다. 1912년에 처음으로 어진을 그렸던 김은호는 고종이 자신에게는 직접 모습을 보여 주었지만, 같은 시기에 일본 화가에게는 한 번도 모습을 보여 주지 않았던 사실을 회고록에 쓴 바 있다.[14]

창덕궁 벽화는 희정당에 2점, 대조전에 2점 그리고 경훈각에 2점 등 총 6점이 제작되었다. 순종의 명에 의해 당시 화단의 중진이었던 김규진, 김응원이 벽화 제작을 의뢰받았다. 이들에게 황실은 처음부터 3,000원이 넘는 넉넉한 그림값을 주었는데, 당시 서울 중상층이 사는 집이 300원 전후였으므로 이 그림값이 얼마나 파격적이었는지 알 수 있다. 서화연구회를 거의 홀로 이끌어 왔던 김규진은 영친왕의 서예선생으로 일찍이 황실과 인맥을 쌓아 왔던 터라 창덕궁에서 가장 넓은 벽면인 희정당 벽면에 〈총석정절경도〉叢石亭絶景圖와 〈금강산만물초승경도〉金剛山萬物肖勝景圖 두 작품을 그리게 되었다.도27, 28

한편, 김응원이 총무로 있었던 서화미술회 쪽은 처음에 강필주姜弼周, 김은호金殷鎬, 고희동高羲東, 이상범李象範, 노수현盧壽鉉, 오일영吳一英, 이용우李用雨가 벽화를 그리는 작업에 참여했었으나 실제로 그림을 그렸던 화가는 김은호, 이상범, 노수현, 오일영, 이용우였다. 이들은 모두 같은 스승인 안중식과 조석진 밑에서 그림을 배웠던 동문들로 서로를 잘 알고 있었고, 김응원과 강필주는 이들에

도27 〈총석정절경도〉 김규진, 1920년, 비단에 채색, 195×880cm, 희정당 동쪽 벽.

〈금강산만물초승경도〉 김규진, 1920년, 비단에 채색, 195×880cm, 희정당 서쪽 벽.

게 서예 및 사군자를 가르쳤던 스승이었다. 고희동은 이들과 함께 수학한 적이 있고 친분이 있긴 했지만 일본의 도쿄미술학교 서양화 과를 졸업한 유화가였기 때문에 참여하지 않았던 듯하다. 따라서 서화미술회 쪽은 전적으로 신진 화가들이 주축이 되어 벽화 작업에 참여했던 것을 알 수 있다. 그림을 가르쳤던 안중식과 조석진이 모두 타계한 뒤여서 이들이 차지하는 화단에서의 비중은 더 중요했다고 할 수 있다. 이들은 이미 창덕궁의 화재로 소실된 궁궐 내의 서화작품을 다시 제작하는 일에 참여했었고, 현재 국립고궁박물관에 소장되어 있는 이들의 작품들은 1917년에서 1920년 사이에 제작된 것들로 모두 비슷한 크기의 비단에 그려진 헌상용 그림들이다. 이들은 이미 대한제국 황실과 관계가 깊었던 화가들로 대부분 창덕궁 벽화 작업에도 함께 참여했음을 알 수 있다.

이들이 벽화를 그리는 과정은 당시 신문지상에 상세히 소개되었을 만큼 대중적인 관심도 불러일으켰다. 황실에서는 이 역사적인 사업을 위해 서화연구회에 1,350원을 주었고, 서화미술회에는 1,673원을 지급했다. 이 이례적인 사업은 화가들의 창작의욕을 북돋았지만 윤필료의 분배를 둘러싸고 불미스러운 소문이 돌아 화가들의 명예를 실추시키는 일도 벌어졌다. 김규진은 윤필료를 혼자 독점했다는 말을 들었고, 그림에 직접 참여하지 않았던 김응원은 서화미술회에 주어진 윤필료를 줄여 500원이라 하고 시전의 소위 환쟁이패들에게 그림을 맡기려 했다는 추문이 폭로되기에 이르렀다. 이 과정에서 강필주와 김은호의 적극적인 반발이 있었던 것을 보면 이 시기에 서화미술회는 내부적으로 분규가 있었고 사실상 폐회가 된 상태였기 때문에 이들의 구심점은 오히려 김은호를 중심으로 한 서화미술회의 동문들이라는 해석이 더 적절한 듯하다.

그러나 서화연구회와는 여전히 경쟁관계에 있었던 듯, 서화미술회가 폐회될 때 기본금을 서화연구회에서 가져가려고 한다는 소문이 돌아 진상 규명에 나서기도 했다. 또한 서화미술회 회원들은

1918년에 결성된 서화협회를 중심으로 결집되어 있어서 김규진이 이끄는 서화연구회와는 다른 화맥을 형성하고 있었다.

1912년에 처음 미술회에 입학했던 김은호는 운 좋게도 순종의 초상화를 그리는 영광을 얻으며 일찍이 황실과 인연을 맺었다. 다른 화가들 역시 가장 어린 화가의 경우가 불과 18살이었고, 나머지는 20대였지만 이미 궁중에서 열리는 연회에 참여했거나 궁중의 장식용 그림을 그리는 등 화단에서의 입지가 분명했다. 창덕궁의 벽화 제작은 당대 최고의 화가들을 결집시킨 사업이었다고 할 수 있다.

창덕궁 벽화의 근대적 의의

민족의 정기를 보여 주다, 희정당 벽화

희정당은 왕이 평소에 집무를 보는 편전便殿으로 중앙에 대청이 있고 응접실과 목욕탕, 칸막이방, 골방 등을 마련했는데 내부를 서구식으로 꾸미고 안팎에 전기를 설치했다. 희정당 중앙 대청 동·서벽의 벽화는 해강海岡 김규진이 맡았다. 이곳은 전통건축에서 상인방上引枋에 해당하는 부분이다. 본래 우리나라는 이곳에 그림을 장식하는 일이 없었으나 서양식과 일본식 건축양식이 가미되어 새로운 공간을 마련한 것이다. 도24 참조

김규진은 동·서벽에 〈총석정절경도〉와 〈금강산만물초승경도〉를 그렸다. 순종의 어명을 받고 금강산을 여행하면서 그린 밑그림을 바탕으로 한 이 두 실경산수화는 김규진 생애 최고의 회심작이라 해도 과언이 아닐 것이다. 일생 동안 주로 서예가로서, 수묵산수화 또는 사군자류의 그림을 그려 왔던 김규진에게는 매우 예외적인 작품이기도 하다.

고금서화관을 경영하며 서화연구회에서 후진을 양성하는 등 바쁜 생활을 해 왔던 김규진은 1920년 즈음 화업에 전념하기 위해 고금서화관을 정리했다. 윤영기尹永基(1833~?)가 설립한 서화미술회가 1920년에 공식적으로 폐회되었던 것과 달리 김규진의 개인 미술교육

기관이었던 서화연구회는 1930년까지도 활발하게 운영되고 있었다. 창덕궁 벽화를 맡을 당시에 그는 50세를 넘긴 나이였지만, 이미 영친왕의 서예선생을 지냈던 이력에 의해 황실과 맺은 인연이 여전히 유지되고 있었던 듯하다. 김규진은 전국에 전람회를 여는 등 묵죽 분야에서 확고한 입지를 다져 나갔으며, 서화미술회의 신진 화가들과는 달리 보다 보수적이고 전통적인 화풍을 선호했던 수요자들의 요구에 응하여 화단에서의 입지를 공고히 해 나가고 있던 때였다.

금강산은 한국의 영산靈山으로서 18세기부터 즐겨 그려져 왔으며, 19세기에는 민화로도 많이 그려졌다. 근대에 들어와서는 여행의 붐이 일어나면서 서양인들과 일본인들까지 가장 많이 찾는 산으로서 회화로도 많이 그려져 왔다. 바위산이 드문 일본의 지형 때문에 금강산의 암산은 특히 일본 화가들에게 매력적인 소재였다. 벽화가 그려진 희정당은 국왕의 접견실로 사용되고 있었기 때문에 외국인들을 영접할 기회도 많았을 것이다. 이곳에 금강산을 그리도록 한 것은 순종의 취향이 반영되어 있었던 듯한데, 금강산이 상징하는 민족적 정기를 보여 주고 싶었던 듯하다.

총석정과 만물상은 비단에 청록산수 기법으로 그려졌는데 이 그림을 그리는 전후 시기에 김규진은 대부분 묵죽화를 그렸던 점을 감안하면 그가 이 그림에 쏟은 열정과 노고가 대단했음을 미루어 짐작할 수 있다. 무엇보다 김규진이 산수화를 많이 그리지는 않았지만 역량은 뛰어났음을 보여 주는 것이기도 하다.

배를 타고 바다에서 총석정을 바라본 광경은 가로 880센티미터의 대 화면에 실제보다 더 장황하게 그려졌는데, 배경에 금강산의 절경을 대비시켜 파노라믹하게 그린 것이 흥미롭다. 배경의 산은 청록과 담묵으로 원근을 표현했고 흰 구름을 더해 단조로움을 피했다. 수직으로 솟아오른 총석정의 절경이 잔잔한 바다와 옅은 원산을 배경으로 여백을 담고 그려진 것과 달리, 〈금강산만물초승경도〉

도29, 29-1 창덕궁 대조전 전경과
내부

는 부감俯瞰 시점으로 운무에 싸인 금강산의 절경을 화려한 가을 단
풍과 함께 신비롭고 웅장하게 표현했다.

제국의 영광을 꿈꾸다, 대조전과 경훈각 벽화

희정당에 이어 순종과 순종비의 침전인 대조전에는 희정당과 같
은 위치에 〈봉황도〉鳳凰圖와 〈백학도〉白鶴圖가 장식되었다. 도29, 29-1 이
벽화는 서화미술회의 신진 화가들인 이용우, 오일영, 김은호가 맡
았는데 모두 장생불사와 왕·왕비를 상징하는 봉황과 학, 해와 달을
서로 대비시켜 그렸다. 벽화의 주제가 건물의 용도에 맞게 정해졌
음을 알 수 있다. 이 세 화가는 화조화에 능했던 화가였으므로 모
두 자신의 특기인 주제를 택한 것이라 생각된다.

동쪽 벽면의 〈봉황도〉는 30대 초반의 오일영과 10대 후반의 이
용우가 합작한 작품으로 왕과 왕비를 뜻하는 '봉황' 다섯 쌍을 구
름, 해, 폭포, 바위, 오동나무, 대나무, 모란 등과 함께 화려하면서
도 섬세하게 그렸다. 도30 왼쪽의 망망한 바다 위 서운이 흐르는 하늘
에는 붉은 해가 떠 있는데 이는 서벽에 장식된 〈백학도〉의 송학과
달이 있는 풍경과 한 쌍으로 제작된 듯 구도나 기법 면에서도 유사
하다. 특히 봉황의 섬세하고 화려한 자태는 한국회화에서 보기 어

311

도30 〈봉황도〉 오일영·이용우, 1920년, 비단에 채색, 197×579cm, 대조전 동쪽.

도31 〈백학도〉 김은호, 1920년, 비단에 채색, 197×579cm, 대조전 서쪽.

도30-1 〈봉황도〉(부분)

도34 〈도원행〉 이상범, 1922년, 10첩 병풍, 비단에 채색, 159×407cm, 개인 소장.

려운 것으로 오일영이 그렸을 가능성이 크다.

〈백학도〉는 전형적인 궁중 장식화의 전통 화법과 주제에 충실한 대작으로 20대 후반의 김은호가 그린 것이다.도31 〈봉황도〉와 반대로 오른편에 날카로운 바위섬이 떠 있는 바다를 배치하고 왼편에 소나무 언덕과 계류를 배경으로 16마리의 백학이 날아드는 장면을 그렸다. 화면 곳곳에는 대나무, 불로초, 모란 등을 장식하여 아름다운 선경을 보여 주고 있다. 봉황과 학이라는 장생불사의 신비함과 해와 달이 상징하는 왕과 왕비 그리고 음양의 조화는 구도, 필선, 채색 등에서 두 작품에 쏟은 세 화가의 빈틈없는 기량을 보여 준다.

기념비적인 대작에서 놓칠 수 있는 백학의 다양한 자태와 움직임의
표현도 뛰어나다. 이미 어진화가로 화단의 주목을 끌었던 김은호는
이때 기미독립운동에 참여하여 옥고를 치른 후 병석에 있다가 겨우
회복한 뒤였다. 다른 화가들은 그가 어진을 그렸을 때 사용한 적이
있었던 준명당에서 벽화를 제작했지만 김은호는 요양 차 머물던 취
운정翠雲亭에서 그렸다고 한다.[15] 김은호는 윤녁영이 자신에게 벽화
제작을 일임하려 했으나 창덕궁에서 5명의 동료 화가들에게 맡긴
것이라 회고한 바 있다.[16]

  경훈각의 동·서벽 위에 있는 〈조일선관도〉朝日仙觀圖[도32]와 〈삼선

도32 〈조일선관도〉 노수현, 1920년, 비단에 채색, 184×526cm, 경훈각 동쪽.

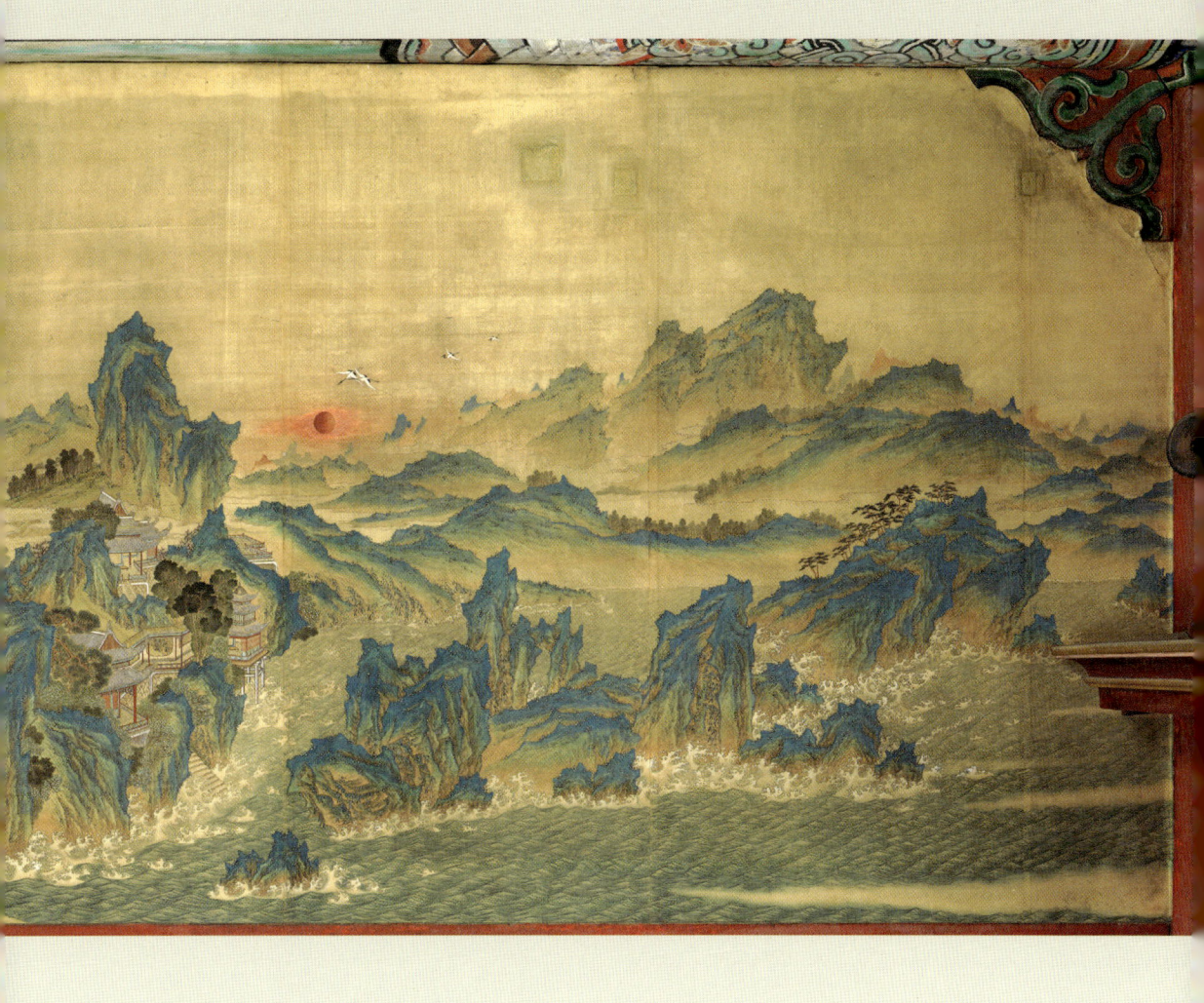

도33 〈삼선관파도〉 이상범, 1920년, 비단에 채색, 184×526cm, 경훈각 서쪽.

도32-1 〈조일선관도〉(부분)

도33-1 〈삼선관파도〉(부분)

관파도〉三仙觀波圖^{도33}는 중국의 전설을 그림으로 조형한 산수인물화이다. 〈조일선관도〉는 대담하면서도 세밀하게 그려진 청록산수로 20대 초의 노수현이 그린 작품이다. 남종산수화의 온화하고 간결한 화풍을 즐겨 그렸던 노수현은 20대에 그린 조선미전 입선작이나 〈신록도〉(고려대학교박물관 소장), 신문기자 시절의 만화 등을 보면, 다른 화가들에게서 보기 어려운 과감한 시도를 보여 주어서 흥미롭다. 그에 비해 〈조일선관도〉는 청록산수 기법의 고전적인 작품으로서 스승인 안중식과 조석진의 산수화풍을 엿볼 수 있는 작품이다. 오른쪽에 바다가 있고 그 위로 학 네 마리가 날고 있으며 학과 산 사이의 공간에는 붉은 해가 솟아 있다. 암산과 골짜기의 기이한 형태, 청록색의 농담 변화, 짙은 색의 소나무 등이 어우러져 장식적인 화려함을 갖는다. 암산 사이로 보이는 집들과 파도의 표현은 형식적인 면을 보인다.

〈조일선관도〉와 짝을 이루는 〈삼선관파도〉도 맑은 녹색조가 압도적으로 쓰인 청록산수로, 20대 초반의 이상범이 그렸다. 이 작품은 오른쪽에 있는 세 신선이 왼쪽의 바다를 보면서 서로 나이 자랑하는 이야기를 주제로 한 것으로, 오원 장승업의 〈삼인문년도〉三人門年圖(간송미술관 소장)와 비슷한 내용의 그림이다. 〈조일선관도〉와 〈삼선관파도〉는 뾰족한 각을 이루며 중첩된 암산과 수목, 여기저기 흩뿌려진 태점苔點 등의 묘사뿐만 아니라 구도에서 유사성을 보이는데 이는 스승인 심전 안중식 화풍의 영향이 이들의 초기 작품에 강하게 작용하고 있기 때문으로 생각된다. 〈조일선관도〉의 청록산수 표현에 비하면 〈삼선관파도〉에서는 흰색 호분을 전경의 산에 전체적으로 칠해서 시간적으로는 저녁 무렵을 그린 것으로 보인다. 원경의 산은 약간 붉은 색으로 변하고 있어 〈조일선관도〉의 아침 경치와 대비시키고자 한 것이 아닐까 생각된다.

이상범은 1914년부터 1918년까지 서화미술회에서 화과와 서과를 모두 졸업했으며 이후에는 동기생이었던 노수현과 함께 안중식의 경묵당耕墨堂 화실에서 별도의 지도를 받았다. 일생 동안 수묵담채의 실경산수화를 그려 온 이상범에게 있어 이 〈삼선관파도〉는 매우 예외적인 작품이다. 그런데 〈삼선관파도〉 속의 소나무는 〈조일선관도〉의 소나무와 거의 동일한 기법으로 그려진 것을 볼 수 있다. 이 두 작품의 양식적 유사성은 소나무의 배치, 뿌리와 둥치의 채색 기법, 솔잎과 가지의 묘사 등에서 거의 한 작가의 작품이라 해도 지나치지 않을 정도이다. 특히 이상범의 1922년작 《도원행》桃源行에 보이는 소나무 표현과 비교해 보면 유사성을 확인할 수 있다.도34 서화미술회와 경묵당 화실을 거치며 오랫동안 함께 공부했던 이상범과 노수현은 이 기념비적인 작업을 적절히 분담하며 함께 그렸을 가능성이 크다.

1920년대 초 한국화단은 사의적 수묵산수화풍으로부터 근대적 실경산수화(풍경화)로 변화하는 전환기를 맞이하고 있었다. 인물화나 화조영모화 분야도 큰 변화를 겪었는데, 대상의 사실적 묘사와 장식적 특징이 두드러지게 나타났다. 유럽과 일본의 외래 양식을 가미한 새로운 공간에 장식된 창덕궁의 벽화는 때로 일본화풍의 영향이라고 분석하는 경우가 있는데, 이는 동시기 일본화 또는 장벽화 형태로 그려진 그림들과 비교해 볼 때 지나친 감이 없지 않다. 1920년에 창덕궁의 희정당, 대조전, 경훈각에 각각 2폭씩 걸린 벽화는 대한제국 황실이 주도한 대표적인 미술사업으로 중진 화가였던 김규진 외에 신진 화가였던 김은호, 노수현, 이상범, 오일영, 이용우 등이 모두 한국 근대화단의 대표적인 화가로 발돋움할 수 있는 결정적인 계기가 되었다.

궁중회화의 특징은 벽화라는 한정된 장르를 통해서 보아도, 화려한 채색과 도상적 의미가 조화된 장식성을 보여 준다. 오봉병이나 장지화 등은 건축의 일부를 이루며 회화적 창의성보다는 양식화된 특징을 보여 주었지만, 창덕궁 벽화에 이르러 근대적 채색화로 꽃피었다고 할 수 있다.

5 궁궐의 장식벽화에서 공공벽화로

창덕궁의 벽화 제작 이후에 가장 두드러진 것은 조선총독부 건물에 벽화를 그리는 일이었다. 일본은 조선왕조의 법궁이었던 경복궁을 훼손시키고 건립한 총독부의 전체 조각을 일본인 조각가 데라하타 스케노조寺畑助之丞(1892~1970)에게 맡겼다. 그는 도쿄미술학교를 졸업한 후(1918년), 1920년에 조선총독부 기사가 되어 내한한 인물로, 조선 미전에 심사위원으로 참여하기도 했다. 그와 함께 양화가인 와다 산조和田三造(1883~1967)가 1922년 총독부 건물의 중앙홀 벽화를 맡게 된 것은 여러모로 시사하는 바가 크다.

와다는 도쿄미술학교 서양화과를 졸업하고 초기 문부성 미술전람회에서 활동했던 서양화가로 1909년에 문부성 장학생으로 프랑스를 중심으로 유럽 각국을 유람하면서 공예 도안을 공부한 뒤에 귀국했다. 그가 이 벽화 제작을 맡게 된 것은 총독부 관료와의 관계도 있었지만 공예 도안적인 회화에 관심을 가졌던 그의 취향도 반영되어 있었던 듯하다.

이국적으로 변형된 공간에 장식된 창덕궁 벽화가 한국의 문화예술적 전통을 바탕으로 제작되었다면, 총독부 벽화는 공공건물로서 더욱이 내선일체內鮮一體의 식민정책을 반영한 것이었다. 메이지明治

시대 초부터 새로운 국가의 건립을 대외적으로 드러내기 위해 일본은 적극적으로 건축물을 짓기 시작했고, 그 내부에는 반드시 화가들을 동원하여 벽화 사업을 추진했다. 이것은 화가들을 위한 후원 정책을 의미하며 동시에 공공사업이기도 했다. 일본의 경우 신궁전의 조영은 외국인 건축가가 주도했다 해도, 내부를 장식하는 일에는 일본 화가들을 동원시켰다. 메이지 초의 신궁전 조영 사업을 주도했던 이토 히로부미伊藤博文(1841~1909)는 특히 한국의 초대 통감으로 부임했던 시절부터 미술을 식민지 지배체제를 공고히 하는 과정에 적극적으로 활용한 대표적인 인물이었다.[17] 일제강점기를 대표하는 미술정책이 실은 그의 짧은 통감 재임 기간에 대부분 구상되었음이 박람회나 박물관, 미술교육 제도의 도입 과정에서 드러난다. 식민 통치를 위한 고도의 문화정책, 회유책을 보여 주는 예일 것이다. 일본은 자국의 식산흥업殖産興業과 문명개화文明開化를 위해 국가가 적극적으로 미술활동을 장려했으며, 이를 위해서 미술인을 육성하고 후원하는 등 실질적인 노력을 기울였다. 이들이 서화미술회를 후원하고 문화정치의 일환으로 1922년 조선미술전람회朝鮮美術展覽會를 개최하는 등 미술문화 정책을 실시한 배경이 여기에 있었다.

와다가 선택했던 주제는 〈우의〉羽衣(하고로모)와 〈선녀와 나무꾼〉이었다. 〈우의〉는 우리나라의 전래동화인 선녀와 나무꾼의 일본판이라 할 내용인데, 중국에도 이와 비슷한 이야기가 전해질 정도로 동아시아에 공통적으로 알려져 있다. 즉 선녀가 지상에 내려와 목욕을 하고 있는 모습에 반한 남자가 그녀의 깃털 옷을 훔쳐 결국

도35 〈우의〉羽衣 와다 산조和田三造, 총독부 건물의 남쪽과 북쪽 벽화, 1926년, 캔버스에 종이를 덧붙인 바탕에 유채, 중앙: 457×449cm, 좌우:414×395cm, 국립중앙박물관 소장.

도36 〈우의〉가 그려진 총독부 건물 북쪽 벽

329

아내로 맞이하고 아이를 낳게 된다는 이야기로, 결말은 몇 가지가 지역마다 다르게 전해지고 있다. 주제 선정과 관련해서 총독부는 '친연성'을 강조할 수 있고, 한일 양국의 '동조론'同祖論을 구체적으로 보여 줄 수 있는 것으로 정했던 것이다.[18] 총독부 건물의 북쪽 면에는 금강산을 배경으로 한 〈선녀와 나무꾼〉을, 남쪽 면에는 일본의 하고로모羽衣 설화를 아치형 공간에 각각 3폭씩 그렸다.[도36] 원래는 서양화를 그렸지만 벽화를 의뢰 받을 즈음에는 일본화를 본격적으로 그리기 시작했기 때문에, 캔버스에 종이를 붙이고 그 위에 유화로 그리는 실험적 방법을 사용했다. 이 벽화의 밑그림은 효고 현립미술관兵庫縣立美術館에 소장되어 있다. 와다는 같은 해에 일본의 수상 관저에도 벽화(제목은 성城이었음)를 제작했는데 일본에서는 건물 내부에 벽화를 장식하는 일이 다반사였기 때문에 이러한 전통이 우리나라에도 전해진 것이라 생각된다.

일본에서는 1910년대부터 1940년대까지 공공건물에 여러 점의 벽화들을 제작하였는데, 대개 도쿄미술학교 관련 서양화가들이 맡았다. 구로다 세이키黑田淸輝, 오카다 사부로스케岡田三郞助, 와다 에이사쿠和田英作, 아오야마 쿠마지青山熊治 등이 유명한데 와다 산조의 〈우의〉와 비슷한 양식의 서양 뮤즈들이 등장한다. 와다의 벽화는 공공건물에 장식된 공공벽화로 완성되어 1996년까지 옛 총독부 건물(구舊 국립중앙박물관)에 있었지만 총독부의 철거 사업에 따라 철거되어 현재 국립중앙박물관에 소장되어 있다.

궁중 장식화는 궁궐의 안팎을 꾸미는 기능을 했지만, 결코 궁궐의 높은 담장 안에만 머물지 않았다. 여러 경로를 통해 궁 밖으로도 전해졌고, 민간 그림에도 영향을 주었다. 이는 궁중회화의 산실인 궁궐이 폐쇄적인 공간이 아니라 민간으로의 소통과 개방성이 함께 공존한 곳임을 알려 준다. 조선 말기에 궁중회화의 대중화가 진전된 이유는 18세기 후반부터 부를 축적한 상인과 부농富農을 비롯한 신흥 부유층이 있었기 때문이다. 이들의 사회적 진출과 경제적 여유는 장식화의 수요를 높였고, 그림 시장의 활성화에 보탬이 되었다. 궁중양식 장식화의 대중화가 이루어지는 중심에 바로 이들의 존재와 수요가 있었다.

조선 말기 궁중양식 장식화의 유통과 확산

1 궁중양식 장식화의 대중화

궁중회화는 궁궐 안에서 생산된 다양한 그림을 말한다. 국가 행사의 기록, 왕실의 권위와 취향을 담은 그림, 그리고 실용과 장식을 위한 용도로 그려졌다. 특히 궁궐의 내부를 꾸민 장식화는 왕실의 위엄과 궁궐의 품위를 가장 잘 시각화한 그림으로서의 위상을 지닌다. 상징성을 담은 화려한 장식미와 장엄한 조형세계의 연출이 궁중 장식화의 가장 큰 매력일 것이다. 아울러 궁중회화는 화원화가들이 추구한 기량의 세계와 뛰어난 예술적 감각이 발휘된 회화 예술의 정점을 아우른다.

이 글에서는 조선 말기 궁중양식의 장식화가 궁중에서 민간으로 저변을 확대해 간 현상을 살펴보기로 한다.[1] 궁중 장식화는 궁궐의 안팎을 꾸미는 기능을 했지만, 결코 궁궐의 높은 담장 안에만 머물지 않았다. 여러 경로를 통해 궁 밖으로 전해졌고, 민간 그림에도 영향을 주었다. 이는 궁중회화의 산실인 궁궐이 폐쇄적인 공간이 아니라 민간으로의 소통과 개방성이 함께 공존한 곳임을 알려 준다.

민간으로 전래된 궁중 장식화는 한동안 '민화'民畵에 포함되거나 '궁중 민화'로 소개되었다. 궁중 장식화의 저변화를 통해 생산된 그림의 편차를 고려하지 않은 일방적인 분류 개념이 낳은 결과이다.

그러나 1990년대 중반부터 궁중회화에 대한 연구가 진행되면서 '궁중 장식화'를 '민화'와 구분해야 한다는 당위성이 적극 거론되었다.[2] 이후 민화로 분류되어 온 궁중양식의 그림들이 점차 새로운 조명을 받는 계기가 되었다. 민화의 주제가 모두 서민층에서 나온 것이 아니라 궁중회화로부터 영향을 받았음은 이미 알려진 바와 같다.

궁중양식의 장식화가 민간에 전래된 사실은 여러 기록에 나온다. 대표적인 예가 19세기 전반기 서울의 풍물을 노래한 가사「한양가」(1848)이다. 청계천 광통교의 교각에 그림을 걸어두고 구매자의 손길을 기다리던 장면이 여기에 가사로 묘사되었다. 그림이 거래의 대상이 된 흥미로운 시전市廛 풍경에 대한 기록이다. 이는 궁중회화의 대중적 확산이 유통을 통해 저변화되었음을 알려 주는 단서이다. 특히 궁중의 도처에 은밀히 놓여 있던 장식화풍의 그림이 민간의 시전에서 유통된 점은 궁중회화의 전개에 있어 새로운 변화상을 예고한다.

그렇다면 궁중 장식화의 궁중양식이란 어떤 특징을 말하는 것일까? 한마디로 정의하기 어렵지만, 우선 궁중양식의 조형적 특징과 그것이 지닌 공통분모를 이야기할 수 있다. 주제에 따라 다르지만 화려하고 강렬한 채색, 평면적이고 대칭적인 구성, 치밀하고 섬세한 묘사, 명암법과 투시의 표현 등을 언급할 수 있다. 민간 그림에서는 접할 수 없는 조형세계이지만, 민간 그림과 비교할 궁중양식의 기준이 된다는 점에서 더없이 중요한 의미를 지닌다.

궁중에서 제작한 대표적인 장식화로는 일월오봉도日月五峯圖, 모란도(牧丹圖), 십장생도十長生圖, 곽분양행락도郭汾陽行樂圖, 요지연도瑤池宴圖, 백동자도百童子圖, 책가도冊架圖 등이 알려져 있다.[3] 장식성이 뛰어나며 왕실의 안위와 번영, 부귀와 장수 등 길상의 의미를 담은 주제이다. 이들 궁중양식의 장식화 가운데 일부는 오랜 전통을 지닌 경우도 있고, 조선 후기와 말기에 정립된 사례도 있다. 이러한 궁중화풍의 장식화는 18세기 후반부터 점차 민간으로 확산되었다.

궁 밖으로 전해진 궁중양식은 신흥 부유층의 구매와 수요에 의해 높은 화격을 유지한 그림으로 전래되었다. 반면 서민층으로 확산된 궁중양식은 점차 소박한 화풍으로 변용되면서 민간회화의 특징을 잘 드러낸 양식으로 정착되기도 하였다.

이러한 궁중 장식화 가운데 먼저 언급할 것이 국왕과 왕실의 권위를 상징하는 '일월오봉도'와 '모란도'이다. 주로 궁중의 의전儀典과 의례가 이루어지는 공간에 놓인 그림들이다. 전자가 왕의 절대적 권위를 시각화한 것이라면, 후자는 왕실 의례의 엄숙성을 상징하는 그림으로 그려졌다. 축연祝宴을 기념한 그림으로는 십장생도, 곽분양행락도, 요지연도, 백동자도 등이 있다. 무병장수와 부귀영화, 그리고 자손의 번창을 기원하는 주제이다. 화원들의 공력이 담긴 묘사와 화려한 채색에 의한 장식성이 돋보이는 그림이다. 또한 문인 취향의 그림으로 책가도가 있다. 서가와 서책, 고동기古銅器가 지닌 고풍古風의 장식성은 지식인층뿐만 아니라, 학문을 통해 성공과 출세를 염원한 여러 계층에서 유행하였다.

화원화가가 궁중의 장식화를 그려 민간에 유통시킨 경우는 궁중양식이 민간으로 전해지는 한 경로가 된다. 예컨대 고위 관료들이 행사를 기념하여 만든 계병稧屛이 한 예이다. 도화서 소속의 일급 화원들이 주로 맡아서 그린 계병은 여러 점을 그려 나누어 가졌기에 이 과정에서 자연스럽게 궁중양식이 민간으로 전파될 수 있었다. 민간 화가들의 그림은 궁중양식에 비해 화격이 현저히 떨어진다. 대신 저렴한 가격에 거래됨으로써 중인이나 서민층의 수요를 채울 수 있었다. 궁중회화의 대중화를 이룬 저변에는 화가의 기량 차이만큼이나 다양한 그림들이 존재하였다.

조선 말기에 궁중회화의 대중화가 진전된 이유는 18세기 후반기부터 부를 축적한 상인과 부농富農을 비롯한 신흥 부유층이 있었기 때문이다. 이들의 사회적 진출과 경제적 여유는 장식화의 수요를 높였고, 그림 시장의 활성화에 큰 보탬이 되었다. 궁중 장식화의 대중화가 이루어지는 중심에 바로 이들의 존재와 수요가 있었다. 궁중양식 장식화의 대중적 수요와 공급 사이에는 유통이라는 과정이 매개가 되어 이를 활성화하고 촉진하였다. 이상과 같이 조선 말기 궁중양식 장식화의 대중화 과정을 재구성하고 궁중과 민간 그림의 경계를 환기시키는 작업은 궁중회화에 대한 이해와 지평을 넓혀나가는 계기가 될 것이다.

宮中繪畫

2 구한말 그림의 유통 공간

18세기 후반기에 그림을 판매하는 유통 공간이 서울의 시전市廛에 들어섰다. 서화의 매매가 시전에서 거래를 통해 이루어진 것은 그림의 수요와 공급이 활발히 이루어진 시장이 형성되었음을 예고한다. 특히 그림을 팔았던 대표적인 시전의 현장으로 꼽는 곳이 광통교廣通橋 인근이다. 광교 사거리의 북동쪽에 위치한 광통교는 남대문로와 종로를 연결하며 숭례문을 통해 출입하는 사람의 통행량이 가장 많았던 곳이다.⁴ 도1 특히 이곳은 조선 후기에 주요 상업 공간이자 근대적인 서화의 유통 공간으로 자리 잡았다. 광통교 인근의 시전에 그림을 매개로 한 유통 공간이 형성된 경위와 배경에 대해 알아보기로 한다.

그림의 매매와
유통의 공간, 광통교

광통교 인근에서 그림의 매매가 이루어진 사실은 이미 알려진 여러 문헌에 나온다. 18세기 후반기에 활동한 강이천姜彝天(1768~1801)의 「한경사」漢京詞가 가장 이른 시기의 기록이다. 여기에 실린 서울의 풍물을 읊은 106수의 시 중에는 광통교에 내걸린 그림을 묘사한 부분이 있다. "한낮 광통교 기둥에 울긋불긋 그림을 걸었으니, 여러 폭 긴 비

제4부 조선 말기 궁중양식 장식화의 유통과 확산

단 그림은 병풍을 만들었네, 근래 가장 많은 것은 도화서圖畵署 화원
의 솜씨인데, 인기 높은 속화俗畵는 산 듯이 묘하도다." 광통교의
기둥에 그림을 걸어두고 팔았던 초창기 그림 시장의 모습을 묘사한
대목이다. 화원의 그림이 많았다는 것은 매물로 나온 그림이 저급
한 수준이 아니었음을 말해 준다. 또한 화원들이 사적으로 그림을
그려서 팔았던 매화買畵가 널리 행해졌음을 시사한다.

　그중에 속화俗畵의 인기가 높았다는 점이 흥미롭다. 속화는 양반
의 입장에서 민간 그림을 폄하한 말이다. 생활 풍속화나 인물화로
추정되는 이 속화는 마치 살아있는 인물을 대하듯 묘하다고 표현했
다. 이 그림들은 도화서 화원들의 수준 높은 화격이 반영된 그림이
자 상류층의 고급 취향에 부합되는 그림으로 추정된다. 즉 18세기
후반기의 광통교에는 그림을 사고파는 시장이 형성되었으며, 화원
들의 기량이 발휘된 그림이 주로 팔리고 있던 상황이었다.

　둘째, 순조純祖 3년(1803) 차비대령화원差備待令畵員의 녹취재방에
출제된 '광통교 매화'廣通橋賣畵라는 화제이다.[5] 한 편의 화제에 불과
하지만, 그림의 유통 공간에 대한 관심을 말해 주는 단서이다. 순
조는 정조正祖 대에 확립된 차비대령화원 제도를 계승하고자 힘썼
다. 화원들을 직접 관리하기 위해 '녹취재'祿取才라는 별도의 시험도
운영했다. 연간 12회의 시험을 치렀는데, '광통교의 그림 파는 시

장'(廣通橋賣畵)이라는 화제는 순조가 출제하고 채점한 주제였다. 따라서 '광통교 매화'는 18세기 후반기부터 광통교 일대에 그림을 판매하는 공간이 자리 잡았음을 알려 준다. 국왕 순조가 관심을 갖고 출제한 화제인 '광통교 매화'는 광통교 인근에서만 볼 수 있던 풍경이었다.

셋째, 19세기 전반기의 가사 「한양가」(1848)에는 청계천 광통교의 남단에 있던 그림 가게에 대한 묘사가 나온다. 여기에는 궁중회화와 일반 사대부 취향의 그림이 함께 매물로 걸렸던 것으로 추정된다. 궁중회화와 관련된 내용을 옮기면 다음과 같다.

> 광통교 아래의 가게에 각색 그림 걸렸구나. 보기 좋은 병풍차屛風次에 백자도百子圖, 요지연瑤池宴과 곽분양행락도郭汾陽行樂圖며 강남 금릉金陵의 경직도耕織圖며 한가한 소상팔경瀟湘八景 산수도 기이하다.[6]

이 가운데 백동자도, 요지연도, 곽분양행락도는 궁중 장식화로 알려진 그림이다. 정교하고 화려한 색감의 궁중양식으로 그려진 예가 많다. 그 유래도 궁중으로부터 비롯된 것으로 전한다. 광통교에 이러한 그림들이 걸렸다는 것은 바로 궁중 장식화의 저변화가 진행되었음을 말해 준다. 특히 '병풍차屛風次라 한 것은 병풍용 그림이라는 뜻인데, 백동자도 등은 병풍 크기의 큰 화면에 그려진 채색화로 추정된다. 이 그림들은 꼼꼼한 세부 묘사와 화려한 색감을 구사하는 채색화법에 능숙한 화가가 그렸을 것이다. 「한양가」에는 백동자도 등 궁중양식의 장식화 외에 민간에서 선호한 화제도 실려 있다.

> 다락벽에 계견사호鷄犬獅虎 장지문에 어약용문魚躍龍門
> 해학海鶴·반도蟠桃, 십장생과 벽장문차 매죽난국梅竹蘭菊
> 횡축을 볼작시면 구운몽 성진性眞이가
> 팔선녀 희롱하여 투화성주投花成珠 하는 모양

　이 가운데 해학·반도, 십장생 그림은 궁중 장식화와 관련이 깊
다. 다만 앞뒤의 글이 '다락벽', '장지문', '벽장문' 등에 붙이는 그
림을 이야기하고 있으므로 윗글 속의 십장생도는 민간에서 그린 그
림으로 추측된다. 이외에도 「한양가」에는 재액을 쫓는 그림, 고사故
事, 세화歲畵 등의 화제가 함께 적혀 있다. 19세기 중반기에는 이전
보다 다양한 그림이 광통교 인근의 시전에서 거래되고 있었다.

　넷째, 19세기 후반기의 인문 지리서인 『동국여지비고』東國輿地備
攷(1864년 이후)에는 광통교의 시전市廛과 포사舖肆에 대한 간단한 기
록이 있다. 이곳의 그림 가게를 '포사'에 해당하는 서화사書畵肆라
하였다.[7] 이는 그림 가게가 책사冊肆나 약방처럼 점포의 형태였음을
말한다. 서화사의 위치는 '광통교 서남쪽의 청계천변'이며(在大廣通橋
西南川邊),[도2] 여기에서 다양한 서화가 거래된다고 하였다.[8] '광통교
인근'에 있다고 한 그림 가게는 광통교의 서편, 청계친 남단의 개천
변으로 구체적인 위치가 좁혀진다. 이곳의 '서화사'가 점포 상업의
발달과 더불어 '포사'로 자리 잡은 것은 당시 서화의 수요가 그만
큼 많았음을 의미한다.[9] 서화사는 종이류와 함께 서화를 판매하던

지전紙廛처럼 전문 매장의 형태였다.[10]

다섯째, 20세기 초기에도 광통교 일대에 세화와 민화가 거래되었다. 1902년부터 한 해 동안 이탈리아 총영사를 지낸 까를로 로제티Carlo Rossetti는 지전에서 기복적 의미의 영모화翎毛畵와 도석인물화道釋人物畵가 팔렸다는 글을 남겼다.[11] 또한 로제티에 의하면 종각鐘閣을 지나 동대문 방향으로 가면 용, 호랑이 그림 등을 파는 상인들을 만날 수 있었다고 한다.[12][도3] 광통교 외에 종로 쪽에도 그림을 판매하는 유통 공간이 자리 잡고 있었음을 알려 준다.

이상에서 광통교 인근의 시전에서 그림이 거래되었고, 이곳이 서화 유통의 중심이 된 사실을 알아보았다. 광통교에서 그림을 판매했다는 것은 18세기 후반의 기록이지만, 점포의 형태로 운영된 것은 19세기 중엽의 기록에서 확인된다. 그렇다면, 서울의 상업 일번지인 광통교 인근에 생필품이 아닌 그림 가게가 들어서는 일이 어떻게 가능하였을까?

태평방 도화서의 안과 밖

19세기 중엽의 서울 지도인 〈조선경성도〉朝鮮京城圖[도4]에는 종로의 중심가에 자리 잡은 점포의 업종들이 표시되어 있다. 광통교 쪽으로도 잡화점인 동상전東床廛, 종이와 베를 파는 지포紙布 등이 보인다. 지도에 기록되지 않았지만, 훨씬 더 많은 점포가 이 주변에 들어섰고, 점포 형태의 그림 가게도 광통교의 천변에 자리 잡았을 것이다. 그런데 다양한

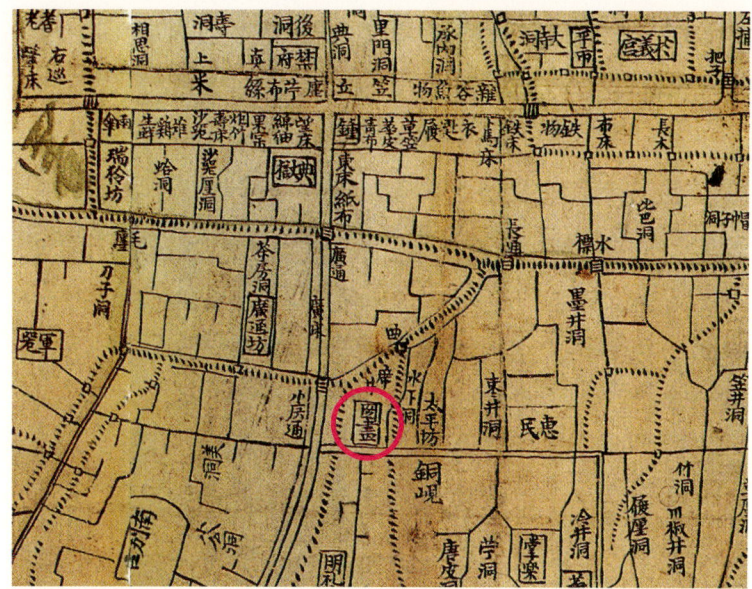

도4 《조선경성도》(부분) 19세기 중엽, 서울시 종합자료실 소장.

상가들이 빼곡히 늘어선 이곳에 지전이 들어선 데는 그럴 만한 정황이 있었을 것이다.

필자는 서울 관련 지리지와 지도를 통해 광통교의 주변 환경을 살펴보았다. 그러던 중 화원들의 근무처인 도화서圖畵署가 이곳에 있음을 알게 되었다. 광통교의 남쪽에 위치한 도화서는 그림을 판매하던 시전의 공간과 관련이 있다고 생각된다. 앞선 연구에서는 광통교를 근대적인 서화의 유통 공간으로 다루었지만, 정작 이곳에 위치한 도화서를 이야기한 적은 없었다. 시전의 중심에 그림 가게가 들어서고 유통이 가능했던 것은, 인근에 있던 도화서가 매우 중요한 배경적 요인이 되었기 때문일 것이다.

광통교 주변에 서화포가 등장하게 된 것은 인근에 도화서가 있었기에 가능했다. 도화서 주변은 화가들의 출입이 잦은 곳이었고 수시로 그림이 반출입되는 현장이었기 때문이다. 도화서 인근의 지전은 공적인 도화圖畵 업무 외에 사적인 매화 활동을 한 화원들의 거점과도 같았다.

19세기 당시의 도화서는 태평방太平坊의 광통교로부터 남쪽으로

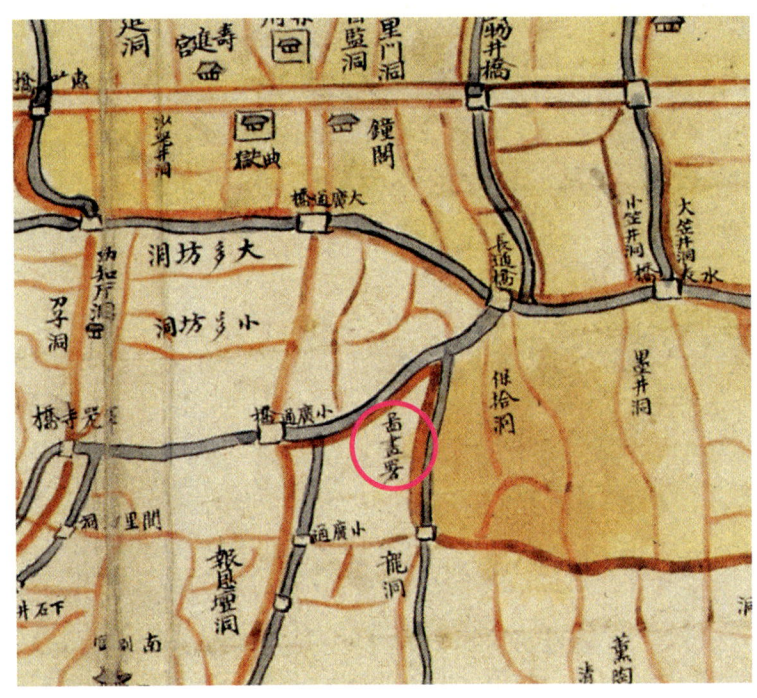

약간 떨어진 곳에 있었다. 현재의 중구 수하동 64번지 자리이다.
도화서는 애초에 지금의 조계사 부근인 견평방堅平坊에 있었으나,[13]
1676년(숙종 2) 혼례를 앞둔 현종顯宗의 셋째 딸인 명안공주明安公主
(1664~1687)에게 귀속되었다. 이후 도화서는 10여 년간 의정부의
남쪽 예빈시, 통례원, 충익부 옛터 등을 거쳐 태평관 옛터로 자리
를 옮겼고,[14] 조선 후기에 이르러 태평방으로 이전하였다.[15] 1770년
대에 제작된 〈한양도성도〉漢陽都城圖[도5]에 도화서의 위치가 표시되어
있어,[16] 18세기 중엽 이전부터 이곳에 자리 잡은 것으로 추정된다.

그렇다면 태평방 도화서의 내부 상황은 어떠했을까? 도화서에
는 얼마나 많은 사람들이 도화와 관련된 일을 하고 있었을까? 도화
서의 가장 핵심 인력은 필요한 그림을 생산하는 화원과 생도生徒이
다. 18세기 이후의 법전에 기록된 화원과 생도의 규정을 보면, 당
시 도화서 안팎의 사정을 이해하는 데 도움이 된다. 1746년(영조
22)에 간행된 『속대전』續大典에는 도화서의 정원이 화원 20명에 생

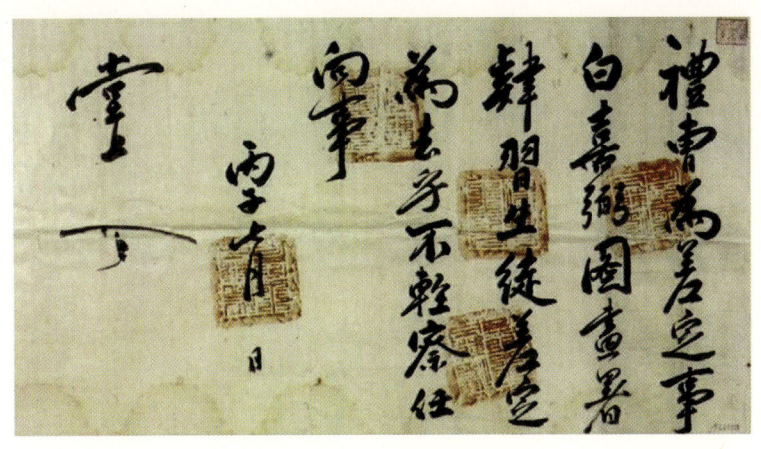

도 30명이었다. 조선 초기의 『경국대전』經國大典(1485)과 비교하면[17]
생도가 2배로 늘어난 셈이다. 18세기 이후 증가한 도화 업무에 대
비하려면 화원 후보생인 생도의 수를 늘여야 했다. 화원의 양성이
무엇보다 시급했기 때문이다. 다시 『대전통편』大典通編(1785)에는 화
원 10명이 증원되어 30명으로 늘었다. 19세기의 『대전회통』大典會通
(1865)에 이르면 화원과 생도는 각 30명으로 변함이 없지만, 별제別
提 2명이 폐지되고, 겸교수兼教授 1명이 새로 증원되었다. 겸교수를
둔 것은 아마도 생도에 대한 교육을 강화하기 위한 방편이었을 것
이다.[18]

예컨대 예조에서 도화서 생도 백희필白喜弼에게 내린 임명장인
「생도예조차첩」生徒禮曹差帖[도6]은 생도에 대한 본무와 학습의 중요성
을 알려 주는 자료이다. 이 임명장에는 "예조에서 차정差定할 일로
백희필을 도화서 사습생도肆習生徒로 차정한다"고[19] 하였고, 그 말미
에 '불경찰임향사'不輕察任向事라 하여 "맡은 바 임무를 가벼이 여기
지 말 것"이라 적혀 있다. 생도의 학습을 중요하게 여겼기에 맡은
바 일에 힘써 정진하라는 글을 임명장에 써서 주지시킨 것이다. 그
런데 생도 백희필의 이름은 어느 문헌기록에도 나오지 않는다. 아
마도 화원으로 뽑히지 못하고 생도로 머물고 만 청년 화가로 짐작
된다. 어쨌든 생도의 증원과 교육의 강화는 이 시기에 공식적인 도

화 업무가 많아졌음을 말해 준다.[20] 19세기 후반기의 광통교 인근 도화서에는 정식 도화 업무를 맡은 화원과 학습 과정에 있던 생도 등 적지 않은 인력이 화업에 전념하고 있었다.

그렇다면 도화서의 바깥 사정은 어떠하였을까? 민간의 그림 수요가 증가하던 19세기에는 화원들의 사적인 도화 활동이 빈번하였다. 이는 도화서 내부뿐 아니라 그 주변의 정황과도 연관을 맺고 있다. 이를 몇 가지 단계로 나누어 정리해 보면 다음과 같다.

첫째, 19세기 후반기의 도화서는 화원들의 개인적인 활동이 허용될 만큼 개방적인 분위기였다고 본다. 강이천이 「한경사」에서 "(광통교의 그림 가게에) 근래에 가장 많은 것은 도화서 화원의 솜씨인데"라고 한 것은 화원들의 사적인 활동을 암시한 말이다. 화원들이 매화賣畵를 위해 그린 그림은 시전으로 나왔고, 여기에서 거래를 기다리는 동안 다시 민간 화가들의 모방의 대상이 되었다. 즉 시전은 수준 높은 화원화가들의 양식이 민간양식으로 확산을 이루는 공간이기도 했다. 서툰 솜씨의 민간 화가가 화원화가의 양식을 베껴 그린 그림들은 화격이 낮았지만, 반면에 싼 값에 거래되어 서민층의 수요를 채워줄 수 있었다. 이처럼 궁중양식이 반영된 화원들의 그림은 민간 화가들에 의해 재생산되었으며, 이러한 과정은 궁중양식의 저변화를 가속시켰다.

둘째, 도화서의 화원을 선발하는 시험에 낙방한 화가들 중에도 기량이 뛰어난 자가 많았을 것이다. 이들의 생계를 위한 방편도 매화가 아니었을까. 도화서 주변에 머물며 재기를 꿈꾸던 무명화가들도 이와 같이 대중의 그림 수요를 얻기 위해 노력하였다.[21]

셋째, 광통교 인근의 그림 가게인 지전에서 그림을 생산한 일이다. 지전에서도 장식용 그림을 팔았으며, 때로는 무명화가를 들여 그림을 그리게 하였다. 이른바 '지전 그림쟁이'를 말한다.[22] 무명화가로 지전에서 일하다 대화가로 성장한 장승업張承業(1843~1897)의 일화는 이후 유명세를 탄 듯하다. 김은호金殷鎬의 구술을 통해 알려진 장승업의 일화는 다음과 같다.

화원畫員이 되기 전에는 지전紙廛에서 그림을 그리던 환쟁이였어. 예전
에는 지전에서 벽에 붙이는 그림을 그려 팔았거든. 그야 값이 싼 거지.
지전마다 그림을 잘 그리는 종을 두고 그림을 그리게 했지. 그래서 그
림을 잘 그리는 종이 있는 지전이 잘 됐단 말야. 그러니 장승업이 일하
던 지전이 잘 되고 유명해질 수밖에. 워낙 잘 그렸거든. 그러니 장승업
이 그림 잘 그린다고 장안에 소문이 날 수밖에! 그래서 화원이 될 수
있었던 거지.[23]

이 이야기는 지전마다 그림을 잘 그리는 종을 두어 값싼 그림을
그려서 팔았고, 이를 통한 경쟁적인 매화 활동이 성행했음을 알려
준다. 이른바 천시 받던 '환쟁이'들이 광통교의 지전과 서화포 일대
에 머물며 그림을 그렸던 것이다. 이곳에서 판매되던 그림은 도화
서 화원에서 무명화가에 이르기까지 다양한 양식의 편차를 띠었던
것이다.

광통교 일대는 18세기부터 19세기 말까지 서화예술의 유통과
후원을 주도한 기술직 중인들의 세거지였다. 광통교 천변의 다방
골, 을지로 입구인 구리개(銅峴), 수하동水下洞 등이 그 범주에 있었
다.[24] 도1 참조 「옥계청유첩서」玉溪淸遊帖序에는 '청계천 남북쪽 일대'를
기술직 중인인 역관譯官과 의관醫官의 거주지로 들었다. 1870년대
에는 강위姜瑋(1821~1884)를 중심으로 역관과 시인들이 모여 잘 알
려진 육교시사六橋詩社를 결성하기도 하였다.[25] 광통교 일대는 경제
력 있는 기술직 중인들이 참여한 문학 활동의 무대였다.

18세기 이후 일명 구리개로 불린 동현銅峴에는 혜민서惠民署가
있었다. 그 인근은 약재를 팔고 의료행위를 하던 의관들의 거점이
었다. 재력을 갖춘 의관들은 서화의 감상과 수장에 관심을 갖고 화
가를 후원하거나 그림을 구매하는 수요자였다. 19세기 전반기에 전

기田琦가 동현의 한 약방에서 그림을 감정하고 중계한 사실, 그리고 구리개 일대에 서화 수장가들이 많이 거주한 사실은 잘 알려져 있다.[26] 또한 광통교 서남쪽의 다동茶洞은 다방골로도 불렸는데,[27] 종로와 남대문로 일대 시전상인들의 중심 거주지였다.[28] 이들은 새롭게 부를 축적하며 성장한 중인계층의 신흥 부상富商들이며, 그림의 수요를 촉진시킨 새로운 회화 수요층으로 존재하였다. 궁중회화가 궁 밖으로 확산되는 과정에는 화원들의 근무처인 광통교 인근의 '도화서'와 유통의 중심인 '지전'이 매우 중요한 거점의 기능을 하였다.

3 궁중양식의 장식화와 민간 그림의 경계

궁중에서 제작한 장식화로는 일월오봉도, 모란도, 십장생도, 곽분양행락도, 요지연도, 백동자도, 책가도 등이 알려져 있다. 왕실 관련 문헌에 기록된 주제이고, 지금도 전하는 사례가 많은 그림들이다. 또한 전형을 이룬 특징이 분명하고, 장중한 조형미와 섬세한 묘사가 눈길을 끄는 궁중화가들의 역량이 결집된 그림들이다. 반면 이로부터 민간화가 진행된 그림은 민간 화가의 소박한 화풍으로 형식화되거나 자유분방한 조형으로 특색을 표출하였다. 이 장에서는 궁중양식의 그림과 민간 그림을 대상으로 궁중에서 민간으로 양식의 전이가 이루어진 과정과 특징을 살펴보기로 한다.

일월오봉도　　　　일월오봉도는 국왕과 왕실의 권위를 상징하는 그림이다.[29] 왕이 앉는 어좌御座나 왕의 초상화인 어진御眞을 모셔 둔 공간을 비롯하여 왕이 참여한 국가 의례가 치러진 장소에는 일월오봉도가 빠짐없이 설치되었다.

　어좌 뒤편에 놓인 일월오봉도는 18세기 이후의 여러 궁중 기록화에 등장한다. 숙종의 즉위 30년을 기념하여 만든 《진연도첩》進宴圖帖(1706)의 어좌 뒤편에 일월오봉도가 그려져 있는데 현존하는 그

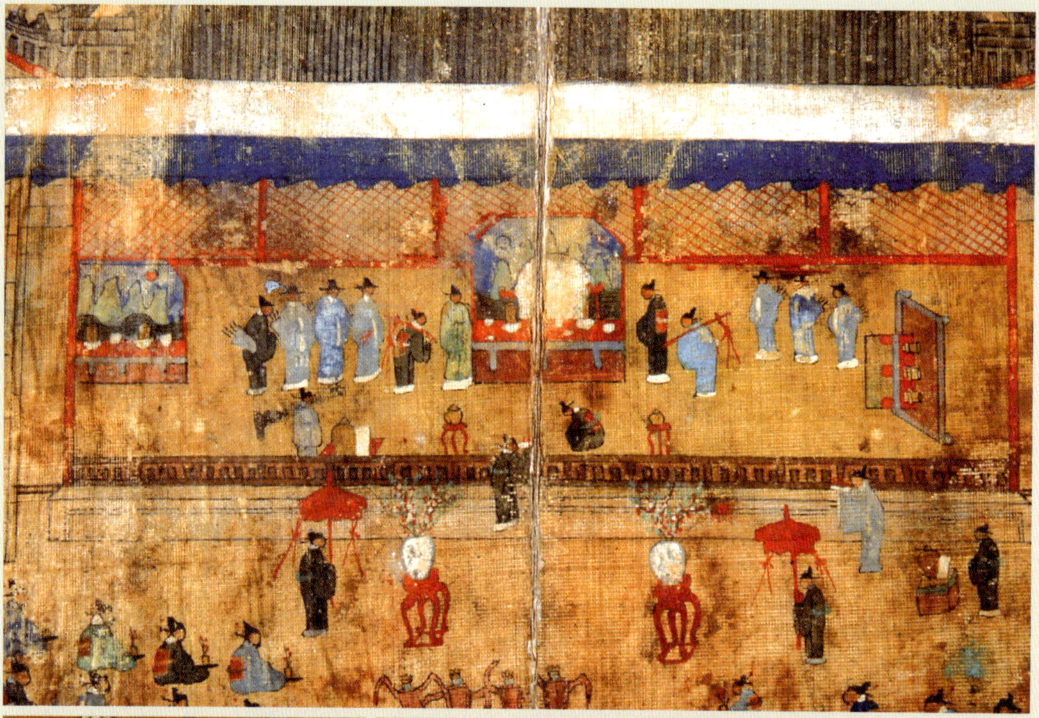

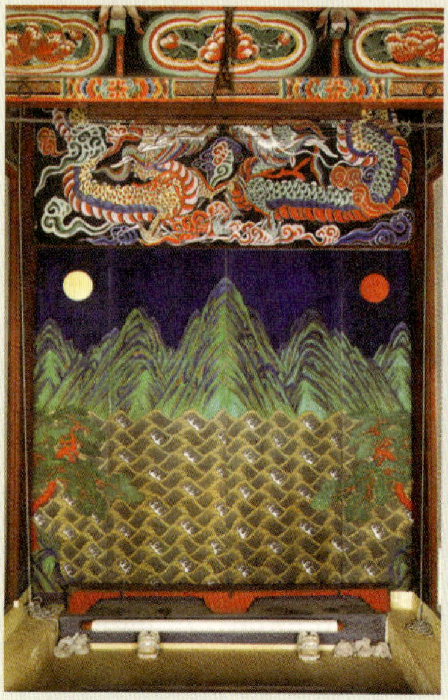

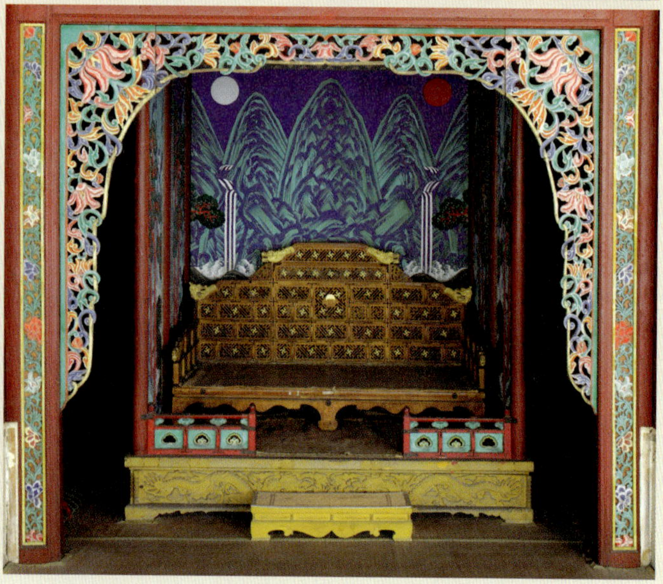

도7 《진연도첩》의 어좌 부분 1706년, 비단에 채색, 29.0×41.0cm, 국립중앙도서관 소장.

도8 《태조어진》 감실의 일월오봉도 전주 경기전 소장.

도9 신선원전의 어진 봉안 감실

림 가운데 가장 등장 시기가 이른 사례이다.[30] ^{도7} 전주 경기전慶基殿의 태조어진 뒤편,[도8] 어진을 걸었던 창덕궁 신선원전新璿源殿의 감실에서는 19세기 이후의 양식을 따른 일월오봉도를 볼 수 있다.[도9]

일월오봉도는 『시경』詩經의 '천보'天保 시詩에 기원을 둔 것으로 해석한다.[32] 신하들이 왕의 덕을 칭송하고 하늘과 조상에 축복을 기원하는 내용을 담고 있다. 이외에도 가례嘉禮나 국장 등 궁중 의례에도 사용되었고,[33] 음양오행사상에 입각하여 일월오봉도를 해석한 견해도 있다.[34] 또한 실용과

도10 〈오봉도〉 19세기 말, 비단에 채색, 114.0×98.5cm, 영국박물관 소장. ©British Museum

장식의 용도로 궁중의 창호그림이나 부벽화로 제작된 예도 전한다.[35]

일월오봉도가 약 백 년 전 광통교 아래의 병풍전에서 '오봉산일월도'五峯山日月圖라는 이름으로 유통되었다는 주장이 있다. 그러나 민간에서 소유하거나 시전에서 거래된 일월오봉도는 매우 드물다. 「한양가」에 소개된 광통교 인근에 매물로 나온 그림의 화제에도 일월오봉도는 포함되어 있지 않다. 왕실의 위엄을 상징하는 그림을 매매의 대상으로 삼거나 민가의 장식용으로 사용하기에 적절치 않았기 때문일 것이다.

궁중양식의 일월오봉도를 변용하여 그린 사례 두 점을 여기에서 살펴본다. 첫번째는 영국박물관 소장의 〈오봉도〉五峯圖이다.[도10] 원래 삽병揷屛이던 것을 족자로 바꾸어 꾸민 그림이다. 족자의 뒷면 머리부분에 "朝鮮圖 金剛山"(조선도 금강산)이라 쓴 먹 글씨가 있다. 일월

挿屏長八尺三寸廣六尺寸

오봉도에 반드시 있어야 할 해와 달이 이 그림에는 빠져 있다. 그
림 좌우의 소나무와 오봉산의 경계 부분도 묘사와 색감의 대비가
분명하지 못하다. 오봉산의 가운데 부분에 폭포를 그린 것은 전형
에서 벗어난 표현이다. 이처럼 원래의 도상에서 일부 변용된 부분
은 있지만 소재의 구성과 색감의 표현은 궁중양식에서 완전히 벗어
났다고는 할 수 없다. 『영정모사도감의궤』影幀模寫都監儀軌(1901)의
「도설」에 실린 〈삽병〉挿屏과 영국박물관의 〈오봉도〉를 비교해 보면,
도11 화면 비례에 따른 경물의 구성은 유사하지만, 변용된 부분을 확
인할 수 있다.

도12 〈**일월부상도**〉 19세기 말, 모시에 채색, 149.5×122.0cm, 리움미술관 소장.

두번째는 호암미술관 소장의 〈일월부상도〉日月扶桑圖이다.^{도12} 정병모 교수는 이 그림을 궁중의 일월오봉도에서 변용된 민화로 보았고, 좌우대칭형의 구성은 궁중양식을 응용한 것으로 해석하였다.[36] 산봉우리와 물결은 작게 축소되었고 해와 달, 그리고 그것을 받치고 있는 나무는 장식적인 요소와 함께 크게 강조되어 있다. 일월오봉도가 이처럼 변형되지 않은 형식으로 민간에 전래된 예는 아직 소개된 바 없다.

다만, 왕실 밖에 전하는 일월오봉도는 무속과 관련된 그림에서 여러 사례가 발견된다.[37] 서울시 방산동 소재 성제묘聖帝廟에 있는 〈관운장내외상〉關雲長內外像^{도13, 도13-1}의 뒤편에는 일월과 다섯 개의 봉우리, 그리고 파도문양을 그린 병풍이 놓였다. 소나무가 빠졌지만 나머지는 일월오봉도에서 유래된 형상으로 추측된다.[38] 또한 숭인동

의 동묘東廟 안에 있는 〈관운장신상〉關雲長神像[도14]의 감실에도 〈일월
오봉도〉가 놓여 있다.[39] 이처럼 무속 관련 그림에 궁중양식의 일월
오봉도가 그려진 것은 어떤 의미를 지니는 것일까? 무속의 대상인
관운장을 '성제'聖帝라 한 데서 단서를 찾을 수 있다. 성제의 권위를
왕에 준하는 지존의 지위에 올려놓으려는 의도에서 왕실의 상징인
일월오봉도의 이미지를 차용한 것으로 이해된다. 유독 무속 관련
그림에서 일월오봉도의 모티프가 여러 편 발견되는 것은 이러한 이
유에서일 것이다.

관운장의 사당에 놓인 일월오봉도는 일반적인 무속의 공간으로
옮겨져 굿당의 배경을 장식하는 그림으로도 활용되었다. 굿당의 내
부를 촬영한 사진에는 제단 뒤편에 6첩의 《일월오봉도》가 놓여 있
다.[도15] 자세히 보면, 원래 8첩으로 된 병풍이었으나 가장자리 한 폭
씩이 잘려 나간 상태로 보인다. 가장 오른편 한 폭에 달과 폭포가
그려져 있다. 관운장의 사당과 굿당에 각각 놓인 일월오봉도가 어
느 정도의 시간적 차이를 두고 그려졌는지 알 수 없지만, 무속신앙
의 위계로 본다면 일월오봉도는 성제묘에서 일반 굿당으로 도상의
전이가 이루어졌다고 본다.

일월오봉도는 왕권과 관련된 상징성이 강하여 이를 차용한 무속

도14 〈관운장신상〉 서울시 숭인동의
동묘.

도15 굿당 벽면의 일월오봉도

계통의 그림 외에는 민간의 장식화로 그려지거나 유통의 대상이 되기 어려운 주제이다. 민간의 장식화로는 희소성이 매우 높은 그림이다.

모란도

꽃을 소재로 한 궁중 장식화로 가장 많이 그려진 것은 모란도이다. 부귀영화라는 기복의 의미와 화려한 양식, 그리고 장엄한 조형성을 지녔기에 길례吉禮·흉례凶禮·가례嘉禮 등의 행사에 주로 사용되었다.

김홍남 교수는 현존하는 조선시대의 고급 진채眞彩 모란도병이 지금까지 알려져 온 바와 같이 민간에서 유통된 민화가 아니며, '궁모란병'이라고 불러야 할 궁중양식이라 하였다. 아울러 이러한 '궁모란병'의 민간화 과정에서 파생된 것이 민간 모란병이라 하였다.[40] 궁모란병은 왕과 왕비가 거처하는 침전에 놓였을 뿐 아니라, 가례·제례·상례·책례 등의 궁중 의례에 집중적으로 사용된 사례를 소개하였다. 또한 궁모란병이 지닌 평면적이고 도식적인 성격은 표현 능력의 부족이 아니라 상징적 가치를 추구한 결과라는 점을 강조하였다.[41] 모란도는 궁중양식과 민간양식에 따른 화격의 차이가 매우 큰 편이다. 따라서 양식의 변화 단계에 부합하는 그림을 중심

도16 신선원전 감실의 모란도

으로 궁중양식의 모란도가 민간으로 저변화되는 과정을 살펴보기로 한다.

　지금 남아 있는 궁중양식의 모란도는 창덕궁 신선원전의 감실 안쪽에 그려진 예가 있다.[42] 도16 이 모란도는 4~5개의 줄기를 따라 화사하게 핀 12송이의 꽃과 잎을 풍성하게 배치한 그림이다. 지면地面은 땅으로 표현한 반면, 가지와 꽃잎은 음영을 주어 입체감을 살렸다. 이러한 특징은 조선 말기 궁중양식 모란도의 전형을 설명해 주는 부분이다. 따라서 이와 유사한 형식의 모란도는 궁중양식으로 분류해도 무리가 없을 것이다. 이와 함께 비교할 사례가 국립고궁박물관 소장의 《모란도》 4첩 병풍이다.[도17] 그림의 폭 수와 크기는 다르지만 화면의 구성과 세부 묘사 방식, 색감 등에서 신선원전 감실의 모란도와 공통된 화풍을 보여 주고 있다.[43]

　다음 단계의 변화된 양식을 보여 주는 사례는 리움미술관 소장의 《모란도》 10첩 병풍[도18]과 서울역사박물관의 《모란도》 8첩 병풍[도19]에서 볼 수 있다. 이 두 점의 모란도는 아래쪽에 괴석怪石이 놓였고, 화면의 중심에 세로로 세 송이의 큰 꽃을 배치하였으며, 좌우에도 세 송이씩 세로로 꽃을 배치한 구성을 보인다. 꽃과 잎의 세부 묘사에도 큰 차이가 없는 동일한 화법이다. 같은 밑그림을 두고 본을 떠 그린 것으로 추측되며, 채색의 색감과 농도를 조절하여 대량으로 그려낸 궁중양식의 모란도라 할 수 있겠다. 여기에서 구성상 약간의 변화를 나타낸 경우가 국립고궁박물관 소장의 《모란도》

도17 《모란도》 4첩 병풍, 비단에 채색, 각 166.8×45.4cm, 국립고궁박물관 소장.

8첩 병풍이다.도20 괴석의 배치와 꽃을 묘사한 방식은 앞의 사례와 다르지 않지만, 괴석 위로 세로 2줄을 기준으로 큰 꽃들을 배치한 점에서 차이를 보인다. 이 세 종의 모란도 병풍이 앞에서 살펴본 신선원전과도16 국립고궁박물관의 《모란도》 4첩 병풍과도17 다른 것은 지면에 괴석을 그린 점이다. 선묘와 채색으로 단순화시킨 괴석이 이전에 없던 새로운 요소로 들어간 것이다. 그러나 여기에서 살펴본 병풍 형식의 모란도는 자연스러운 구성, 명확한 형태와 선묘, 장식성을 띠는 색채 구성 등으로 볼 때 궁중양식으로 분류해도 큰 무리가 없을 것으로 생각된다.

이러한 궁중양식 모란도의 특징은 더 단순화된 형식의 모란도를 민간양식으로 추정하는 단서가 된다. 개인 소장의 《모란괴석도》는 앞서 본 궁중양식과 달리 꽃과 잎의 묘사가 단순화되고 형식화된 특징을 보인다.도21 괴석과 모란 줄기의 변용은 사실적인 묘사의 부족을 도식화를 통해 보완하려 한 듯하다. 여기에서 한 단계 더 민

도18 《모란도》 19세기 말, 종이에 채색, 10첩 병풍 중 2폭, 각 174.2× 48.0cm, 리움미술관 소장.

도20 〈모란도〉 19세기 말, 종이에 채색, 8첩 병풍, 각 204.0×66.0cm, 국립고궁박물관 소장.

도21 《모란괴석도》 종이에 채색, 각 125.0×44.0cm, 개인 소장.

도22 《모란도》 19세기 말, 크기 미상, 개인 소장.

간화가 진전된 양식이 개인 소장의 《모란도》이다.^{도22} 좌우대칭을 이룬 괴석과 줄기, 그리고 단순화시킨 형태는 도식화가 진행된 특징을 보인다. 사실적인 구성에서 형식화와 도식화가 급진전된 이러한 특징이 곧 궁중양식의 민간화가 진행되는 단면을 보여 주는 것이며, 그 범본은 궁중양식에 뿌리를 두고 있음을 말해 준다. 모란도는 부귀영화를 상징하는 꽃이라는 의미와 화려한 장식성으로 인해 민간에서도 인기가 높았다. 양반가에서는 혼례 때 제용감濟用監에서 모란 병풍을 빌려다 썼다는 기록도 보인다.

구한말의 모란도는 당시에 촬영한 사진 자료에서도 볼 수 있다. 궁녀로 추정되는 젊은 여성들을 촬영한 사진의 뒤편에 모란도 병풍이 등장한다.^{도23} 괴석 위에 모란의 줄기가 올라가는 부분과 여백 없이 꽃과 잎으로 화면을 가득 채운 점은 앞서 본 궁중양식과 유사하다. 다만 꽃의 수가 줄어들어 앞 시기의 양식보다 점차 간략화된 경향을 보여 주고 있다. 이외에 민간 혼례식에서 신랑신부를 촬영한 사진의 뒤편에도 모란병이 펼쳐진 예가 있다.^{도24} 19세기 말 촬영한 것으로 추측되는 사진 속 신랑의 뒤편으로 보이는 모란도는 지면과 괴석이 함께 보이고, 모란꽃과 잎의 구성이 국립고궁박물관의 《모란도》 8첩 병풍^{도20}과 매우 흡사해 보인다. 궁중양식에 가까운 특징이다. 이러한 예는 궁중에서 그려진 모란도가 궁중양식을 유지하면서 민간의 상류층으로 전래되었음을 알려 준다.

두 점의 사진 속에 등장하는 모란도는 궁녀들의 활동 공간이거나 상류층 자제의 혼례 장면임을 고려한다면, 궁중양식과 가까운 화격의 그림이 된다. 실제로 서민층에서 소유한 모란도는 다소 성근 구성이거나 간결하고 소략한 형태로 그려진 사례가 많다. 모란도는 전하는 그림이 많아 궁중양식의 계통과 그 영향을 반영하여 민간으로 저변화되어 가는 과정을 파악해 볼 수 있다. 모란도가 지닌 부귀영화라는 보편적인 상징성은 그림의 대중적 수요와 확산을 촉진하는 요인이 되었다.

십장생도
십장생도는 불로장생不老長生의 염원을 담은 길상도吉祥圖이다. 그림의 소재는 해·구름·물·바위·사슴·거북·학·소나무·대나무, 불로초 등 열 가지이며, 이외에 천도복숭아, 달 등이 더해지기도 한다.⁴⁴ 십장생도는 고려시대에 세화歲畵로 그려진 기록이 있지만,⁴⁵ 18세기 이전의 그림은 전하지 않아 양식의 연원과 전개 과정에 따른 양식상의 특징은 알 수 없다.

십장생도는 길상의 의미와 장식성으로 인해 조선시대 궁중에서 많이 제작되었다. 예컨대 1848년(헌종 14) 대왕대비의 육순을 기념하여 만든 《무신진찬도병》戊申進饌圖屛의 대왕대비 교의자 뒤편에 십장생도가 놓여 있다.^{도25} 이처럼 대형 병풍으로 장황粧潢하여 왕이나 왕세자의 가례, 또는 대왕대비나 왕비의 수연壽宴 등 행사에 주로 사용되었다.⁴⁶

　　현존하는 십장생도는 대부분 19세기 작품이지만, 정확한 제작 시기를 모르는 경우가 많다. 기년작으로는 1880년(고종 17)에 그려진 미국 오리건대학교 박물관의 《십장생도》 10첩 병풍이 유일하게 전한다. 도26 이 병풍은 1879년(고종 16) 훗날 순종이 된 왕세자의 천연두가 회복되자 의약청醫藥廳 관원들이 이를 기념하여 남긴 계병이다.[47] 밀도 있는 구성과 힘찬 선묘, 화려하고 정교한 채색으로 이루어진 일급 화원화가의 솜씨로 추정된다. 여러 점을 그려 한 점을 왕실에 올렸고, 비용을 부담한 관료들도 한 점씩 나누어 가진 것으

도27 〈십장생도〉 19세기 말, 종이
에 채색, 크기 미상, 개인 소장.

도28 〈송록도〉 종이에 채색, 88.0
×31.5cm, 개인 소장.

로 추측된다. 화원화가들이 그린 계병이 이처럼 고위 관료들의 소
유를 통해 민간으로 전래되는 과정은 궁중양식의 저변화를 촉진시
키는 계기가 되었다.

십장생도는 장수를 축원하는 의미로 민간에서도 활발히 그려졌
다. 궁중양식처럼 묘사가 섬세하고 장식성이 뛰어난 그림은 상류층
이나 신흥 부유층이 수요자가 되었다. 반면 민간 화가들이 그린 십
장생도는 소박한 화법에도 불구하고 서민층에서 인기를 끌었다. 기
량이 부족한 민간 화가들은 화면의 크기를 줄여서 그렸다. 완성도
가 떨어지는 화법을 큰 화폭에 드러내서는 장식화로서의 효과를 볼
수 없기 때문이다. 또한 화면이 축소됨에 따라 십장생의 모티프도

도29 〈십장생도〉 19세기 말, 비단
에 채색, 크기 미상, 민속촌박물관
소장.

수적으로 줄어들게 된다. 개인 소장의 〈십장생도〉가 이런 특징을
잘 예시해 준다.[도27] 화면이 작아지면 화법상의 허점이 덜 드러나게
되기 때문이다. 개인 소장의 〈송록도〉松鹿圖는 앞의 형식에서 파생
된 것으로 십장생도의 일부 소재만을 선별하여 그린 장생도長生圖
계열에 속하는 그림이다.[도28]

    궁중양식의 십장생도는 일정한 전형을 갖고 있다. 여기에 화가
의 개성이 반영되는 것은 용인되지 않는다. 가령 여러 명의 화가가
분담하여 그린 그림을 보더라도 화가의 개성적 요소가 충돌하거나
드러나지 않는다. 만약 궁중양식에 익숙하지 않은 민간 화가가 자
신의 개성을 살려 그릴 경우는 일반적인 십장생도와 전혀 다른 개
인 양식에 머물게 된다. 민속촌박물관 소장의 〈십장생도〉가 개성적
화풍이 잘 드러난 사례이다.[도29] 민간 화가의 서툰 필치로 대형 병풍
에 십장생을 그리게 되면, 그림의 생명인 장식적 효과는 반감되어
궁중양식과는 현저한 차이를 보이게 된다. 오리건대학교 박물관과
민속촌박물관의 〈십장생도〉는 궁중양식과 민간 그림의 차이를 명확
히 보여 주는 예이다.

곽분양행락도   곽분양행락도의 주인공인 곽자의郭子儀(697
~781)는 당나라 현종玄宗 때 분양왕汾陽王에

도30 《곽분양행락도》 10첩 병풍, 20세기 전반, 비단에 채색, 137×390cm, 국립민속박물관 소장.

봉해진 인물이다. 높은 지위에 올라 장수하였고, 많은 자녀를 두는
등 행복한 삶을 살았던 그의 일생을 주제로 한 그림이 곽분양행락
도이다. 부귀영화와 다복多福의 의미를 담은 그림이며,[48] 8첩 내지
10첩의 화려한 채색화로 그려졌다.

곽분양행락도는 왕실의 기록인 『열성어제』 숙종 편에 나온다.
숙종은 곽분양행락도를 세자(훗날의 경종)에게 내려 주면서 「제곽자
의행락도사세자」題郭子儀行樂圖賜世子[49]와 「제곽분양행락도」題郭汾陽行樂
圖[50]라는 두 수의 제시를 남겼다. 1700년대 초 궁궐에서 곽분양행락
도가 그려졌음을 알려 주는 기록이다.[51] 첫번째 제시는 유난히 병치
레가 많고 자녀가 없던 세자에 대한 부왕의 염려와 소망을 그림에
담은 것으로 이해된다.[52]

궁중양식의 그림으로는 국립민속박물관 소장 《곽분양행락도》 10
첩 병풍이 있다.도30 화려한 궁궐에서 곽자의 부부가 자손과 신하들
에 둘러싸여 연회를 즐기는 장면이다. 다채로운 가옥과 많은 사람
이 등장하므로 정교한 필치와 묘사력이 요구되는 그림이다. 이러한
곽분양행락도는 19세기 이후 궁중의 가례 행사 때 자주 제작되었

도31 구한말 개인사진 속의 곽분양
행락도

도32 구한말 가족사진 속의 곽분양
행락도

도33 《곽분양행락도》 8첩 병풍, 19
세기 후반, 종이에 채색, 71.0×
42.0cm, 국립민속박물관 소장.

고.[53] 사대부가의 혼례나 수연에도 널리 활용되었다.[54] 구한말 어느
고위 관료의 개인사진 속에 놓인 《곽분양행락도》는 수준 높은 궁중
양식으로 추정된다.[도31] 또한 구한말 주인섭朱寅燮(1839년생)이라는 지
전 상인의 가족사진에도 곽분양행락도가 배경에 펼쳐져 있다.[도32]
사람에 가려져 전체를 볼 수 없지만, 병풍의 왼편에 드러난 누정과
건물에서 치밀한 구성을 엿볼 수 있다. 이 그림은 지전에 나온 매
물賣物로 추정되는데, 궁중양식의 곽분양행락도가 민간으로 널리
유통되었음을 알려 주는 자료이다.

민간 화가가 그린 것으로는 국립민속박물관의 《곽분양행락도》
에 그 특징이 뚜렷하다.^{도33} 단병短屛 형식의 이 그림은 배경에 화려
한 가옥과 수목 등이 생략되었고, 소박한 분위기로 재현되었다. 그
림의 크기가 축소된 관계로 화면 안의 공간도 줄어들었다. 궁중양
식의 곽분양행락도를 모방한 민간양식의 사례이다. 곽분양행락도는
구성이 복잡하고 묘사의 난이도가 높아 궁중 화원이 아닌 민간 화
가의 솜씨로는 재현하기 어려운 그림이다. 주로 고위 관료나 상류
층의 수요가 많았던 그림으로 추정된다.

요지연도　　　　　　요지연도는 전설 속의 서왕모西王母가 살던
　　　　　　　　　　곤륜산 요지瑤池에서의 연회 장면을 그린
그림이다. 내용은 서왕모가 베푼 연회 장면과 여기에 참석하기 위
해 바다를 건너는 신선의 행렬로 구성된다. 신선도의 여러 유형 가
운데 하나로 장수와 기복의 의미를 담고 있다. 신선세계의 다양한
인물 묘사와 섬세한 채색에 의한 장식성이 뛰어난 것이 특징이다.
특히 궁중의 진찬, 진연에 등장한 악장인 「헌선도」獻仙桃와 「오양
선」五羊仙에는 서왕모가 공연을 감상하는 주인공으로 그려진다. 이
는 임금과 백관의 연회를 상서로운 서왕모의 연회에 비유하여 그린

것으로 해석하기도 한다.[55]

　　서왕모의 고사는 고려시대의 기록에 보이지만,[56] '요지연도'에 대
한 왕실 기록은 역대 임금의 글을 수록한 『열성어제』에 처음 나온
다. 여기에 「제요지대회도」題瑤池大會圖라는 숙종의 글이 있어 당시
의 궁중에 요지연도가 있었음을 알려 준다. 숙종 대의 문신 이서우
李瑞雨(1633~1709)가 시를 남긴 14편의 '고사도첩'故事圖帖에도 요지
연도를 주제로 한 시가 포함되어 있다.[57]

　　궁중양식의 요지연도는 19세기 초의 《정묘조왕세자책례계병》正
廟祖王世子冊禮稧屛[도34]과 《왕세자탄강계병》王世子誕降稧屛이 전한다. 앞
의 병풍은 1800년(정조 24) 왕세자의 책봉을 기념하여 선전관宣傳官
들이 남긴 기념 병풍이다.[58] 뒤의 것은 1812년(순조 12), 원자(훗날의
익종翼宗, 1809~1830)의 왕세자 책봉을 기념하여 원자가 탄생했을 때
산실청에서 일한 신하들이 만든 것이다.[59] 모두 궁중 화원의 기량이
돋보이는 화려한 채색화이다. 계병을 그린 화가는 대개 일급 화원
들이며, 대부분 궁중의 장식화를 그린 경험이 많은 자들이다. 화원
들이 그린 계병은 관료들의 소유가 되면서 자연스럽게 민간으로 나
갔고, 민간에서 궁중양식을 접하고 모방하게 되는 계기가 되었다.

도35 〈해상군선도〉 18세기, 모시에 담채, 224.6×243.7cm, 호림박물관 소장.

요지연도에서 바다를 건너는 신선이 등장하는 부분은 별도로 분리하여 신선도로 그렸다. 예컨대 호림박물관의 〈해상군선도〉海上群仙圖 도35 한 점이 변용된 형태를 잘 보여 준다. 장방형의 큰 화면 왼편에 7명의 신선들이 서왕모가 베푼 요지연에 참석하기 위해 바다를 건너고 있는 장면이다. 화면의 오른편 언덕 위에는 서왕모의 시녀侍女로 보이는 선동仙童이 앉아 있어 요지연도와의 연결을 암시한다. 이러한 해상군선도의 유래는 요지연도와 밀접한 관련이 있는 듯하다.

민간에서 그려진 요지연도는 알려진 사례가 많지 않다. 국립민속박물관의 《신선고사도》神仙故事圖에는 민간양식으로 변용된 특징이 보인다. 도36 전체 8첩 가운데 4폭이 요지연도이고, 나머지 4폭은

도36 《신선고사도》 8첩 병풍 중 4폭, 종이에 채색, 각 106.0×28.5cm, 국립민속박물관 소장.

효자도와 수렵도이다. 요지연도는 서왕모와 주周 목왕穆王이 각 1폭, 연회에 참석하러 오는 신선들이 2폭에 그려졌다. 일반적인 요지연도의 핵심 부분만을 그린 것이다. 화면의 가로 면이 좁아 인물의 밀집된 구성을 피했으며, 색감의 화려함도 잘 살아나지 않았다. 세 편의 주제를 여러 폭에 나누어 그리는 것은 궁중양식을 민간에서 모방하여 그리는 과정에서 주제와 도상을 재구성한 결과로 여겨진다. 19세기 후반의 「한양가」에는 광통교 아래의 그림 가게에 요지연도가 걸렸다는 묘사가 있지만, 그러한 매물이 민간양식인지의 여부는 알 수 없다.

백동자도

백동자도는 '백자도'百子圖 혹은 '백자동도'百子童圖라고도 불린다. 유득공柳得恭(1749~1807)의 『경도잡지』京都雜誌에는 18세기 후반기의 민간 혼례 때 백동자도와 곽분양행락도 병풍을 사용하였다는 기록이 있다. 이 두 주

도37 《백동자도》 6첩 병풍 중 2폭, 19세기, 비단에 채색, 각 72.8× 40.6cm, 서울역사박물관 소장.

제의 그림은 궁중과 민간에서 혼례와 관련하여 다남多男을 상징하는 길상적 그림으로 큰 호응을 얻었음을 말해준다.

백동자도는 송대의 영희도에 기원을 두고 있다. 소한신, 이숭 등 송대에 활약한 화가들에 의해 영희도는 독립된 주제를 이루었고, 이후 명·청대에 이르기까지 어린 아이들의 놀이를 주제로 한 그림에 큰 영향을 미쳤다. 이 부분은 본서의 제1부 백자도 부분을 참조해도 좋겠다. 조선의 궁중에서는 19세기 이후 혼례 때

백동자도 병풍을 사용한 기록이 있다. 1819년(순조 19) 효명세자孝明世子(1809~1830)와 1882년(고종 19) 훗날 순종이 된 왕세자의 혼례 때 백동자도가 병풍으로 제작되었다.[60] 이들 병풍은 자손의 번성과 왕실의 영속에 대한 기원을 담고 있기 때문이다.[61]

19세기 궁중양식 백동자도의 한 사례로는 서울역사박물관의 《백동자도》가 주목된다.[도37] 화려한 저택의 안마당에서 여러 아이들이 자유롭게 놀고 있는 모습이 그림의 핵심이다. 동자들의 모습은 공들인 필치로 그렸고, 건물과 나무 등의 표현 또한 매우 정밀하고 밀도 있다. 이러한 그림은 궁중 화원들이 그린 정세한 궁중양식이라 해도 전혀 손색이 없다.

백동자도는 곽분양행락도의 한 부분에 등장하는 아이들의 모습과 유사한 면이 있다. 놀이에 열중하는 아이들의 모습이나 복식 등의 표현에 거의 같은 형식을 취하였다. 곽분양행락도에 등장한 아이들의 표현은 백동자도의 모티프와 밀접한 관련이 있어 보인다. 예컨대 국립중앙박물관 소장 《곽분양행락도》 병풍의 한 쪽에 한 무리의 동자들이 등장한다.[도38] 동자의 모습은 일반적인 백동자도의 아이들과 다르지 않다. 이러한 요소는 백동자도의 유행에 따라 곽분양행락도로 도상의 전용이 이루어진 현상이 아닌가 추측되기도 한다.

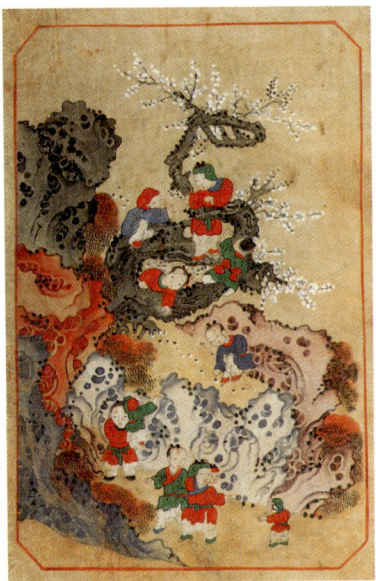

　　여기에서 한 단계 민간양식으로 옮겨 가면, 배경에 가옥이 사라
지고 괴석이나 고목이 등장하며 그 사이에 아이들의 놀이 공간이
설정된다. 리움미술관의 《백동자도》에 그런 특징이 잘 나타나 있
다.도39 그림의 크기도 줄어들어 세로 길이가 약 50센티미터 내외인
작은 병풍에 그려진 예가 많다. 이처럼 그림의 크기와 배경의 변화
는 민간의 실내에 펼쳐 놓기에 적절하며 민간양식으로 점진적으로
정착되어 간 결과임을 말해 준다.

　　민간에서 그린 백동자도는 구한말의 사진에서도 볼 수 있다. 옷
감을 다리고 있는 어느 여성의 생활 공간에 나지막한 단병短屛 하나
가 놓여 있다. 자세히 보면, 백동자도를 그린 병풍이라는 사실을
알 수 있다.도40 이 사진에서는 백동자도가 원래 놓여 있던 일상 속
의 공간을 엿볼 수 있다. 민간 여성의 규방과 같은 공간에 놓였던
작은 병풍 형식의 그림이다. 그림의 테두리에 붉은 윤곽선을 그렸
고, 화면 모서리를 사선으로 처리한 점은 리움미술관의 《백동자도》
와 매우 유사하다. 이는 상류층을 포함하여 민간에 유통된 백동자
도의 범주를 이해하는 데 도움을 준다. 또 다른 사진에 옷감을 다

듬이질하는 한 여성의 뒤편에도 앞의 것과 유사한 《백동자도》 단병이 놓여 있다.^{도41} 이보다 조금 더 간략한 구성과 묘사를 보이는 것이 국립민속박물관 소장의 《백동자도》이다.^{도42} 민간 화가들의 기량에 따른 차이가 반영된 그림이다.

곽분양행락도는 화면의 규모가 크고, 채색이 화려하여 능숙한 기량의 소유자가 아니고서는 다루기 어려운 그림이다. 따라서 궁중에서 곽분양행락도를 제작하였고, 민간에서는 크기가 작은 백동자도를 만들어 활용하였다는 견해도 있다. 민간에서 백동자도를 작은 병풍으로 만든 것은 그림의 가격과 그림을 놓아 둘 공간에 대한 고려와도 관련이 있을 듯하다.

도40 **다림질하는 여인** 19세기 말 촬영

도41 **다듬이질하는 여인** 19세기 말 촬영

도42 **《백동자도》** 19세기 후반, 종이에 채색, 8첩 병풍 중 4폭, 각 56.0×32.5cm, 국립민속박물관 소장.

도43 《책가도》 6첩 병풍, 종이에 채색, 각 145.0×40.5cm, 국립민속박물관 소장.

책가도

책가도冊架圖는 '책거리 그림' 혹은 '서가도'書架圖라고 불렸으며, 서책과 문방구, 고동기 등이 장식된 서가를 그린 그림이다. '책'은 유교적 가치관이 반영된 '문'文을 상징하는 것으로 문인들의 문방文房 취미와 잘 부합되는 주제이다.

책가도에 대한 왕실 기록은 정조 대부터 나온다. 정조 연간(1776~1800)에 청에서 전래된 책가도는 상류층의 큰 호응을 얻었다.[63] 원래 '책가'는 청나라 궁중의 호화로운 장식 가구인 다보격多寶格과 관련이 깊다. 다보격을 그린 다보각도가 18세기에 조선으로 들어온

것이 책가도가 그려지게 된 계기가 되었다.[64] 조선에 전래된 다보각
그림은 궁중과 민간의 부호들 사이에서 문방청완文房淸玩을 즐기는
신감각의 장식그림으로 유행하였다. 특히 정조는 규장각 차비대령
화원의 녹취재를 통해 화원들이 그린 책가도를 직접 평가하고 감상
하였다.[65] 책가도에 대한 정조의 남다른 애착을 엿볼 수 있다.

　　정조 대에 궁중양식으로 출발한 책가도는 어떤 그림이었을까?
당시의 책가도는 전하지 않지만, 정조가 어좌 뒤에 책가도를 펴놓
고 대신들과 나눈 짧은 대화에서 그 형식을 짐작할 수 있다. 1791
년(정조 15) 정조는 어좌 뒤편에 붙여 놓은 책가도를 대신들에게 보

도44 《책가문방도》 부분 이형록, 8첩 병풍, 종이에 채색, 각 139.5× 421.2cm, 리움미술관 소장.

이며 "어찌 경들이 진짜 책이라고 생각하는가? 책이 아니라 그림일 뿐이다"라고 소개한 바 있다.[66] 정조가 내보인 책가도는 서가에 책이 가득 채워진 그림으로 추정된다. 당시 청에서 건너온 기물의 비중이 큰 다보각도와는 다른 형식이다. 정조 대의 책가도는 책을 중심으로 한 그림이며, 고동기나 기물이 장식된 서가는 19세기 이후 다보각도의 영향과 문방완상 풍조의 결과로 그려진 것으로 추정된다. 정조 대의 책가도와 비슷한 형식으로 추정되는 것은 국립민속박물관의 《책가도》 병풍이다.[도43] 책 이외에는 어떤 기물도 없는 《책가도》는 19세기 말에 그린 것이지만, 정조 대 책가도의 형식을 짐작하게 하는 그림이다.

19세기 이후 책가도의 궁중양식은 이형록李亨祿(1808~?)의 《책가문방》 8첩 병풍에 잘 나타난다. 구획된 서가 안에 서책과 각종 고동기古銅器들이 정돈되어 있다.[도44] 입체적인 투시와 명암법을 사용한 묘사는 감상자가 실제로 책가 앞에 서 있는 듯한 효과를 준

다. 그런데 19세기에는 정조 대의 책가도 형식보다 책의 분량이 줄어들고 고동古銅이 더 늘어난 변화를 보였다.

　이후 점진적으로 책가도에 고동의 비중이 커지고, 화초와 과일 등이 책과 함께 장식되었다. 이런 경향의 그림이 리움미술관 소장 《책가문방도》이다.도45 이형록의 그림보다 음영법에 의한 입체감은 약화되었으나 색감 등의 장식적인 요소가 강조되었다. 이러한 궁중 양식의 책가도는 이후 저변을 넓혀 나가며 점차 서민층의 기호에 맞는 그림으로 대중화되었다. 리움미술관 소장의 《책거리도》 쌍폭 가리개는 서가 없이 서책과 고동만으로 화면을 채웠다.도46 이런 특징은 앞의 책가도에서 서가만 빼놓은 형식으로 궁중과 민간의 상류층에서 선호한 양식의 첫 단계로 추정된다. 여기에서 한 번 더 변화가 진행되면, 책을 싼 포갑과 골동이 성글게 바닥에 놓인 상태로 그려진다. 20세기 초의 어느 가족사진 속에 펼쳐진 《책가도》 10첩 병풍이 이를 예시한다.도47 책과 고동의 숫자가 이전보다 훨씬 줄어든 구성이다. 앞서 본 쌍폭 가리개 《책거리도》도46의 계통을 따르고 있다. 이상의 책가도는 궁중양식이 민간양식으로 바뀌어 가는 과정을 함축적으로 보여 주는 그림들이다.

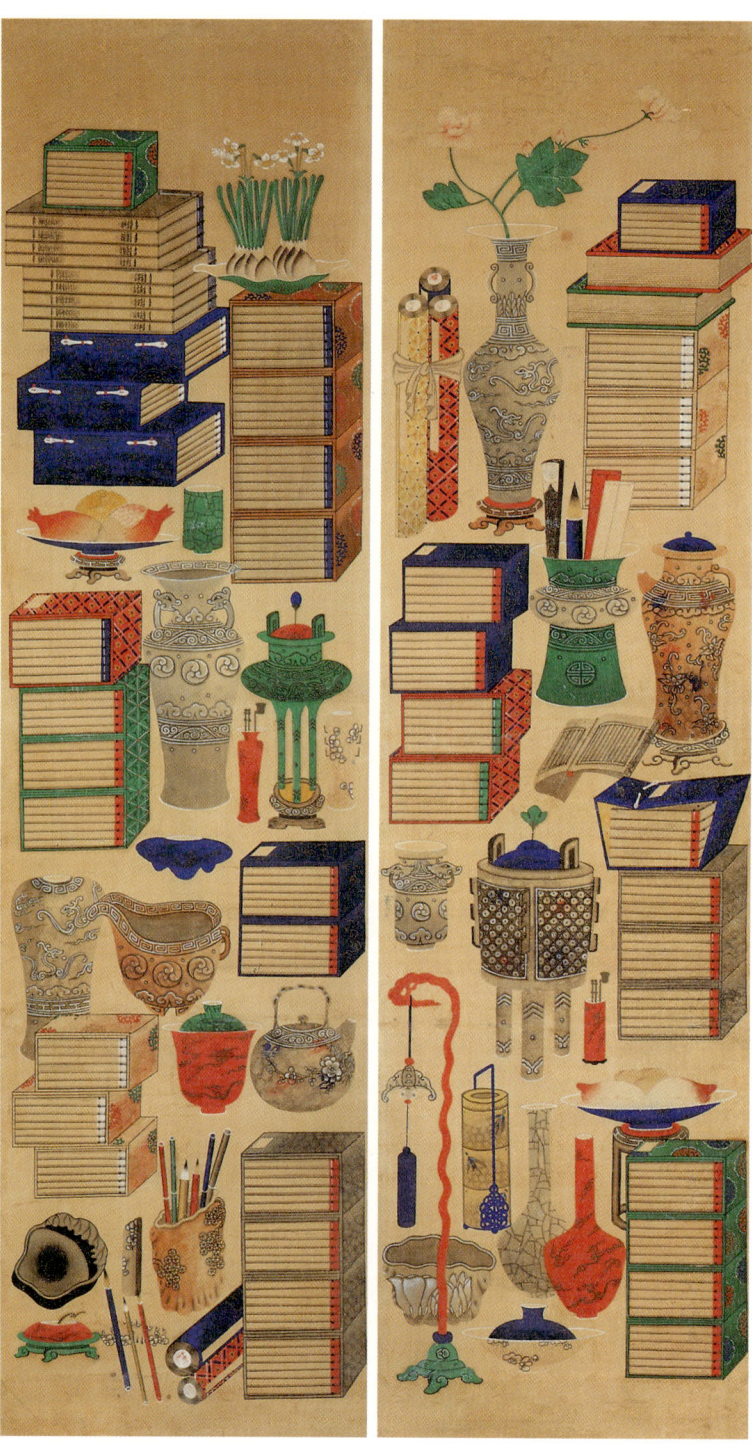

도46 《책거리도》 가리개, 20세기 초, 비단에 채색, 각 175.3× 48.3cm, 리움미술관 소장.

책가도의 다른 한 경향은 서가 없이 책의 비중이 줄어들고 기물이 중심이 되는 형식이다. 리움미술관의 《책거리》 8첩 병풍은 기물의 비중이 책보다 더 크게 설정되었다.^{도48} 비슷한 구성의 《책거리》^{도49}는 서책이 다시 많아졌으나 장식적인 색감은 빠져 있고, 특정한 묘사 방식이 반복되는 도식화 경향이 두드러져 있다. 이 두 점의 책가도는 구성이 같지만, 한 단계 모방이 이루어질 때마다 어떤 변화가 생기는지를 잘 보여 준다. 서가를 표현하는 단계에서 벗어나 책 더미의 비중, 음영 표현의 유무, 장식성의 정도 등을 통해 그림의 유형별 선후관계를 추정할 수 있다.[67]

이상에서 살펴본 그림은 궁중양식의 장식화와 그것이 민간으로

도48 《책거리》 8첩 병풍 중 한 폭, 종이에 채색, 각 52.2×31.0cm, 리움미술관 소장.

도49 《책거리》 8첩 병풍 중 한 폭, 종이에 채색, 각 52.1×32.8cm, 리움미술관 소장.

전해져 생산된 민간양식의 대표적인 사례이다. 궁중양식의 화려하고 섬세한 필치로부터 민간 화가의 소박한 화법이 반영된 변화의 단계를 알게 하는 그림들이다. 완성도가 높은 궁중양식과 민간양식의 차이는 장식화에 대한 수요와 공급이 그만큼 다층적이며 다양하게 이루어졌음을 알려 준다.

4 궁중양식 회화의 유통과 지전 상인 주인섭

구한말의 광통교와 종로의 시전에 그림을 파는 지전紙廛이 문을 열었다. 그러나 지전을 경영한 상인이나 매물로 나온 그림에 대해서는 모르는 부분이 많다. 이는 궁중양식 장식화의 대중화를 이야기할 때 늘 공백으로 남는 부분이다. 이 글에서는 구한말 종로에서 지전을 경영한 주인섭朱寅燮이라는 사람을 통해, 그림의 유통에 있어 지전과 관련된 부분을 살펴보기로 한다. 주인섭 관련 자료는 지전 상인이 된 그의 이력, 당시에 매물로 나온 그림의 양식과 유통경로, 그리고 지전의 경영에 대한 부분적인 정보를 제공해 준다. 궁중 그림의 유통과 관련된 미시적이고 구체적인 사례에 대한 접근이 될 것이다. 특히 화원이 그린 곽분양행락도와 십장생도가 상인 주인섭의 집에 있었던 사실은 궁중양식의 회화가 민간으로 유통된 실상을 분명히 보여 주는 사례이다. 이와 관련하여 어떤 주제의 그림이, 어떤 경로를 통해 궁궐 혹은 상류층에서 민간으로 나오게 되었는가를 알아보는 것이 가능하다. 이러한 단서를 얻게 된 것은 주인섭이라는 상인의 가족사진 한 장으로부터 비롯되었다.[68]

도50 주인섭 가족사진 1906년 촬영

지전 상인 주인섭   구한말에 촬영된 인물이나 가족사진의 배경에는 그림병풍이 놓인 경우가 많다. 공간을 가리거나 장식하기 위한 가장 실용적인 매체가 병풍이기 때문이다. 구한말의 사진 속에 나오는 병풍은 대부분 당시에 만들어지거나 멀지 않은 시기에 제작된 것이다. 지금으로부터 약 백여 년 전, 어느 계층의 가옥에, 어떤 주제의 그림이, 어떤 상태로 놓이거나 걸렸는가를 알려 주는 가장 좋은 자료가 사진이다. 당시에 유통된 그림에 대해서도 필요한 정보를 얻을 수 있다.

  여기에 소개하는 주인섭이라는 상인의 가족사진 한 장은 구한말 궁중 장식화의 유통과 관련된 주요 사실을 알려 준다.[69] 주인섭의 가족사진은 서로 다른 두 책자에 각각 실려 있다. 먼저 『민족의 사진첩 III』에 수록된 사진은 상태가 좋지만, 아무 기록이 없어 누구의 가족사진인지 알 수 없다.[도50] 그러나 『한국사진사』에 실린 동일한 사진에는 아래쪽에 "朴氏夫人壽宴日 記念撮影"(박씨부인수연일 기념촬영), 그리고 위쪽에 "大韓京城商業家朱公寅燮之家庭"(대한경성상업가주공인섭지가정)이라 적혀 있다.[도51] 이 사진이 원본이고, 앞 책에 실

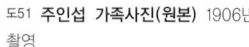

린 사진은 원본에서 잘라 내 편집한 것이다.

이 사진은 대한제국기 서울에서 상업가로 활동한 주인섭이라는 사람의 가족사진이며,[70] 부인의 회갑일을 기념하여 촬영한 것이다. 사진의 중앙에 단령을 입고 사모를 쓴 인물이 주인섭이고, 그의 두 부인이 좌우에 자리를 함께했다. 앞쪽으로는 화관花冠에 원삼圓衫을 입은 여성과 아이들이 세 열로 앉았고, 뒤편에는 남성들이 둘러서 있다. 남녀 모두 용모가 수려하고 옷차림도 단정하다. 남자들이 쓴 모자를 보면 정자관, 갓, 금관, 사모, 중절모에 이르기까지 각양각색이다. 한눈에 상류층이거나 귀족 집안 같은 인상을 준다. 사진은 박씨부인의 회갑일인 1906년 12월 25일에 촬영하였다. 여기에서 필자가 가장 주목한 것은 가족사진 뒤편에 놓인 두 점의 그림병풍이다. 뒤에서 다시 살펴보겠지만, 한 점은 《곽분양행락도》이고, 또 한 점은 《십장생도》로 확인된다.

사진 속의 주인공인 주인섭에 대해서는 알려진 자료가 거의 없다. 가장 기초 자료인 '신안주씨족보' 新安朱氏族譜에서[71] 그를 찾았다. 족보에는 의외로 그의 행적에 대한 짧은 기록이 있었다. 그는 불혹을 넘긴 나이(43세, 1881년)로 무과武科에 합격하였고, 이후 무관으로 빠르게 승진한 이력을 남겼다.[72] 무관이 된 지 약 8년 만에 오늘날의 군단장급인 오위장五衛將에 오른 것은 파격적인 일이다. 이러한 관력의 배경이나 그의 능력에 대해서는 알 길이 없다. 다만 오위장이 된 뒤 얼마 지나지 않아 무관직을 그만둔 것으로 추측된다.

그런데 고위 무관직에 오른 그가 서울의 상업가로 사진에 기록된 점이 의문이다. 가족사진 속에 관복을 입고 있는 점도 상업가의 신분과 어울리지 않는다. 그러나 이러한 의문은 그의 또 다른 행적을 추적하면서 비로소 풀렸다. 주인섭은 1890년대에 무관을 그만두고 사업에 뛰어들었던 것이다. 그가 전직 무관의 이력을 갖고 벌인 첫 사업은 바로 종이와 그림을 판매하는 지전과 책을 파는 책사의 경영이었다. 주인섭의 가족사진 뒤편에 놓인 두 점의 그림병풍은 그가 경영한 지전에 매물賣物로 나온 값비싼 그림일 것으로 추정된다. 부인의 회갑 날 가장 잘 어울리는 병풍을 가져와 잠시 펼쳐놓은 것이 된다.

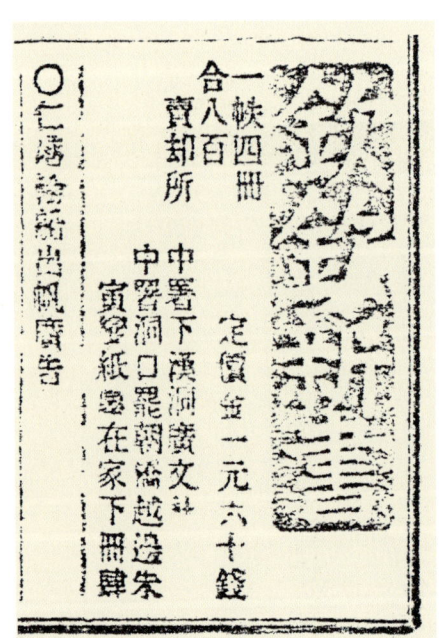

도52 『황성신문』 1901년 6월 28일 제2면

주인섭의 지전은 당시에 꽤 규모가 컸고, 고가高價의 그림을 주로 거래한 것으로 보인다. 종로 일대에서 활동한 일반 상인과 달리 그는 전직 관료 출신이었기에 빠른 정보와 수완, 두터운 인맥 등 지전 경영에 상당히 유리한 조건을 갖고 있었던 셈이다.

주인섭의 지전 경영 주인섭은 지전을 경영하던 1901년 6월부터 이듬해 1월까지 『황성신문』皇城新聞에 광고를 실었다. 이 광고는 그의 이력을 추적하는 데 가장 결정적인 단서가 되었다. 광고의 내용은 새로 나온 책을 판매한다는 것이다. 『흠흠신서』欽欽新書 4책 1질을

도53 〈조선경성도〉(부분) 19세기, 종이에 수묵, 서울시 종합자료실 소장.

1원 60전, 『청국무술정변기』淸國戊戌政變記 상하 2책을 1원에 판다는 광고이다.도52 지전을 소개하는 광고는 싣지 않았지만, 주인섭은 지전의 상호를 자신의 이름을 따서 '주인섭지전'朱寅燮紙廛이라 했다. 한때 종2품의 가선대부에 오위장까지 지낸 인물이 지전을 경영하는 상인으로 변신한 것이다.

광고에는 책을 사고자 방문할 고객을 위해 지전의 위치를 알렸다. 지전의 위치는 한성의 중서동中署洞 입구인 파조교罷朝橋[73] 건너편이라 했다.도53 우리나라 최초의 극장인 단성사團成社가 있던 곳이다. 또한 그 인근에 주인섭의 집과 책사冊肆가 있다고 광고의 말미에 나와 있다. 여기에서 흥미로운 점은 주인섭이 지전과 책사를 각각 분리하여 운영한 점이다. 책사는 주로 책을 판매하고, 지전은 종이류와 함께 그림을 팔던 곳이다. 책을 전문으로 다루는 책사가 당시 지전으로부터 분화되었음을 알려 준다. 개화기 초기의 서적 판매는 책 거간, 신문사, 각급 학교 등에서 이루어졌다. 이후 1905년경에 서울과 지방에 서사書肆가 설립되어 서책의 유통이 활발해졌다고 한다.[74] 주인섭의 지전과 서사는 이보다 훨씬 앞서 운영된 사례이며, 각각 전문성을 강화한 점포의 형태였다.

지전에서는 종이뿐 아니라 다양한 그림도 판매하였다. 18세기 후반기 이후 광통교 인근에 들어섰던 '그림 가게'라는 곳도 바로 지전이었을 것으로 추정된다.[75] 도54 주인섭의 가족사진에 놓인 두 점의 그림병풍은 그의 지전 운영과 결코 무관하지 않다. 사진 속의 병풍은 주인섭이 자신의 가게에 구해 둔 매물賣物일 가능성이 높기 때문이다. 이를 입증해 주는 것이 유통 경로가 분명한 오리건대학교 박물관 소장의《십장생도》8첩 병풍이다.

구한말의 지전은 관청의 허가를 받아 영업하였다. 국가로부터 전매권을 부여받았고, 대신 정기적으로 궁중에 종이를 납품하는 의무를 지녔다. 이러한 전통은 시전의 금난전권禁難廛權과 관련된 오랜 관행이었다. 19세기 후반기의 국가 행사 관련 의궤儀軌에는 필요한 종이류를 지전으로부터 납품 받은 기록이 있다. 지전은 궁중 행사 시에 종이를 공급하는 물품 조달의 기능을 한 셈이다. 1901년에 지전 광고를 낸 주인섭은 그 이전부터 지전을 경영하였던 것이다.

주인섭이 궁중에 종이를 납품하였다면, 아마도 1896년(고종 33) 이전일 것이다. 종로의 육의전六矣廛에 부여했던 전매 특권이 1896년에 공식적으로 폐지되었기 때문이다.[76] 주인섭은 1890년에 재차 오위장에 올랐지만, 아마도 2~3년 뒤에 사직하고서 지전을 경영한 것으로 추정된다. 무관을 지낸 자신의 이력을 바탕으로 상인으로 변신하여 새로운 사업에 뛰어들었던 것이다.

주인섭의 지전에 나온 궁중양식의 그림병풍

주인섭의 가족사진에는 두 점의 병풍이 놓여 있다. 기념촬영을 할 때 배경으로 펼쳐놓은 것인데, 그의 부인인 밀양박씨의 회갑연에 잘 어울리는 《곽분양행락도》와 《십장생도》 병풍이다. 이 두 그림의 주제는 궁중은 물론 민간에서도 인기가 높았다. 두 병풍은 사진 속의 상태와 현존하는 실물을 보더라도 화격이 뛰어난 궁중 화원의 솜씨임에 틀림이 없다. 그렇다면, 이러한 궁중양식에 준하는 그림이 어떻게 지전 상인인 주인섭의 집에 펼쳐지게 된 것일까?

병풍을 좀 더 구체적으로 살펴보자. 가족사진 왼편에 놓인 것은 《곽분양행락도》 10첩 병풍이다. 병풍의 대부분이 사람에 가려졌지만, 다행히 왼편에서 두 번째 폭이 잘 드러나 있다. 그리 선명하지 않지만, 네모난 연지蓮池가 있고, 그 한쪽의 누정에서 바둑을 두는 사람들이 그려져 있다. 곽분양행락도의 전형적인 구성이고, 정해진 도상에 따라 그린 것이다. 흑백 사진 속의 병풍이지만, 실제로는 화려하고 정교한 채색 그림이었음이 분명하다. 흥미로운 것은 많은 자녀들이 참여한 사진 속의 주인섭 가족도 곽분양행락도와 다름이 없어 보인다는 점이다. 행사의 성격과 병풍의 주제가 잘 어울리는 경우이다. 일반적인 병풍의 폭 수보다 큰 10첩인 것은 상당한 비용과 공력을 들여 만든 것임을 알려 준다.

사진 속의 《곽분양행락도》를 일본 야마토분카칸大和文華館 소장의 《곽분양행락도》[도55]와 비교하였다. 19세기 작으로 보이는 야마토분카칸 병풍의 왼편 두번째 폭[도55-1]이 사진 속 병풍의 두번째[도50-1] 폭과 구성이 비슷하다. 연지와 누각이 등장하고, 2~3명의 사람이 누각 안에서 바둑을 두는 장면이다. 사진 속의 《곽분양행락도》는 실물을 찾지 못했지만, 부분적인 묘사로 볼 때 고급 수준의 궁중양

식 병풍으로 예상된다. 많은 인물들이 등장한 복잡한 구성이기에
민간 화가의 웬만한 솜씨로는 그리기 어려운 주제이다.

　사진 속의 오른쪽 병풍은 사람에 가려져 더욱 알아보기 어렵다.
단서가 된 것은 사람들의 머리 위로 약간 드러난 화면이다. 아마도
화면에서 희게 보이는 부분은 구름을 그린 부분인 듯하다. 병풍 상
단에 구름을 그린 예는 십장생도에 주로 나타나는 특징이다. 따라
서 흰 구름이 약간 걸쳐진 사진의 일부를 가지고 지금까지 알려진

　　　제4부　조선 말기 궁중양식 장식화의 유통과 확산

도55 《곽분양행락도》 8첩 병풍, 19세기, 비단에 채색, 각 414.8×130.5cm, 야마토분카칸 소장.

여러 십장생도와 비교해 보았다. 그 결과 의외로 비슷한 그림을 발견하였다. 최근에 소개된 미국 오리건대학교 박물관 소장의 《십장생도》 병풍이다.[77] 주인섭의 가족사진에 놓인 《십장생도》와 오리건대학교 박물관의 《십장생도》는 과연 같은 그림일까?

이를 증명할 단서를 사진과 그림 속에서 찾았다. 오리건대학교 박물관 소장 《십장생도》의 왼편 상단[도26-1]은 사진 속의 병풍 부분[도50-2]과 매우 유사하다. 더 자세한 확인을 위해 사진의 십장생도 부분을 오리건대학교 박물관의 《십장생도》와 같은 비례로 편집하여 비교하였다. 병풍 위쪽의 구름과 사람 사이로 보이는 공간이 사진 속의

도26-1 오리건대학교 박물관 소장 《십장생도》의 왼편 상단

도50-2 주인섭 가족사진의 오른쪽 상단 부분

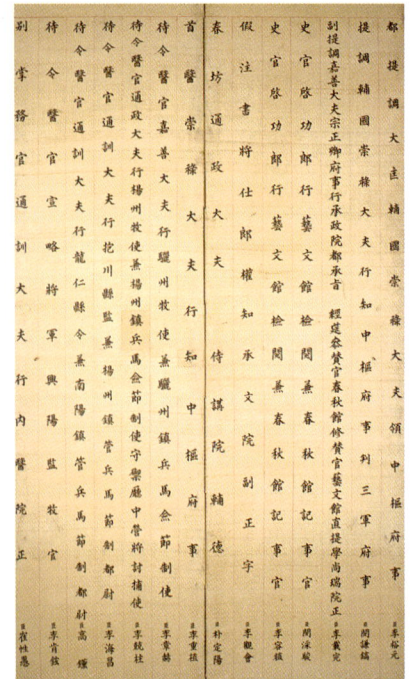

모양과 매우 흡사하다. 흑백사진에 구름은 희게 보이고, 소나무를 그린 부분은 검은색을 띤다. 따라서 사진 속의 《십장생도》는 오리건대학교 박물관의 《십장생도》와 같은 그림일 가능성이 매우 높다고 판단한다.

오리건대학교 박물관의 《십장생도》는 1880년(고종 17)에 제작되었다. 한 해 전인 1879년, 훗날 순종純宗이 된 왕세자의 천연두가 완쾌된 것을 기념하여 제작한 것이다. 병풍의 정식 이름은 《왕세자두후평복진하계병》王世子痘候平復陳賀楔屛이다. '평복'平復은 완쾌를, '진하'陳賀는 축하를 뜻한다. 좌목에 기록된 사람은 영중추부사 이유원李裕元(1824~1888), 지중추부사 민겸호閔謙鎬(1838~1882), 도승지 이재완李載完(1855~1922) 등 14명의 의약청 관원이다.[78] 오리건대학교 박물관의 《십장생도》는 좌목 2폭을 포함한 10첩이다.도56 그런데 사진에는 병풍의 가장 왼편에 연결된 좌목 2폭이 보이지 않는다. 이는 바로 옆에 놓인 《곽분양행락도》 뒤에 겹쳐 놓은 것으로 확인된다.

《십장생도》는 현존하는 십장생 그림 중에서도 채색이 화려하고 묘사가 정교하다. 또한 1880년 작이라는 제작 연도는 지금까지 확인된 기년작紀年作 십장생도로는 유일하다. 십장생도의 양식을 비교하는 기준작으로서의 가치가 매우 높은 그림이다.

계병은 좌목에 기록된 사람들이 비용을 들여 만드는 것이 관행이다. 여러 점을 그려 해당 관청에 하나를 보관하였고, 참여한 관원들도 한 점씩 나누어 가졌다. 특별한 경우에는 궁중에도 한 본을 올렸다. 제작 비용이 많이 들었기에 당상관들만 주로 병풍을 나누어 가졌을 것으로 추측된다.[79] 무병과 장수를 상징하는 십장생도는 곽분양행락도와 함께 수연일과 같은 축연에 잘 어울리는 주제이다. 사대부가나 민가에 경사가 있을 때면, 이 두 주제의 병풍이 가장 많이 사용되었다.

오리건대학교 박물관에서는《십장생도》 병풍을 1924년 서울의 테일러 상회를 통해 구매하였다.[80] 당시 행촌동에 '딜쿠샤' DILKUSHA라는 서양식 벽돌집을 짓고 살았 던 앨버트 테일러Albert Taylor(1875~1948)가 테일러 상회의 주인이다.[도57] 그는 무역업에 종사한 것으로 알려져 있으나 고서화까지 도 다루었던 것 같다.《십장생도》는 테일러 상회에서 구매를 대행 하여 오리건대학교 박물관으로 보낸 것이다. 구입 당시에 테일러 상회에서 발행한 매도증賣渡証은 1924년 9월 10일자로 작성되었다. 병풍의 제목은 "궁병풍"Palace Screen, 구매가는 750엔이다.[81] 매도증 에 적힌 명칭대로 이 병풍은 궁중의 소장품으로 소개된 듯하다.

그렇다면 테일러 상회에서《십장생도》를 구입한 1924년 당시 주인섭의 지전은 어떤 모습이었을까? 가족사진을 촬영한 1906년으 로부터 18년이 지난 시점이다. 1923년 서울의 상업인 조사 기록에 보면, 종로 3가 85번지에 주인섭의 손자인 주재관朱載寬(1901년생)이 지물점紙物店을 경영한 것으로 나온다.[82] 상호는 적혀 있지 않고 지 전은 지물점으로 바뀌었지만, 주재관이 조부인 주인섭의 가업을 잇 고 있었던 것이다. 그런데 1906년의 가족사진에 나온《십장생도》 가 1924년까지 주재관의 지물점에 남아 있었는지는 알 수 없다. 다 른 누군가의 손에 넘어간 뒤 테일러가 이를 구입했을 수도 있다. 그러나 매물이 아닐 경우 소유자를 찾아가 매도賣渡를 부탁하는 것은 쉽지 않은 일이다. 테일러 같은 중계상인이 가장 거래하기 수월한 상대는 역시 상인이었을 것이다. 다양한 정황을 고려해 볼 때, 주인 섭의 지전에 있던《십장생도》를 테일러 상회에서 구매하여 오리건대 학교 박물관으로 보냈고, 사진 속의《십장생도》와 오리건대학교 박 물관의《십장생도》는 같은 그림일 가능성이 매우 높다고 본다.

19세기 전반기의 「한양가」(1848)에 소개된
"광통교 아래의 각색 그림이 걸린 가게"
는 지전으로 추정된다. 「한양가」에 열거된 그림의 주제를 일람해
보면, 이곳에 나온 그림들은 궁중양식과 사대부 취향, 그리고 민간
그림으로 구분된다. 궁중양식은 백동자도, 요지연도, 곽분양행락도,
십장생 등의 화려한 장식화이고, 사대부의 취향은 소상팔경도瀟湘八
景圖나 사군자류에 해당한다. 이외에 세화歲畵나 부적화符籍畵 등도
수요가 많았던 그림이다. 광통교 인근에서는 다양한 계층에서 선호
한 그림이 함께 거래되었고, 그 유통의 중심이 바로 지전이었다.
주인섭의 지전 경영은 여기에 큰 시사점을 준다.

　구한말에 지전을 경영한 상인은 지금가지 소개된 사례가 없다.
지전 상인으로 이름과 행적이 밝혀진 사람은 주인섭이 유일하다.
지전의 위치가 창덕궁으로 들어가는 길목인 종로 3가 파조교 인근
이라면 광통교 쪽의 지전보다 꽤 큰 규모였을 것이다. 관료 출신의
상인인 주인섭의 이력과 신문에 낸 광고를 보더라도 짐작이 간다.

　주인섭의 가족사진에 놓인 《곽분양행락도》와 《십장생도》는 「한
양가」에서 광통교에 걸렸던 것으로 묘사한 화제畵題에도 나와 있어
더욱 흥미롭다. 특히 큰 화면을 정교한 필치로 채워야 하는 병풍은
능숙한 화가가 아니면 완성이 어렵다. 화가는 또한 자신의 개성보
다 주제에 따라 정해진 양식을 충실히 따라야 하며, 개성을 절제할
수 있어야 한다. 따라서 《곽분양행락도》와 《십장생도》는 궁중양식
에 익숙한 도화서 화원의 솜씨일 것으로 추정된다. 규모가 큰 지전
일수록 이와 같은 궁중양식의 장식화를 고가高價의 매물로 내놓았
을 것이다. 이러한 장식화는 재력만 된다면 사대부든 중인이든 누
구나 소유할 수 있던 매물이다. 1900년을 전후하여 궁중양식의 병
풍이 종로 3가 지전에 나온 사실은 궁중 장식화의 저변화가 유통을
통해 이루어지고 있음을 단적으로 말해 준다.

　그림의 유통공간은 조선 말기 궁중회화의 대중화를 설명해 주는

주요 단서이다. 특히 광통교가 거래의 중심이 된 것은 인근에 도화
서가 있었기 때문이다. 도화서 소속 화가들의 사적인 도화 활동은
궁중양식의 저변화에 큰 역할을 하였다. 또한 광통교 인근의 지전
에 나온 고급 그림들은 바로 민간 화가들에 의해 모방되고 재생산
될 수 있었다. 조선 말기의 광통교와 도화서는 궁중양식의 그림이
민간으로 보급되는 매우 중요한 경로에 해당한다. 시장을 통한 그
림의 유통이 조선 말기의 마지막까지 광통교와 종로 부근에서 이루
어지고 있었다.

宮
中
繪
畫

5 글을 마치며

이상에서 조선 말기에 이루어진 궁중양식 장식화의 대중화 현상을 살펴보았다. 조선 후기의 진경산수화와 풍속화가 18세기를 정점으로 한국적인 화풍을 꽃피웠지만, 궁중회화는 19세기 말까지 궁중양식의 꾸준한 발전을 보였다. 이 시기에는 장식화에 대한 궁중의 수요가 많았던 만큼 화원화가들의 역량이 결집됨으로써 궁중회화의 내실을 안정적으로 다져갔다. 특히 궁중 장식화는 궁중의 품격과 왕실의 권위를 가장 잘 함축한 그림으로서 다채로운 양식미를 자랑한다. 이 글에서는 궁중 장식화의 대중적 확산에 초점을 두어 매매의 중심이 된 유통공간, 궁중 장식화의 저변화 과정, 그리고 지전을 경영한 상인의 사례를 살펴보았다.

궁궐 밖으로 전해진 궁중 장식화는 궁궐의 내부를 꾸미거나 의례의 공간을 장식한 길상의 의미를 지닌 그림이었다. 이러한 장식화가 지닌 묘사의 사실성, 색감의 장식성, 그리고 주제의 상징성 등은 민간 그림에서 접할 수 없는 요소이지만 민간 화가들의 적극적인 재현과 모방의 대상이 됨으로써 점차 민간양식으로도 변용되었다.

궁중회화의 대중화는 18세기 후반기 이후 시전의 거래를 통해 이루어졌다. 시전의 중심인 광통교 인근에는 궁중양식을 따른 장식화가 민간 그림과 함께 매물로 나와 있었고, 이곳에서 그림의 감상과 매매, 감정 등이 활발히 이루어졌다. 이러한 배경에는 인근에 위치한 도화서를 중심으로 한 화가들의 사적인 도화 활동이 중요한 매개가 되었다. 또한 도화서 화원과 그 주변에 머물던 무명화가들의 그림이 이곳으로 나왔고, 거래를 통해 수요층을 만남으로써 유통이 가능했던 것이다. 이러한 유통의 활성화는 상인과 부농 등 신흥 부유층의 경제적 성장과 밀접한 관련이 있다. 이들의 경제적 여유가 장식화에 대한 수요를 높였고, 궁중화풍의 장식화가 민간 그림으로 재생산되는 배경이 되었다. 궁중회화가 민간으로 확산된 데에는 이를 생산한 화원화가와 민간 화가, 신흥 부유층과 같은 새로운 수요층, 그리고 유통을 촉진시킨 상인들의 활동이 있었기에 가능했다.

민간으로 전해진 궁중 장식화는 일월오봉도, 모란도, 십장생도, 곽분양행락도, 요지연도, 백동자도, 책가도 등이다. 이외에도 주제가 더 있을 수 있지만, 이 글에서는 왕실 문헌에 기록이 있고, 현재 남아 있는 그림의 주제로 한정하였다. 이 화제에 해당하는 그림들은 대부분 19세기에 그려졌으며, 18세기 이전의 그림은 남아 있지 않아 양식의 맥락을 이해하는 데 어려움이 있다.

민간으로 확산된 궁중양식의 장식화가 지닌 특징을 정리하면 다음과 같다. 첫째, 궁중 장식화 가운데 가장 대중화와 거리가 먼 그림은 일월오봉도이다. 왕이 임재한 모든 곳에 놓였던 일월오봉도는 제왕의 상징이라는 특성 때문에 민간에서 그림으로 남긴 예가 많지 않다. 다만, 무속신앙과 관련하여 일월오봉도의 모티프가 그려진 예가 있다. 일월오봉도가 지닌 왕권의 상징성을 무속의 신과 동일시하여 일월오봉도의 이미지를 차용한 것이다.

둘째, 궁중양식 장식화의 저변화가 가장 활발히 이루어진 그림은 모란도와 책가도이다. 모란도는 전하는 그림이 다양하여 궁중양식의 계통과 변용의 과정을 파악하기가 쉽다. 책가도 또한 민간으로 변화하는 과정이 매우 뚜렷한 그림이다. 책가의 생략, 구성의 단순화 등을 통해 변화의 과정을 살필 수 있었다. 다만 19세기 후반기에 가면 화면의 크기가 작아지고 단순화되는 경향을 보인다. 이것은 민간 그림으로 진행된 이후에 나타난 현상이다. 궁중양식 장식화의 민간화에는 주제가 지닌 기복적이고 길상적인 의미가 대중화를 불러오고 촉진하는 관건이 되었다.

셋째, 상류층에서 수요가 많았던 그림은 요지연도와 곽분양행락도이다. 이 두 그림은 일월오봉도나 십장생도와 달리 형식적 요소가 적고, 회화적 표현이 두드러져 있다. 장식적이면서도 감상화로서의 성격을 지녔으며, 대중적 전파력이 강한 주제를 담고 있다. 또한 섬세하고 세련된 묘사를 필요로 하기에 전문성이 부족한 민간화가의 화법으로는 효과를 보기 어려운 주제이기도 하다. 이와 같이 표현상의 난이도가 높은 그림들은 상류층을 중심으로 제한적인 대중화가 이루어졌다고 본다.

넷째, 백동자도는 송대 영희도에 기원을 둔 그림으로 명·청대에 이르기까지 독립된 화목으로 전통을 이어왔고, 도상 또한 송대에 기본 형식이 성립되었고, 명대에 이르러 양식의 전형을 이루었던 것으로 추측된다. 조선후기의 백동자도는 간소화된 형태로 작은 병풍에 그려진 예가 많았다. 이처럼 병풍의 크기가 작아지고 재료도 비단에서 종이로 바뀐 것은 책가도, 십장생도, 백동자도 등에서 공통적으로 발견된다. 이 그림들은 크기에 따른 비용과 감상 공간에 대한 부담을 줄여 작은 화면에 그린 듯하다. 이 역시 궁중양식의 민간화 과정에서 발견되는 현상이다.

마지막 장에서는 궁중회화의 유통과 관련된 사례를 지전紙廛 상인 주인섭의 관련 자료를 통해 구체적으로 살펴보았다. 광통교 인근에 형성된 그림의 매매 공간과 그 주변의 환경에 대한 언급은 있었지만, 실제로 지전을 경영한 상인에 대해서는 다루어진 적이 없었다. 구한말 종로 3가에서 지전을 경영한 주인섭의 행적은 지전 상인의 이력과 그림의 유통에 대해 많은 사실들을 시사해 준다.

특히 주인섭의 가족사진을 단서로 사진의 배경에 놓인 병풍 그림이 《곽분양행락도》와 《십장생도》라는 사실을 밝혔고, 그 《십장생도》가 기존에 소개된 1880년 순종의 천연두 회복을 기념한 계병임을 알아낼 수 있었다. 계병은 여러 점 제작하여 나누어 갖는 특성상 궁중양식을 저변화하기에 매우 유리한 사례이다. 그리고 이 《십장생도》가 1924년 테일러 상회를 통해 미국 오리건대학교 박물관으로 매매된 그림일 것이라는 가능성도 함께 확인하였다. 무관에서 지전 상인으로 변신한 주인섭이 궁중의 사정에 밝았고, 전직 무관의 이력을 배경으로 여러 이권을 가진 상태에서 지전을 경영하였던 것이다.

구한말 민간으로 전해진 궁중양식의 장식화는 원래 궁중 그림으로서의 화려함과 품격을 지녔다. 또한 궁중양식은 다양한 민간양식으로도 그려져 때로는 민화로까지 저변을 넓혔다. 그 이면에는 변화하는 시대 환경, 새롭게 부상한 신흥 부유층의 문예적 관심, 서민층의 문화적 수요, 유통을 담당한 상인들, 그리고 이를 공급하기 위한 다양한 민간양식의 그림들이 생산되었기에 가능할 수 있었다. 궁중회화가 궁궐의 공간에 한정하지 않고 그림의 주제와 양식을 대중적 범주로 넓혀 생산하고 소비한 점은 조선 말기의 궁중과 민간의 장식화가 이루어 낸 값진 성취라 할 수 있다.

부록_

주_

제1부_

1_ 궁중 장식화로서 장지문과 부벽화에 대한 개관은 박윤
희, 「궁궐 전각의 장식그림: 창호그림과 부벽화」, 『궁궐
의 장식그림』(국립고궁박물관, 2009), pp.99~108 참조.

2_ 정붓샘, 「운현궁의 서화유물」, 『운현궁 생활유물Ⅵ 書
畵』(서울역사박물관, 2008), pp.7~8.

3_ 창덕궁 벽화에 대해서는 김선정, 「1920년 창덕궁 희정
당 벽화」, 『도시역사문화』 제8호(서울역사박물관,
2009), pp.132~159 참조.

4_ 박윤희, 앞의 논문, pp.104~105: 김선정, 위의 논문,
p.150 참조.

5_ 조선시대 창호의 명칭, 형식, 기능 등에 대해서는 최미
애, 「조선시대 후기 영건의궤를 통한 궁궐창호에 관한
연구」(고려대학교 대학원 석사학위논문, 2002); 심은애
외, 「조선시대 영건의궤에 나오는 창호 명칭 분석」, 『한
국건축사학회 추계학술발표대회 논문집』(한국건축사학
회, 2008), pp.161~170.

6_ 『육전조례』六典條例 권지육卷之六 「예전」禮典 도화서圖
畵署 모사模寫.

7_ 『통문관지』通文館志 권4 「사대」事大 방배房排.

8_ 『헌종비 경빈김씨 순화궁 가례시절차』(규27008)에 상응
하는 한글본이 『뎡미가례시일긔』이다. 이 책의 내용 판
독과 주석은 황문환 외, 『정미가례시일기』丁未嘉禮時日
記(한국학중앙연구원 출판부, 2010) 참조.

9_ 황문환, 위의 책, pp.101, 195, 311, 312 참조.

10_ 이이순李頤淳, 『후계집』後溪集 권5 잡저雜著 「대조전
수리시기사」大造殿修理時記事.

11_ 일월오봉도에 대한 대표적 연구는 이성미李成美, 「朝鮮
王朝 御眞關係 都監儀軌」 Ⅶ. 御眞과 五峯山屛, 『朝鮮王
朝 御眞關係 都監儀軌 研究』(한국정신문화연구원,
1997), pp.95~123; Yi Sŏng-mi, "The Screen of the
Five Peaks of the Chosŏn Dynasty", 『조선왕실의 미
술문화』(대원사, 2005), pp.467~519; 명세나, 「조선시
대 오봉병(五峯屛) 연구」, 이화여자대학교대학원 미술사
학과 석사학위논문(2007. 2); 신한나, 「조선왕실 凶禮의
儀仗用 屛風의 기능과 의미」, 홍익대학교대학원 미술사
학과 석사학위논문(2008. 12); 김홍남, 「조선시대 '일월
오봉병'에 대한 도상해석학적 연구」, 『중국 한국미술사』
(학고재, 2009), pp.440~457 참조.

12_ 명세나, 위의 논문, pp.9~11 참조.

13_ 오봉병과 일월경에 대해서는 명세나, 위의 논문, pp.14
~19 참조.

14_ 『선조실록』 권24 23년(1590) 3월 28일(기사己巳).

15_ "昔者周公 朝諸侯于明堂之位 天子負斧依南向而立" 『예
기』禮記 권9 명당위明堂位 제14.

16_ 『고려사』 권69 지志 제23 예禮 11 가례잡의嘉禮雜儀
상원연등회의上元燃燈會儀 및 중동팔관회의仲冬八關會
儀; 『고려사』 권60 지志 제14 예禮 2 길례대사吉禮大祀
2 태묘太廟

17_ 『세종실록』 권50 12년(1430) 12월 2일(무진戊辰).

18_ 『당서』唐書 권180 「이덕유열전」李德裕列傳.

19_ 「오례」五禮 길례서례吉禮序例 신위神位; 『오례』 길례의
식吉禮儀式 친협종묘의親祫宗廟儀 진설陳設; 『오례』 길례
의식吉禮儀式 협향종묘섭사의祫享宗廟攝祀儀 진설陳設.

20_ 조용진趙鏞珍, 『東洋畵 읽는 법』(집문당, 1989), ; 이성
미, 「朝鮮王朝 御眞關係 都監儀軌」, pp.103~108; 오주
석, 『한국의 미 특강』(솔, 2003), pp.229~235; 김홍남,
「조선시대 '일월오봉병'에 대한 도상해석학적 연구」,
pp.440~457.

21_ 김홍남, 「일월오봉병과 정도전」, 『중국 한국미술사』(학
고재, 2009), pp.458~467.

22_ 『선조실록』 권24 23년(1590) 3월 28일(기사己巳).

23_ 명세나, 앞의 논문, pp.15~18 참조.

24_ "熟銅九片 硼砂二兩 汗音黃銀五兩 日形鍍黃金四戔 龍鬚
八箇鍍黃金六戔 龍眉八箇鍍黃金二戔五分 月形鍍銀四戔
水銀六兩 五味子四兩 白炭一石" 『중화전영건도감의궤』中

和殿營建都監儀軌「품목」稟目 壬寅七月十五日 五峯屏日
月形及龍鬚龍眉所入.

25_『인정전영건도감의궤』仁政殿營建都監儀軌(1805), 『인
정전중수도감의궤』仁政殿重修都監儀軌(1857), 『중화전
영건도감의궤』中和殿營建都監儀軌(1904), 『경운궁중건
도감의궤』慶運宮重建都監儀軌 (1904)

26_『인정전영건도감의궤』仁政殿營建都監儀軌(1804)) 「전
우척량」殿宇尺量; 『인정전중수의궤』仁政殿重修儀軌
(1857) 「전우척량」殿宇尺量.

27_『중화전영건도감의궤』中和殿營建都監儀軌(1902) 「중화
전척량」中和殿尺量.

28_ 조재모, 「朝賀 儀禮動線과 宮闕 正殿의 建築型式」, 『대
한건축학회지』 제26권 제2호(대한건축학회, 2010),
pp.185~194.

29_ 혼전 모란병의 문에 대해서는 신한나, 앞의 논문,
pp.87~89.

30_『창경궁영건도감의궤』昌慶宮營建都監儀軌(1834년) 「실
입」實入 함인정涵仁亭.

31_『원행정례』園幸定例 「과천현행궁배설」果川縣行宮排設,
「시흥현행궁배설」始興縣行宮排設, 「화성행궁배설」華城行
宮排設.

32_『승정원일기』承政院日記 제85책 인조 21년(1643) 9월
6일(정유丁酉).

33_ 국장에서 사용되는 오봉병의 기능에 대해서는 명세나,
앞의 논문 참조.

34_ 혼전 당가의 오봉도가 3첩짜리 병풍에서 영조 연간 3
면 오봉장자로 바뀌었다는 견해(신한나, 앞의 논문,
pp.84~87)는 재고를 요한다.

35_ 신한나, 위의 논문, pp.41~45 및 pp.84~87.

36_『원행정례』 「외정리소각종가본년한식」外整理所各種價
本年限式.

37_ 이성미, 「朝鮮王朝 御眞關係 都監儀軌」, pp.108~112
에서는 세 가지 유형으로 분류가 시도되었다.

38_ 황정연, 「조선시대 진전(眞殿)의 역사와 신선원전」,
『신선원전』新璿源殿(국립문화재연구소, 2010), pp.108
~111.

39_ 이종휘李種徽(1731~1797), 『수산집』修山集 권3 기記

「목단병기」牧丹屏記.

40_ 국장 과정에서 사용되는 모란병에 대해서는 이종숙,
「조선후기 국장용 모란병의 사용과 그 의미」, 『고궁문
화』 창간호(국립고궁박물관, 2007), pp.58~91; 신한나,
앞의 논문 참조.

41_ 신한나, 위의 논문, p.58.

42_『고려사절요』 충숙왕 4년 정월; 이상희, 『꽃으로 보는
한국문화』 3(넥서스 BOOKS, 2004), pp.186~189.

43_ 일례로『선원보략수정의궤』璿源譜略修正儀軌 「감결」甘
結 임신壬申(1874) 십이월초구일十二月初九日(규
14121) 참조.

44_『창경궁영건도감의궤』昌慶宮營建都監儀軌(장 2-3597)
「감결」甘結 계사癸巳(1833) 십일월일十一月日; 『인정전
중수도감의궤』仁政殿重修都監儀軌(규 14338) 「감결」甘
結 정사丁巳(1857) 사월초일일四月初一日; 『중화전영건
도감의궤』中和殿營建都監儀軌 「품목」稟目 임인壬寅
(1902) 칠월십일七月十日 등 참조.

45_ 가례에 사용된 병풍의 종류에 대해서는 이성미, 「藏書
閣所藏 朝鮮王朝 嘉禮都監儀軌의 美術史的 考察」, 『장서
각소장 가례도감의궤』藏書閣所藏 嘉禮都監儀軌(한국정
신문화연구원, 1994), pp.86~89.

46_『순종대왕실록의궤』純宗大王實錄儀軌(규 14179) 「감
결」甘結 병신丙申(1838) 사월일四月日.

47_ 박미朴瀰(1592~1645), 『분서집』汾西集 권11 「병자란
후집구장병장기」丙子亂後集舊藏屏障記.

48_『서경書經·홍범洪範』 오복五福.

49_ 김영행金令行, 『필운고』弼雲稿 책2 시詩 「의주갑회석상
추운추부依周甲會席上抽韻追賦」.

50_ 십장생도에 대해서는 박본수朴本洙, 「朝鮮後期 十長生
圖 硏究」, 홍익대학교대학원 미술사학과 석사학위 논문
(2002); 동저, 「國立中央博物館 소장 〈十長生圖〉」, 『미
술사논단』美術史論壇 제15호(한국미술연구소, 2002),
pp.385~400; 동저, 「조선후기 십장생도 연구-궁중
'십장생병풍'을 중심으로」, 『병풍에 그린 송학이 날아올
때까지-십장생전』(궁중유물전시관, 2004), pp.250~
267; 동저, 「오리건대학교박물관 소장 십장생병풍(十長
生屏風) 연구」, 『고궁문화』古宮文化 제2호(국립고궁박물

관, 2008), pp.11~35 참조.

51_ 王純信, 「朝鮮族的"十長生圖"」, 『社會科學戰線』 1994年 第6期(1994. 6).

52_ 『명수화보』名數畵譜는 에도시대 후기의 화가 오하라 토야(大原東野, 1770~1840)의 저작으로 천天·지地·인 人·부록附錄 4권으로 되어 있다. 1804년에 시작하여 1810년에 탈고된 『명수화보』는 숫자와 관련된 화제를 순서대로 엮은 것으로 부록에 간단한 설명을 곁들였다. 오하라 토야의 이름은 메이수 가후(大原民聲)인데 그는 산수와 화조화에 능했으며 인물화에 특히 뛰어났다고 한다.

53_ 小田幾五郎 저, 栗田英二 역주, 『象胥紀聞-對馬島通事 가 본 18世紀 韓半島文化』(이회, 2005), p.189.

54_ 이색李穡, 『목은시고』牧隱詩藁 권12 시詩 「세화십장생」 歲畵十長生; 성현成俔, 『허백당집』虛白堂補集 권5 시 詩 「수사세화십장생」受賜歲畵十長生.

55_ 강관식, 『조선후기 궁중화원 연구(상)』(돌베개, 2001), pp.432~434.

56_ 장혼張混, 『이이엄집』而已广集 권3 잡언雜言 「이삭녕회 갑연일 작칭수첩이하」李朔寧回甲宴日 作稱壽帖以賀.

57_ 『승정원일기』 1746책 19년 6월 17일(병신丙申).

58_ 『일성록』日省錄 1837년 1월 6일. 익종어진의 군복본, 복건본, 법복본을 경우궁 재실에 봉안하고 면복본을 경 모궁 망묘루에 봉안했을 때의 일이다.

59_ 『내각일력』內閣日曆 1816년 6월 20일; 강관식, 앞의 책, pp.432~434.

60_ 박본수, 「조선후기 십장생도 연구—궁중 '십장생병풍' 을 중심으로」, pp.259~262.

61_ 박본수는 흰색 사슴의 표현을 이른 시기의 십장생도를 판가름하는 요건으로 보았으나 그보다는 흰색, 옅은 갈 색, 진한 갈색, 옅은 회색, 진한 회색 등과 같이 다양한 색깔의 사슴이 묘사되는 양상에 주목하는 것이 타당하 다고 본다.

62_ 오리건 대학 소장의 십장생도병풍에 대한 자세한 내용 은 박본수, 「오리건대학교박물관 소장 십장생병풍(十長 生屛風) 연구」(2008) 참조.

63_ 이 해학반도도에 대해서는 김수진, 「제국을 향한 염원: 호놀룰루 아카데미 미술관 소장〈海鶴蟠桃〉병풍」, 『미 술사논단』 28호(한국미술연구소, 2009. 6), pp.61~88.

64_ 『영정모사도감의궤』影幀模寫都監儀軌(규 13992) 「품 목」稟目 辛丑三月十二日 海蟠桃屏四貼二坐每貼新造所入.

65_ 野崎誠近 저, 『중국미술상징사전』, 변영섭·안영길 옮김 (고려대학교 출판부, 2011), pp.534~535.

66_ 우현수, 「미국필라델피아미술관 소장 〈봉황·공작도〉 쌍폭에 대하여」, 『궁궐의 장식그림』(국립고궁박물관, 2009), pp.110~118 참조.

67_ 『구당서』舊唐書 권120 열전列傳 제70 「곽자의전」郭子 儀傳; 『신당서』新唐書 권137 열전列傳 제62 「곽자의전」 郭子儀傳.

68_ 조선시대 곽분양행락도에 대한 선행 연구로 대표적인 것은 정영미鄭瑛美, 「朝鮮後期 郭汾陽行樂圖 硏究」(한국 정신문화연구원 한국학대학원 석사학위논문, 1999. 2) 가 있다.

69_ 최치원崔致遠, 『계원필경』桂苑筆耕 권지팔卷之八 별지 別紙 이십수二十首 「제갈상상공」諸葛爽相公; 『삼국사기』 三國史記 권44 열전列傳 제4 「장보고」張保皐.

70_ 『열성어제』 권16 숙종대왕 문文 「분양왕찬」汾陽王贊.

71_ 『숙종실록』 권61 44년(1718) 3월 25일(갑술甲戌).

72_ 『영조실록』 권78 28년(1752) 12월 8일(갑오甲午).

73_ 『정조실록』 권37 17년(1793) 6월 22일(계미癸未); 『정 조실록』 권39 19년(1794) 4월 28일(갑신甲申); 『정조실 록』 권46 21년(1797) 4월 24일(갑오甲午).

74_ 최경환, 「곽분양(郭汾陽) 연구-고전문화 속의 인물 읽 기」, 『한국고전연구』 18집(한국고전연구학회, 2008), pp.253~277.

75_ 신숙주申叔舟, 『보한재집』保閑齋集 권7 칠언소시七言小 詩 「제고화병십이절」題古畵屛十二絕.

76_ 조문명趙文命, 『학암집』鶴巖集 책오冊五 제후제후 「제 녹훈도감계병후」題錄勳都監稧屛後; 윤진영, 「朝鮮時代 契會圖 硏究」(韓國精神文化硏究院 韓國學大學院 박사학 위논문, 2004), pp.320~321. 이 계병은 15명의 공신들 이 만든 병풍으로서 그림은 『학암집』에 쓰인 각 첩의 화 제畵題로 미루어 볼 때 간단한 배경이 있는 초상화일 가 능성도 배제할 수 없다.

77_ 김정중金正中, 『연행록』燕行錄 임자壬子(1792) 정월正月 초사일初四日.

78_ 『열성어제』권10 숙종편 시詩「제곽자의행락도사세자」題郭子儀行樂圖賜世子;『열성어제』권11 숙종편 시詩「제곽분양행락도」題郭汾陽行樂圖;『열성어제』권12 숙종편 시詩「제도병」題圖屛.

79_ 『내각일력』 1834년 1월 23일; 강관식, 앞의 책, pp.218~220.

80_ 박혜순,「〈郭汾陽傳〉研究─구성과 인물 형상을 중심으로」, 고려대학교대학원 석사학위논문(2006. 12) 참조.

81_ 유득공柳得恭, 『경도잡지』京都雜誌 권1 풍속風俗 서화편書畵編.

82_ '兢齋'라는 관서가 있는 작품으로 국립중앙박물관 소장본(덕수 1508), 숭실대박물관 소장본, 미국 필라델피아박물관 소장본 2점 등이 확인된다. 하지만 이 그림들의 관서는 모두 후낙으로 보이며 양식적으로도 김득신보다 후대에 그려진 것으로 판단된다.

83_ 국립중앙박물관 소장의 곽분양행락도가 김득신의 작품인지 여부에 대한 간단한 논의는 김수경金洙京,「도판해설」, 『국립중앙박물관서화유물도록』國立中央博物館書畵遺物圖錄 제십이집第十二輯(국립중앙박물관, 2003), pp.138~140 참조.

84_ 『열성어제』권11 숙종편「제곽분양행락도」題郭汾陽行樂圖.

85_ 곽자의를 주제로 한 다양한 중국미술품에 대해서는 류기수,「中國과 韓國의 郭汾陽 圖像 硏究」, 『중국연구』中國硏究 제47권(한국외국어대학교 중국문제연구소, 2009), pp.112~123 참조. 한편 본고를 탈고한 후에 김홍남,「중국〈郭子儀祝壽圖〉연구-연원과 발전」, 『미술사논단』 제33호(한국미술사연구소, 2011. 12), pp.165~200이 출판되었다. 필자의 글과 중복된 내용도 있지만 이 논문에서는 곽자의를 주제로 한 중국 작품에 대한 많은 자료와 종합적인 고찰이 담겨 있다.

86_ 조선시대에도 시대가 떨어지는 민화풍의 곽분양행락도에는 춤추는 무희가 2명 그려지는 경우가 있다.

87_ 조선시대 요지연도에 대한 개념은 박은순朴銀順,「純廟朝〈王世子誕降稧屛〉에 대한 고찰」, 『고고미술』考古美術

174(1987), pp.43~50; 우현수禹賢受,「조선후기 瑤池宴圖도에 대한 연구」(이화여자대학교대학원 미술사학과 석사학위논문, 1996); 차미애車美愛,「恭齋 尹斗緖 一家의 繪畵 硏究」(홍익대학교대학원 미술사학과 박사학위논문, 2010. 6), pp.332~338 참조.

88_ 조선시대 요지연도를 다룬 논문은 주)77에 열거된 논문 외에 박은순,「正廟朝〈王世子冊禮稧屛〉─神仙圖稧屛의 한가지 예」, 『미술사연구』4(미술사연구회, 1990), pp.101~112; 이성훈,「요지연도」, 『역사와 사상이 담긴 조선시대 인물화』(학고재, 2009), pp.525~541 참조.

89_ '서망요지강왕모'西望瑤池降王母는 1794년(정조 18)에 '해상군선'海上群仙은 1863년(철종 14)에 출제되었다. 강관식, 앞의 책, pp.153~155 및 pp.237~240. 서망요지강왕모西望瑤池降王母는 서왕모가 화면 왼편의 서쪽 하늘에서 누대를 향해 내려오고 누대 위에는 이를 반기는 신선들이 그려진 모습을 연상시킨다. 이러한 구성은 중국 그림에서 많이 볼 수 있다.

90_ 차미애, 앞의 논문. pp.335~338

91_ 산수 묘사에서 한국적인 필치가 엿보여 중국 그림을 모사한 궁중 화원의 그림이 아닐까 한다. 원래 두루마리 형식의 중국 그림을 모사한 것인지 구영의 〈군선회축수도〉 같은 큰 화면의 그림을 부분적으로 나누어 모사한 것인지 알 수 없다. 아무튼 가로로 긴 화면의 〈요지연도〉와 〈요지군선도〉는 조선에서 그다지 사용되지 않던 횡권의 일부인 것은 확실하다.

92_ 『열성어제』 권9 숙종편「열선도」列仙圖; 권12 숙종편「제요지대회도」題瑤池大會圖 참조.

93_ 이 두 계병에 대해서는 박은순,「정조묘〈王世子冊禮稧屛〉─신선도계병의 한가지 예」 및 박은순,「正廟朝〈王世子冊禮稧屛〉: 神仙圖稧屛의 한가지 예」 참조.

94_ 기록에 나타난 궁궐도에 대해서는 안휘준, 『옛 궁궐 그림』(대원사, 1997), pp.18~23 참조.

95_ 홍섬洪暹,「인재집」忍齋集 권4「한양궁궐도기」漢陽宮闕圖記(진홍섭秦弘燮 편저, 『한국미술자료집성韓國美術資料集成(4)』, 일지사, 1995, pp.819~822).

96_ 신용개申用漑 편, 『속동문선』續東文選 제8권 칠언율시七言律詩, 허침許琛「阿房宮畵屛二首奉敎製進」; 김흔金

新,『안락당집』顏樂堂集 권지일卷之一 시詩「화아방궁병응제이수」畵阿房宮屛應製二首;『열성어제』권10 숙종「제아방궁도」題阿房宮圖.

97_ 신완申玩,『경암집』絅菴集 권지이卷之二 시詩「유이십궁도래시구제만성이증」有以十宮圖來示求題謾成以贈.

98_ 〈동궐도〉와 〈서궐도안〉에 대해서는 안휘준, 앞의 책, pp.62~119 참조. 〈경우궁도〉에 대해서는 김경미,「국립문화재연구소 소장 '경우궁도(景祐宮圖)에 관한 연구」,『문화재』제44권 제1호(국립문화재연구소, 2011. 3), pp.196~220 참조.

99_ 고려대학교 박물관 소장의 이 그림은 원래 '수원궁궐도'라는 제목으로 알려졌으나 그림의 내용상 수원행궁水原行宮, 즉 화성행궁華城行宮이 아닌 것이 확실하므로 제목을 바꿀 필요가 있다. 이에 필자는 '궁궐도'라는 제목을 제안 한 바 있다.『조선시대 궁중기록화의 세계』(고려대학교 박물관, 2001), pp.128 도판해설 참조.

100_ 강관식,『조선후기 궁중화원 연구(상)』(돌베개, 2001), pp.394~422 참조.

101_ 이원복,「책거리 小考」,『근대한국미술논총』(학고재, 1992), pp.103~126; 강관식,「朝鮮後期 宮中 册架圖: 조선후기 '민화' 개념의 새로운 이해를 위한 小考」,『미술자료』美術資料 제66호(국립중앙박물관, 2001. 8), pp.79~95; Kay E. Black with Edward W. Wagner, "Ch'aekkori Painting: A Korean jigsaw Puzzle", *Archives of Asian Art*, Vol. XLVI (1993); Kay E. Black with Edward W. Wagner, "Court Style Ch'aekkŏri," *Hopes and Aspiration-DECORATVE PAINTING of KOREA* (Asian Art Museum of San Francisco, 1998), pp.21~30 참조.

102_ 이성미,「조선후기 進爵·進饌儀軌를 통해 본 宮中의 美術文化」,『조선후기궁중연향문화』권2(민속원, 2005), pp.172~175; 박정혜,「대한제국기 진찬·진연의궤와 궁중연향계병」,『조선후기궁중연향문화』권3(민속원, 2005), pp.225~226.

103_ 이성미,『조선시대 그림 속의 서양화법』(대원사, 2000), pp.67~70 및 pp.169~176.

104_ 이하 조선시대 책가도의 연원이 중국의 선법화. 나아가 이탈리라 르네상스 회화에 닿아있다는 추정에 대해서는 박심은朴沁恩,「朝鮮時代 册架圖의 起源 硏究」(한국정신문화연구원 한국학대학원 석사학위논문, 2001), pp.25~43.

105_ 이원복, 앞의 논문, pp.108~111; 박심은, 위의 논문, pp.43~48.

106_ 책가도는 기물의 나열 방식에 따라 책가형, 분산형, 집적형으로 나누기도 한다. 궁중에서는 책가형과 이보다 나중에 등장한 분산형이 제작되었다고 생각한다. 그림의 양식으로 보아 집적형은 분산형에서 파생되어 민화로 저변화된 형식이다. 신미란,「朝鮮後期 책거리 그림과 器物 硏究」(홍익대학교대학원 미술사학과 석사학위논문, 2006. 6), pp.18~21.

107_ 강관식, 앞의 책, pp.600~601 참조.

108_ 이훈상,「책거리 그림 작가의 개명 문제와 제작 시기에 대한 재고찰」, 에드워드 와그너 지음, 이훈상·손숙경 옮김,『조선왕조 사회의 성취와 귀속』(일조각, 2007), pp.477~492.

109_『승정원일기』제2762책 고종 8년 3월 25일(을묘乙卯). 이날 도화서 겸교수兼教授 이재기李在基도 이창옥李昌鈺으로 개명을 허락받았다. 따라서 규장각 차비대령화원을 지내고 의궤에 이름을 많이 올린 이창옥의 본명인 이재기였음을 알 수 있다.

110_ 박정혜,「의궤를 통해서 본 조선시대의 화원」,『미술사연구』제9호(미술사연구회, 1995),〈자료 2〉참조.

111_ 이형록 이름의 책가도는 리움미술관, 개인, 평양의 조선미술박물관에 있으며 이응록 이름의 책가도는 샌프란시스코와 국립중앙박물관에 소장되어 있다. 콜럼비아대학교 도서관 소장품은 샌프란시스코 소장본과 동일한 것이다. 이택균 이름의 책가도는 통도사 성보박물관에 소장되어 있다.

112_ 정봇샘,「운현궁의 서화유물」,『운현궁 생활유물 VI』(서울역사박물관, 2008), p.9.

113_『고종실록』권2 2년 5월 4일(무술戊戌);『승정원일기』제2689책 고종 2년 5월 4일(무술戊戌) 및 7월 20일(임오壬午) 참조. 수진보작이 담겨 있던 뚜껑에는 '壽進寶酌' 네 글자와 '華山道士袖中寶 獻壽東方國太公 青牛

十廻白巳節 開封人是玉泉翁(화산도사의 소매 속 보물로 동방 국태공께 장수를 축원하는 술잔을 올린다. 을축년 사월절四月節에 이를 열어볼 사람은 옥천옹이라)라는 7언절구의 시구가 쓰여 있었다고 한다. 고종의 효성과 대원군의 후덕으로 국운이 흥성하리라는 내용으로 해석된다.

114_ 시대에 다른 기물의 도상과 성격의 변화에 대해서는 신미란, 앞의 논문 참조.

115_ 중국에서 어린이를 소재로 한 그림의 연원에 대해서는 Terese Tse Bartholomew, "One Hundred Children: From Boys at Play to Icons of Good Fortune", Children in Children Art(University of Hawai'i Press, 2002), pp.57~107; 김선정, 「朝鮮後期 百子圖 연구」(이화여자대학교 대학원 석사학위논문, 2001), pp.6~18 참조.

116_ 『선화화보』宣和畵譜 권5 인물 1 장훤張萱 조와 권6 인물 2 주방周昉 조 참조.

117_ 김선정, 위의 논문, pp.29~31.

118_ 김선정, 위의 논문, p.31.

119_ 『사숙재집』私淑齋集 권지일卷之一 칠언절구七言絶句 「진원자도병시」進元子圖屛詩; 김선정, 위의 논문, pp.47~51.

120_ 남유용南有容, 『뇌연집』雷淵集 권3 제화시題畵詩 「사구랑성소병 화수자팔희 희술」司寇郞省小屛 畵竪子八歲戲述; 김선정, 위의 논문, pp.53~60.

121_ Ellen Johnston Laing, "Auspicious Images of Children in China: Ninth to Thirteenth Century", Orientations Vol. 27 No. 1(January 1996), pp.47~52.

122_ 강관식, 앞의 책, p.243.

123_ 『승정원일기』 제740책 영조8년(1625) 3월 14일(신미辛未).

124_ 『연산군일기』 3권 1년(1495) 2월 5일(기미己未).

125_ 『상방정례』尙方定例 권2 「별례상」別例上 오봉산병풍五峯山屛風, 십첩서병풍十貼書屛風, 수사간병풍水賜間屛風.

126_ 『승정원일기』 제6책 인조 3년(1625) 5월 7일(갑인甲寅).

127_ 『승정원일기』 제817책 영조 12년(1736) 1월 20일(을묘乙卯).

128_ 『승정원일기』 제969책 영조 20년(1744) 2월 30일(무인戊寅).

129_ 『상방정례』 권3 「별례하」別例下 세자궁책례시世子宮冊禮時.

130_ 이성미, 「조선후기 進爵·進饌儀軌를 통해 본 宮中의 美術文化」, 『조선후기궁중연향문화』권2(민속원, 2005), pp.172~175; 박정혜, 「대한제국기 진찬·진연의궤와 궁중연향계병」, 『조선후기궁중연향문화』권3(민속원, 2005), pp.225~226.

131_ 『승정원일기』 제247책 숙종 1년(1675) 6월 15일(임신壬申).

132_ 『세종실록』 권8 2년(1420) 4월 18일(병진丙辰); 『승정원일기』 제412책 숙종 29년(1703) 6월 18일(임진壬辰).

133_ 『승정원일기』 제85책 인조 21년(1643) 9월 6일(정유丁酉).

제2부_

1_ 조선시대 궁중회화의 성격과 내용, 시기별 전개에 대해서는 김홍남, 「18세기 궁중회화─유교국가의 실현을 위하여」, 『18世紀의 韓國美術』(국립중앙박물관, 1993), pp.43~46; 박정혜, 「儀軌를 통해 본 朝鮮時代 畵員」, 『미술사연구』; 「조선시대 궁중기록화 연구」(일지사, 2000); 박정혜·양보경·이예성, 『조선왕실 행사그림과 옛 지도』(민속원, 2005); 이수미, 「궁중 장식화의 개념과 성격」, 『조선시대 궁중장식화 특별전─태평성대를 꿈꾸며』(국립춘천박물관, 2004); 박은순, 「명분인가 실제인가─조선초기 궁중회화의 양상과 기능(1)」, 『항산 안휘준 교수 정년퇴임 기념 논문집: 미술사의 정립과 확산』1권(사회평론, 2006), pp.132~158; 동저, 「畵員과 宮中繪畵─조선초기 궁중회화의 양상과 기능」, 『강좌미술사』26-Ⅱ, 한국불교미술사학회, 2006, pp.1015~1044.

2_ 주요 연구성과는 다음과 같다. 이성미·유송옥·강신항 공저, 『藏書閣所藏 嘉禮都監儀軌』(한국정신문화연구원, 1994); 이성미·유송옥·강신항 공저, 『朝鮮時代 御眞關

係 都監儀軌』(한국정신문화연구원, 1997); 이성미, 『가례도감의궤와 미술사』(소와당, 2008); Yi Song-mi, "The Screen of the Five Peaks" *Oriental Art*, vol.XIII, NO.4(1996/7), pp.13~24; 조인수, 「조선시대 어진제작과 봉안」,『다시 보는 우리 초상의 세계』(국립문화재연구소, 2007), pp.6~32.

3_ 이명희, 『궁중유물(하나)』(대원사, 1995), p.29. 이 책에서는 현전하는 궁중회화를 산수화, 화조화, 영모화, 장생도, 사군자화, 도석인물화, 일월오악도(오봉병), 무예도, 궁궐도, 능행도, 군영도, 의궤도, 문자도 등 20종으로 분류하였다.

4_ 이수미, 앞의 글(2004), p.82.

5_ 궁중 장식화에 대해서는 이수미, 앞의 논문(2004), pp.82~95; 국립고궁박물관 편, 『궁궐의 장식그림』(국립고궁박물관, 2009) 참조.

6_ 이와 관련하여 홍선표, 『조선시대회화사론』朝鮮時代繪畵史論(문예출판사, 1999); 진준현, 「肅宗의 書畵趣味」,『서울대박물관연보』7(서울대박물관, 1995), pp.3~37. 이선옥, 「成宗의 書畵愛好」, 이성미 외, 『조선왕실의 미술문화』(대원사, 2005), pp.113~151; 김정숙, 「正祖의 繪畵觀」, 이성미 외, 앞의 책(2005), pp.291~321 등을 참조할 수 있다.

7_ 유홍준, 「헌종의 문예취미와 서화컬렉션」, 『조선왕실의 인장』(국립고궁박물관, 2006), pp.202~219; 황정연, 「조선시대 서화수장 연구」(한국학중앙연구원 박사논문, 2007) 등 참조.

8_ 회화의 공리적 측면과 궁중회사宮中繪事의 관련성에 대해서는 홍선표, 「朝鮮前期 繪畵의 思想的 基盤」, 『한국사상사대계』(한국정신문화연구원, 1991), pp.540~543; 박정혜, 앞의 책(2000), pp.34~38 참조.

9_ 감계화의 경우 성격을 살려 궁중 감계화로 별도 분류해야 한다는 의견도 있으나(이수미, 앞의 글, 2004, p.87), 이 글에서는 감계화 또한 감상 행위를 통해 얻어지는 주요한 목적으로 판단하여 함께 다루었다.

10_ 이명희, 앞의 책(1995), p.30.

11_ 『조선왕조실록』에 의하면 병풍 선호 경향은 궁중에서 감계화를 다수 제작했던 15·16세기에 빈번하게 등장한

다. 『중종실록』 권13, 6년(1511) 5월 25일자 기록을 보면 중종이 "경직도耕織圖가 퍼서 보기에 불편하니 병풍 세 벌을 만들어 들이면 항상 관람하겠다"라고 하달한 내용이 나온다. 반면 감상화와 성격을 달리했던 행사 기록화나 건물의 장식화 등은 조선 말기까지 여전히 병풍으로 다수 제작되었다.

12_ "夫畵者, 成敎化, 助人倫…" 장언원張彦遠, 『역대명화기』歷代名畵記 권1, 「서화지원류」書畵之原流(갈로葛路 저·강관식姜寬植 역, 『중국회화이론사』中國繪畵理論史(미진사, 1993), p.137.

13_ 조선 왕실에서 열람한 감계화에 대해서는 박정혜, 「궁중회화의 세계」, 『왕과 국가의 회화』(돌베개, 2011), pp.119~135 참조. 그 외 감계화를 다룬 논문으로 이수경, 「朝鮮時代 孝子圖」, 『미술사학연구』 242·243(한국미술사학회, 2004), pp.197~224; 이필기, 「三綱行實圖의〈烈女圖〉版畵」, 이성미 외, 『조선왕실의 미술문화』(대원사, 2005), pp.155~191 참조.

14_ 정병모, 『한국의 풍속화』(한길아트, 1998), pp.117~148 참조.

15_ 『세종실록』 권93, 23년(1441) 9월 29일(임술(29일); 『세조실록』 권30, 9년(1463) 5월 19정미(19일) 등. 이 중 『명황계감』은 영조 연간까지 꾸준히 증보·편찬되면서 궁중 감계서鑑戒書로서 애독되었다. 조선시대 군신도상에 대해서는 조인수, 「조선후기 『歷代圖像』」, 『그림으로 읽는 역사인물사전』(아주문물학회, 2003), pp.90~94 참조.

16_ 『중종실록』 권55, 20년(1525) 11월 갑신(29일).

17_ 문화재청, 『한국의 초상화』(문화재청, 2007), pp.488~501; 김규선 번역·해설, 『그림으로 읽는 역사인물사전』(아주문물학회, 2003).

18_ 《古先君臣圖像》은 중국 삼황오제三皇五帝에서 원나라까지 역대 명신과 임금의 도상과 이들의 약력을 기술한 글을 판각한 것으로 총 6책으로 구성되었다. 정경세 종가 소장 서화전적에 대해서는 『선비가의 학문과 벼슬—진주정씨 우복종택』(한국정신문화연구원 장서각, 2004) 참조.

19_ 안휘준·변영섭 편저, 『장서각소장회화자료』藏書閣所藏

繪畫資料(한국정신문화연구원, 1981). pp.16~27 참조.

20_ 유최진柳最震, 『초산만고』樵山漫稿 권6, 「화수선화」畵
水仙花(『여항문학총서』閭巷文學叢書 권6, 여강출판사 영
인본 p.472); 전기田琦의 생애에 대해서는 성혜
영成惠英, 「古藍 田琦(1825~1854)의 繪畵와 書藝」(홍
익대 석사학위논문, 1994) 참조.

21_ 전傳 이제현의 《현후실적도》賢后實蹟圖에 대해서는,
『국립중앙박물관소장한국서화유물도록』12(국립중앙박
물관, 2003) 참조.

22_ 성종의 감계화에 대한 입장에 대해서는 이선옥, 앞의
글(2005), pp.129~131 참조.

23_ 『성종실록』권61, 6년(1475) 11월 갑인(9일).

24_ 『성종실록』권71, 7년(1476) 9월 무신(8일).

25_ 『성종실록』권71, 7년(1476) 9월 계축(13일).

26_ 이 병풍은 성종이 내부에서 꺼내오도록 하여 초계문신
抄啓文臣 12명에게 각각 칠언시七言詩를 짓도록 명한
것이다. 화가의 이름은 밝혀져 있지 않으나 화원畵員이
그렸을 가능성도 있는 듯하다. 각 폭의 제목과 시문을
지은 명단은 다음과 같다. 第一幅 楊妃倚欄圖 洪應詩·
第二幅 后妃采桑耳圖 盧思愼詩·第三幅 娥皇女英圖 姜希
孟詩·第四幅 蔡邕聞琴圖 徐巨正詩·第五幅 周文東征圖
成任詩·第六幅 醉宴圖 李承召詩·第七幅 隋煬帝遇陳後王
圖 李坡詩·第九幅 瓠巴鼓瑟圖 金季昌詩·第十幅 曾點鼓
瑟圖 魚世謙詩·第十一幅 雪中迎客圖 權健詩·第十二幅
韓愈謫潮州圖 金訢詩.『성종실록』권122 11년(1480) 10
월 경신(14일) 참조.

27_ 진준현, 앞의 논문(1995), pp.3~37 참조.

28_ 이 그림에 대해서는, 국립중앙박물관, 『왕의 글이 있는
그림』(국립중앙박물관, 2008); 이성훈, 「숙종대 역사고
사도 제작과 〈謝玄破秦百萬兵圖〉의 정치적 성격」, 『미술
사학연구』262(한국미술사학회, 2009), pp.33~68 참조.

29_ 국립중앙박물관, 앞의 책(2008) p.34.

30_ 『신속동국삼강행실도』에 대해서는 『新續東國三綱行實
圖撰集廳儀軌』(영인본: 서울대학교 규장각, 2002); 송일
기·이태호, 「朝鮮時代 '行實圖' 판본 및 版畵에 대한 연
구」, 『書誌學研究』21(서지학회, 2001); 오윤정, 「17世紀
《東國新續三綱行實圖》연구: 『東國新續三綱行實撰集廳儀

軌』를 중심으로」(홍익대학교 미술사학과 석사학위논문,
2008) 참조.

31_ 정조, 『홍재전서』권165, 일득록 5 「문학」 5.

32_ 두 그림에 대해서는 이태호, 「英祖의 요청으로 그린
〈漳州峀庵圖〉에 대한 考察」, 『조선후기 그림과 글씨』(학
고재, 1992), pp.109~121; 조규희, 「1746년의 그림:
'시대의 눈'으로 바라본 〈장주묘암도〉와 규장각 소장
〈관동십경도첩〉」, 『미술사와시각문화』(미술사와시각문화
학회, 2007), pp.224~251; 오주석, 「金弘道의 〈朱夫子
詩意圖〉」, 『미술자료』56(국립중앙박물관, 1995), pp.49
~80 참조.

33_ 『영조실록』권64, 22년(1746) 9월 을미(2일).

34_ 빈풍칠월도류 회화에 대해서는, 정병모, 앞의 책
(1998), pp.117~146 참조.

35_ 〈빈풍칠월도〉는 백성들의 풍속을 월령月令 형식으로
읊은 『시경』 「빈풍칠월편」의 내용을 표현한 것이고, 〈무
일도〉는 『서경』의 「무일편」無逸篇을 묘사한 그림으로 주
공周公이 성왕에게 백성을 다스리는 임금의 자세에 대
해 충고한 것이다. 〈경직도〉는 농사짓는 〈경작도〉耕作圖
와 길쌈하는 〈잠직도〉蠶織圖로 나뉘며, 항주의 현령을
지낸 누숙樓璹(1090~1162)이 고종高宗에게 바친 〈누
숙경직도〉樓璹耕織圖를 기초로 하여 발전한 그림이다.

36_ 『연산군일기』권47, 8년(1502) 11월 경오(1일).

37_ 이러한 입장은 중종이 신료들에게 하달한 아래 의견을
통해서도 엿보인다. "빈풍칠월편豳風七月篇은 곧 주공周
公이 성왕成王으로 하여금 농사짓기가 가난함을 알게
하려고 지은 시이다. 그러므로 옛적의 임금들이 더러는
병풍을 만들어 좌우에 놓아두고 항상 살펴보고서 민간民
間의 간고艱苦를 알았던 것이다"(『중종실록』권103, 39
년(1544) 5월 기해.

38_ 정병모, 앞의 책(1998), pp.120.

39_ 1399년 우도감사右道監司 최유경崔有慶이 정종定宗의
등극식을 축하하며 〈무일도〉를 바쳤고, 1401년에는 황
해도 절도사節度使 유은이柳殷之가 태종太宗의 탄신을
축하하는 선물로 〈무일도〉 족자를 진상하였다.

40_ 유만주兪晩柱, 『흠영』欽英 1784년 11월 초6일.

41_ 『태종실록』권2, 2년(1402) 4월 무인(26일).

42_ 『중종실록』14권, 6년(1511) 8월 경진(3일).

43_ "秦請使崔錫鼎等回燕京, 進畵帖一本乃耕織圖……遂模作二屛障, 欲以請論世子也, 各題律詩一首……"『열성어제』제17「제경도」題耕圖·「제직도」題織圖, p.190. 이 작품에 대해서는, 이혜경李惠敬,「傳 秦再奚의 丁丑年作〈蠶織圖〉小考」,『국립중앙박물관한국서화유물도록』14집(국립중앙박물관, 2006), pp.193~200 참조.

44_ 정병모,「조선시대 후반기 耕作圖」,『미술사학연구』192호(1991), pp.27~63에 의하면 1702년에 간행된『숙종인원왕후가례도감』肅宗仁元王后嘉禮都監에 진재해가 포상을 받은 것으로 되어 있다고 한다. 그가 1691년 생이라면 12세에 해당하므로 시기가 맞지 않는다. 필자 역시 진재해의 연보年譜인『벽은유집』僻隱遺集을 확인했으나, 여기에도 그가 1691년(숙종17) 4월 2일 거창현 가남伽南 구제舊第에 태어나 1769년(영조45)에 거창에서 사망한 것으로 되어 있었다. 아마도 그의 生年에 대한 추후 재조사가 필요할 듯하다.

45_ 진준현, 앞의 논문(1995), pp.325~326.

46_ 진준현, 앞의 논문(1995), p.320.

47_ 『태종실록』권21, 11년(1411) 5월 병자(16일).

48_ 《선가법》善可法에 대한 소개는 전형필,「畵帖『善可法』」,『고고미술』4호(고고미술동인회, 1960), pp.36~38.

49_ 오세창吳世昌,『근역서화징』槿域書畵徵(계명구락부啓明俱樂部, 1928), p.172.

50_ 《만고기관첩》에 대해서는 유미나,「〈萬古奇觀帖〉과 18세기 전반의 畵員 繪畫」,『강좌미술사』제28호(한국미술사연구소, 2007) pp.177~208 참조.

51_ 조선시대 팔준도八駿圖에 대해서는 정병모,「國立中央博物館所藏〈八駿圖〉」,『미술사학연구』189(한국미술사학회, 1991), pp.3~26 참조.

52_ Jerome Silbergeld, "In Praise of Government: Chao Yung's Painting, Noble Steeds, and Late Yüan Politics", Artibus Asia vol. XLVI, 1985, pp.159~198.

53_ 안휘준·이병한 공저,『安堅과 夢遊桃源圖』(예경산업사, 1992), p.96.

54_ 〈금궤도〉에 내용에 대해서는, 신재근,「국립중앙박물관 소장〈金櫃圖〉연구」(서울대 고고미술사학과 석사학위논문, 2010) 참조.〈금궤도〉의 제작 연대는 명확하게 밝혀지지 않았다. 어제를 쓴 시기인 1636년 제작설, 김익회가 이조판서를 지낸 1656년 제작설, 신라가 망한 지 700년째 해인 1655년~1656년 사이 제작설 등 여러 의견이 제기되고 있다.

55_ 숙종의 어제는 다음과 같다.

희이선생 무슨 일로 홀연히 안장에서 떨어졌나?　　希夷何事忽鞍徙

취함도 아니요 졸음도 아니요 따로 기쁨이 있었다네.　　非醉非眠別有喜

夾馬쫄에 상서로움 드러나 참된 군주[趙匡胤]가 나왔으니,　　夾馬徵祥眞主出

이제부터 천하에 근심 없으리라.　　從今天下可無悝

을미년 仲秋 상순에 제하다.　　歲在乙未仲秋上浣題

56_ '성시전도'는 규장각 차비대령화원 녹취재 시험 중 국왕이 직접 출제하는 3차 시험에서 자주 등장하였으며, 총 8회에 걸쳐 출제되어 단일 화제로는 가장 많이 출제된 속화俗畵의 주제였다. 강관식,『조선후기 궁중화원연구(상)』(돌베개, 2001), pp.263~264 참조.

57_ 제시의 내용은『열성어제』권79, 순종純宗「성시화기계해」城市畵記癸亥 참조.

58_ 안대회,「조선후기 서울지역의 문학과 도시문화사; 성시전도시城市全圖詩와 18세기 서울의 풍경」,『고전문학연구』55(한국고전문학회, 2009), pp.213~249.

59_ 국립중앙박물관 소장〈태평성시도〉에 대한 자세한 분석은 이수미,「國立中央博物館 所藏〈太平城市圖〉屛風 硏究」(서울대학교 고고미술사학과 박사학위 논문, 2004) 참조.

60_ 『문종실록』권6, 1년(1451) 6월 무진(1일) 참조.

61_ "二爲宣祖大王手寫蘭竹, 各四幀, 裝爲短屛也. 宣廟中年, 喜寫蘭實有肖生之妙, 而晚年始喜寫竹, 盖皆從燕中善價購得蘭竹譜善本, 尋常模習."박미朴瀰,『분서집』汾西集 권11「병자난후집구장병장기」丙子亂後集舊藏屛障記.

62_ 『숙종실록』권4, 1년(1675) 11월 경자(16일);「숙종대왕묘지문」肅宗大王墓誌文.

63_ 『정조실록』권8, 3년(1779) 8월 갑인(3일).

64_ 정조의 회화관에 대해서는 김정숙, 「正祖의 繪畵觀」, 이성미 외, 『조선왕실의 미술문화』(대원사, 2005), pp.291~321 참조.

65_ 한국국제교류재단 편, 『한국문화재: 일본소장』4(한국국제교류재단, 1997), pp.61~85, 378~383 참조.

66_ 강관식, 「털과 눈: 조선시대 초상화의 祭儀的 命題와 造形的 課題」, 『미술사학연구』248(한국미술사학회, 2005), pp.95~129 참조.

67_ 『증보문헌비고』增補文獻備考 권37 「여지고」輿地考 25 고려궁실高麗宮室; 『고려사』 권122 「열전」列傳 35 방기方技 이녕李寧 조.

68_ 시기별 회화 감상에 대한 인식 변화에 대해서는, 황정연, 「朝鮮後期 書畵收藏論 硏究」, 『藏書閣』24(한국학중앙연구원, 2010), pp.193~231 참조.

69_ 『성종실록』 권122, 11년(1480) 10월 경신(14일).

70_ 성종의 명命에 의해 그림에 시문을 쓴 관료들은 금수온金守溫·서거정徐居正·이승소李承召·어세겸魚世謙·성임成任 등 주로 당대 문장으로 이름 높았던 인물들이었다. 또한 당시 승정원과 홍문관 관료들이 〈청산백운도〉青山白雲圖에 쓴 시 중에는 다음과 같은 구절이 있어 왕실에 수준 높은 그림이 수장되어 있었음을 알려준다[『성종실록』 권101, 10년(1479) 2월 무자(1일)].

대울타리 초가집의　　　　　竹籬茅店村墟靜
마을터가 고요하고,
절간과 탑이 있는　　　　　佛字禪龕洞府寬
신선 마을 넓도다.
솜씨 좋은 화공이면　　　　可是良工摹寫巧
본뜰 수 있을 텐데,
기이한 경치는 못 옮긴다　誰云異境轉移難
뉘라서 말하더냐?
秘府에 神品있다　　　　　久聞秘府傳神品
들은 지 오래더니,
기쁘게도 속세에서　　　　却喜塵寰得勝觀
좋은 경치 얻어 보네.

71_ 『세종실록』 권53, 13년(1431) 8월 무오(26일); 『단종실록』 권14, 3년(1455) 윤6월 정미(3일).

72_ 이에 관해서는 안휘준·이병한李炳漢 공저, 『안견과 몽

73_ "石陽筆不及東坡竹, 東坡妙而不及眞, 畵雖不及眞, 惟求其志趣耳."

74_ 『인조실록』 권37, 16년(1638) 12월 계축(25일); 동권 45, 22년(1644) 11월 임인(18일).

75_ 열성어제 출판소 편, 『열성어제』(열성어제 출판소, 1924) 참조. 숙종의 서화관계 글에 대해서는 진준현, 앞의 논문(1995), pp.3~37 참조. 그리고 조선 임금의 제화시 전반에 대해서는 김남기金南基, 『列聖御製』에 실린 조선 국왕의 題畵詩 연구」, 『한국문학논총』 제32집(2003, 8), pp.309~337 참조

76_ "余觀古畵, 自不無愛之之心, 愛者卽指神妙處而言, 非玩物喪志也. 若夫畵意非偶, 則亦未嘗不法善戒惡焉." 『列聖御製』第3册, 「宋徽宗耕蠶圖」(서울대 규장각 영인본, 2000), p.15.

77_ 진준현, 「숙종의 서화 취미」에 인용된 숙종의 어제 시문은 총 169편으로, 이는 제영題詠, 전각명殿閣銘, 유서論書가 포함된 숫자이다. 이 중 숙종이 어진御眞을 포함한 화상畵像, 어필御筆, 일반 서화書畵에 쓴 어제는 약 100여 편으로, 그가 평소에 상당히 많은 작품을 감상했음을 추측할 수 있다.

78_ 이하곤李夏坤, 『두타초』頭陀草 권17(여강출판사 영인본, 1992), pp.651~652.

79_ 제시의 번역은 『어제가 있는 그림』(국립중앙박물관, 2008), p.15를 참조하였음.

80_ 해원군의 그림에 첨부된 숙종의 제시는 다음과 같다.
특별히 좋아하는 것은 없으나,　　物皆無所好
오직 이름난 그림만을 좋아하네.　惟獨嗜名圖
이에 많은 그림을 접하니,　　　由玆多致畵
역시 빼어난 것만 찾는 고질병이 있네.　亦自癖成殊
신묘년(1711) 여름 하순에 제함.　　歲辛卯李夏浣題

81_ 본문에 언급된 영조와 정조의 그림 감상평은 서울대규장각 편, 『열성어제』7(서울대 규장각 영인본, 2002)를 통해 확인할 수 있다.

82_ 이에 관해서는 김정숙, 앞의 논문(2005), pp.303~306

참조.

83_ "御製筆 此障何詩得 即予受昔年 元孫殿裏展 今覽興懷先 辛未春." 文化財管理局, 『일본회화조사보고서(창덕궁소장)』(문화재관리국, 1987), pp.58~59; 강민기, 「제국을 꿈꾸었던 전환기의 화단」, 박정혜 외, 『왕과 국가의 회화 1』(돌베개, 2011), pp.285~288.

84_ 이유원李裕元, 『임하필기』林下筆記 권30 「금계화병」金鷄畵屛: "倭人善畵畵, 丹楓樹下, 黃菊爛開, 蘭與竹間之, 石上金鷄報曉, 海色朦朧 此果名畵也. 正廟朝命金弘道描寫一本, 在華城行宮, 畵意想是, 得於樂府黃鷄曲也."

85_ 『화성성역의궤』華城城役儀軌「재용하」財用下.

86_ 김광국이 소장했던 동판화에 대해서는 이태호, 「石農 金光國 舊藏 유럽의 동판화를 통해 본 18세기 지식인들의 이국취미」, 『遊戱三昧』(학고재, 1996), pp.113~124 참조.

87_ 헌종이 사용한 인장에 대해서는 『조선왕실 인장』(국립고궁박물관, 2006) 참조.

88_ 허련許鍊, 『소치실록』小癡實錄(서문당瑞文堂 영인본, 1992), p.170.

89_ "且取古畵一幅, 長可二尺廣可八寸, 自上親其上頭, 令我解其軸, 勢將我手執軸下邊也. 開了, 試問, '此是何品畵耶' 對日, '此乃元朝人黃大癡山水眞跡也'. 賞玩後, 捲置一邊, 且取東坡眞跡一册, 帖末命畵枯木竹石, 卽取之…" 허련, 『소치실록』, p.170.

90_ 허련, 『소치실록』, p.16; 허련의 생애와 예술에 대해서는 김상엽, 「小癡 許鍊(1808~1893)의 生涯와 繪畵活動 硏究」(성균관대 동양철학과 박사학위 논문, 2003); 김상엽, 『소치 허련』(돌베개, 2008) 참조.

91_ 박정혜, 「대한제국기 화원 제도의 변모와 화원의 운용」, 『근대미술연구』 2004(국립현대미술관, 2004), pp.88~118.

92_ 조선 말기~일제강점기 '신자관'臣字款 회화에 대해서는 강민기, 앞의 책(2011), pp.298~312 참조.

93_ 박동수, 「왕실을 위해 그린 안중식의 그림들」, 이성미, 앞의 책(2005), pp.367~394 참조.

94_ 순정효황후가 소장했던《백납병풍》은 이현주, 「채용신의 또다른 이면, 백납병」, 『문화재사랑』 통권77호(2011.4),

pp.32~35에 소개되었다.

제3부_

1_ 두다운, 「창경궁 명정전 건축구조 및 의장 특성에 관한 연구」(한양대학교 석사학위논문, 2010), p.125.

2_ 박정혜, 「궁중회화의 세계」, 『왕과 국가의 회화』(돌베개, 2011), pp.136~139; 이성미, 「朝鮮王朝 御眞關係 都監儀軌」, 『朝鮮時代御眞關係都監儀軌硏究』(한국정신문화연구원, 1997), pp.95~118; 명세나, 「조선시대 五峯屛 연구: 凶禮都監儀軌 기록을 중심으로」(이화여자대학교 대학원 석사학위논문, 2007. 7) 참조.

3_ 이성미·김정희, 『한국회화사용어집』(다홀미디어, 1999), pp.166~168.

4_ 두다운, 앞의 논문, p.110.

5_ 영건의궤연구회, 『영건의궤─의궤에 기록된 조선시대 건축』(동녘, 2010), p.806.

6_ 영건의궤연구회, 위의 책, p.821.

7_ 영건의궤연구회, 위의 책, p.822.

8_ 영건의궤연구회, 위의 책, p.960.

9_ 히요시 마모루日吉守, 「朝鮮美術界의 回顧」, 『朝鮮의 回顧』(近澤書店, 1945); 이중희李仲熙 역, 「朝鮮美術界의 回顧」, 『한국근대미술사학』 제3집 (한국근대미술사학회: 1996, pp.182~189

10_ 히요시 마모루日吉守, 앞의 주 참조.

11_ "日人의 繪畵展覽 日本人天草神來氏는 日本人의 商業會議所에서 今明兩日에 繪畵展覽會를 開홀다더라." 『황성신문』皇城新聞, 1910년 05월 01일(2면). 그 외에 히요시 마모루日吉守 위의 책 참조.

12_ 『순종실록부록』 10년 6월 24일(양력)─화사 금정천록 金井天祿에게 돈 100월을 하사하였다. 그가 부사산富士山 인형그림을 바쳤기 때문이다.; 강민기, 「近代 轉換期 韓國畵壇의 日本畵 유입과 수용─1870년대에서 1920년대까지」(홍익대학교 대학원 박사학위논문, 2004), p.76 재인용.

13_ 강민기, 「제국을 꿈꾸었던 전환기의 한국화단」, 『왕과

국가의 회화』(돌베개, 2011), pp.269~328.

14_ 이구열, 『畫壇一境-以堂先生의 藝術과 生涯』(동양출판사, 1968), p.62.

15_ 김은호, 『서화백년』書畫百年(중앙일보·동양방송, 1977), pp.89~91.

16_ 김은호, 위의 책, pp.89~91. 김은호는 윤덕영에게 그려야 할 벽화가 많으므로 서화미술회의 동료들과 함께 그리겠다고 말했고, 이것이 받아들여져 인지 5명의 동료들에게 맡겨졌다고 했다.

17_ 강민기, 「근대 화단 형성기 雲養 金允植과 伊藤博文의 역할」, 『시각문화의 전통과 해석-靜齋 金理那 敎授 정년퇴임기념 미술사논문집』(예경, 2007), pp.537~559.

18_ 김정선, 「조선총독부 벽화에 관한 고찰-'내선일체'의 표상에서 '근대벽화'로」, 『美術史論壇』 제26호(2008, 상반기), pp.141~170.

제4부_

1_ 본고에서 조선 말기는 약 1850년에서 1910까지로 한다. 안휘준安輝濬 교수의 조선시대 회화사 시대 구분을 따랐다.

2_ 여기에 대한 연구로는 김홍남, 「18세기 궁중회화」, 『18세기의 한국미술』(국립중앙박물관, 1993), pp.27~46; 김홍남, 「조선시대 '궁모란병' 연구」, 『미술사논단』 제9호(한국미술연구소, 1999년 하반기), pp.63~107; 이성미, 「朝鮮王朝 御眞關係 都監硏究」, 이성미·유송옥劉頌玉·강신항姜信沆, 『조선시대어진관계도감의궤연구』朝鮮時代御眞關係都監儀軌硏究(한국정신문화연구원, 1997), pp.1~136; 강관식, 『조선 후기 궁중화원 연구-규장각의 차비대령화원을 중심으로』(돌베개, 2001.6), pp.588~603; 이수미, 「궁중 장식화의 개념과 그 성격」, 『태평성대를 꿈꾸며』(국립춘천박물관, 2004.3), pp.82~89; 김홍남, 「궁화宮畫: 궁궐 속의 민화民畫」, 『민화民畫와 장식병풍裝飾屛風』(국립민속박물관, 2005), pp.334~347; 김윤정, 「20세기 생활 공간에서의 민화民畫」, 『민화民畫와 장식병풍裝飾屛風』(국립민속박물관, 2005),

pp.348~361; 정병모, 「한국회화사의 체계로 본 민화의 위상」, 『강좌미술사』 29(한국미술사연구소, 2007. 12), pp.213~243.

3_ 박정혜 교수는 궁중 장식화를 궁궐의 실내를 꾸미는 기능 외에도 왕실의 권위를 알리고 교훈을 주는 그림으로 규정하고, 그 종류를 일월오봉도, 모란도, 십장생도, 요지연도, 곽분양행락도, 백동자도, 책가도 등으로 나누었다. 박정혜, 「궁중회화의 세계」, 『왕과 국가의 회화』(돌베개, 2011), pp.136~154.

4_ 광통교는 처음에는 토교土橋였으나 1410년(태종 10) 8월에 큰 비로 다리가 유실되자 태조의 계비繼妃 신덕왕후神德王后 강씨康氏의 능인 정릉貞陵의 옛터에서 돌을 가져다가 석교石橋로 만들었다고 전하며, 현재에도 그 유구遺構들이 남아 있다.

5_ 강관식, 『조선 후기 궁중화원 연구(상)』(돌베개, 2001), pp.278~279.

6_ 강명관, 『한양가』(신구문화사, 2008), pp.82~83.

7_ 『동국여지비고』東國輿地備攷 권2, 「한성부」漢城府, '시전'市廛·'포사'鋪肆 조條 참조. 여기에 서적포書籍舖, 책사册肆, 금교세가金較貰家, 약방藥房, 현방懸房 등과 함께 서화사書畫肆가 기록되었다.

8_ 『동국여지비고』 권2, 「한성부」, '포사' 조. "書畫肆 在大廣通橋西南川邊 賣各樣書畫"

9_ 김취정金翠貞, 「開化期 畫壇의 後援과 繪畫 活動 硏究」(고려대학교대학원 문화재협동과정 석사학위논문, 2007. 6), p.13.

10_ 김취정은 광통교 일대의 지역적 특징을 '상업의 중심지', '의역醫譯 중인의 세거지', '개화 운동의 구심점', '근대적 서화 유통의 중심지'로 소개하였다. 김취정, 위의 논문, p.4.

11_ 까를로 로제티 저, 윤종태·김운용 역, 『Corea Coreani』(서울학연구소, 1994), p.ⅳ·pp.62~63; 김취정, 위의 논문, pp.19~20.

12_ 김윤정, 앞의 논문, p.356.

13_ 『신증동국여지승람』(1530년) 제2권, 「경도」京都 하下.

14_ 『승정원일기』 숙종 15년(1689) 윤3월 13일. "又以禮曹言啓曰 卽接圖畫署畫員聯名手本 則本署 屢經兵燹之後 只

存舊基 畫員等 自備物力 瓦家八百間 僅得造成 常常敎訓
生徒 以爲成習之所 國家大小起畫之役 十分奉行矣 丙辰年
分 因傳敎本署舊基 盡入於明安公主房 而本署則移設於他
處 事下 議政府南墻外 分禮賓寺通禮院舊基 忠翊府等處
累度折受 而每每還奪於本衙門 最後太平館舊基三百餘間
劃給事 上言蒙允"

15_ 19세기의 기록인 『동국지지』東國地誌나 『동국여지비
고』東國輿地備攷에는 남부 태평방으로 옮긴 것으로 나
와 있다. 『동국지지』, 권1 「경도」京都, '동반부서'東班府
署; 『동국여지비고』(1864년 이후) 권1, 「경도」, '문직공
서'文職公署. "舊在中部堅平坊 後移南部太平坊 初置圖畫
院 掌繪畫之事 後改爲署 建置年條未詳 或云國初建"

16_ 허영환許英桓, 『定都 600年 서울地圖』(범우사, 1994),
p.41 참조.

17_ 『경국대전』經國大典에는 화원畫員이 20원員, 생도生徒
가 15원員이 규정되어 있다.

18_ 김동원金東遠, 「朝鮮王朝時代의 圖畫署와 畫員」(홍익
대학교대학원 미술사학과 석사학위논문, 1980), p.28;
안휘준, 「조선시대의 화원」, 『한국회화사 연구』(시공사,
2000), p.736.

19_ "禮曹爲差定事 白喜弼 圖畫署肆習生徒 差定爲去乎 不輕
察任向事"

20_ 규장각 소장의 〈생도예조차첩〉生徒禮曹差帖의 내용은
다음과 같다. "禮曹爲差定事 白喜弼圖畫署 肆習生徒差定
爲去乎不輕察任 向事 丙子七月 日 堂上 (押)"

21_ 윤열수, 「민화의 새로운 해석을 위한 시도」, 『겨레그림,
꿈과 현실의 아름다운 동행』(온양민속박물관, 2008),
p.230.

22_ 민간이나 여항에서의 수요를 공급하던 속사나 향사 도
는 환쟁이패로 지칭되던 화가들에 대해서는 홍선표, 「조
선 후기 기복호사 풍조의 만연과 민화의 범람」, 『반갑
다! 우리민화』(서울역사박물관, 2005), p.12; 김윤정,
「20세기 생활 공간에서의 민화民畫」, 『민화와 장식병풍』
(국립민속박물관, 2005), pp.357~358.

23_ 정규鄭圭, 『인물한국사』人物韓國史(박우사, 1965),
p.407; 김취정, 위의 논문, p.13에서 재인용.

24_ 김시업, 「『허생전』許生傳에 나타난 18세기 서울의 형

상」, 『문학작품에 나타난 서울의 형상』(한샘출판사,
1994), p.90; 김취정, 앞의 논문, p.25 재인용.

25_ 허경진許敬震, 『평민한문학사』(범우사, 1995), pp.141
~143.

26_ 성혜영成惠英, 「古藍 田琦(1825~1854)의 繪畫와 書
藝」, 홍익대대학원 미술사학과 석사학위논문, 1994. 12.

27_ 지금의 종로 1가 아래쪽에 위치한 서린동과 다동을 말
한다.

28_ 강명관, 「조선 후기 서울 성안의 신분별 거주지」, 『역
사비평』(역사비평사, 1996. 5), p.337.

29_ 기본 구성은 다섯 개의 산봉우리 중 가운데 것을 가장
크게 그렸고, 해와 달을 양 옆의 두 봉우리 사이에 배치
하였다. 해와 달의 바로 아래 골짜기에는 폭포가 떨어지
며 그 아래에 파도가 일렁이는 물결을 묘사하였다. 네
그루의 소나무가 좌우의 마지막 폭에 두 그루씩 바위 언
덕에 대칭을 형성하며 서 있는 형태가 많다. 주로 4폭
혹은 8폭의 병풍이나 삽병揷屛의 형식에 그려졌다. 이성
미, 『한국회화사 용어집』(다홀미디어, 2003), pp.166~
167 참조.

30_ 기록으로는 1637년(인조 15) 6월 3일의 『승정원일기』
에 오봉도 병풍을 제작한 기사가 가장 시기가 올라가는
기록이다.

31_ 황정연, 「조선시대 진전眞殿의 역사와 신선원전」, 『최
후의 진전 창덕궁 신선원전』(국립문화재연구소, 2010),
p.109.

32_ 이 시에 "如……"라고 언급된 9가지의 사물인 산山 · 부
阜 · 강岡 · 능陵 · 남산南山 · 천川 · 월月 · 일日 · 송백松柏 등
이 오봉도를 구성하는 소재이다. 이성미, 위의 논문,
p.105.

33_ 흉례의식에서는 왕의 신주를 모신 혼전魂殿 안에 당가
唐家를 배치하였고, 당가 안에 오봉도와 신주가 설치되
었다. 이외에 흉례의식과 관련된 오봉도는 빈전殯殿과
산릉山陵에서도 사용되었다. 즉 오봉도는 왕이 생존 시
는 물론 사망한 이후에도 의전 공간에 설치하여 왕의 권
위를 상징하는 그림으로 그려졌다. 명세나, 「朝鮮時代 五
峯屛 硏究: 凶禮都監儀軌 기록을 중심으로」(이화여자대
학교대학원 석사학위논문, 2008. 8), p.32.

34_ 오주석, 『오주석의 한국의 美 특강』(솔출판사, 2003), pp.229~235.

35_ 박윤희, 「궁궐 전각의 장식그림: 창호그림과 부벽화」, 『궁궐의 장식그림』(국립고궁박물관, 2009), pp.99~108.

36_ 정병모, 「한국회화사의 체계로 본 민화의 위상」, 『강좌미술사』 29(한국미술사연구소, 2007. 12), pp.228~229.

37_ 2006년 '민화와 장식병풍전'에 소개된 건들바우 박물관 소장의 〈대신마누라도〉 속 부채 그림에 해와 달 및 오봉의 모티프가 나타나고, 1900년 프랑스 선교사가 수집한 무신도인 〈곽곽선생 부부도〉에도 오봉도와 유사한 도상이 보인다. 곽곽선생은 중국 동진시대東晉時代에 역술에 능하였던 학자 곽박郭璞이 무속인들에 의해 조상신으로 모셔진 인물이다.

38_ 서울특별시, 『서울민속대관 1』(민간신앙 편), 1990, p.235.

39_ 서울특별시, 위의 책, p.253.

40_ 김홍남, 「조선시대 '궁모란병' 연구」, 『미술사논단』 제9호(한국미술연구소, 1999년 하반기), p.64.

41_ 김홍남, 위의 논문, p.101.

42_ 신선원전은 1921년 창덕궁 후원後園의 서북쪽에 새로 지어 국왕 12위의 어진御眞을 봉안하였던 건물이다.

43_ 이종숙, 「조선 후기 국장용國葬用 모란병(牧丹屛)의 사용과 그 의미―정조正祖 국장國葬 관련 위궤儀軌 분석을 중심으로-」, 『고궁문화』창간호(국립고궁박물관, 2007), pp.69~72.

44_ 이성미·김정희, 『한국회화사 용어집』(다홀미디어, 2003), pp.148~149.

45_ 이색李穡, 『목은고』牧隱藁 권12, 「歲畫十長生」.

46_ 박본수, 「국립중앙박물관 소장 〈십장생도〉」, 『미술사논단』 15호(한국미술연구소, 2002. 12), p.389.

47_ 박본수, 「오리건대학교박물관 소장 십장생병풍(십장생병풍) 연구」, 『고궁문화』 2호(국립고궁박물관, 2008), p.12; 윤진영, 「구한말 서울의 한 상업가 이야기」, 『한국학 그림과 만나다』(태학사, 2011), pp.237~244.

48_ 곽분양행락도에 대해서는 정영미, 「朝鮮後期 郭汾陽行樂圖 硏究」(한국정신문화연구원 한국학대학원 석사학위논문, 1999 참조.

49_ 『열성어제』 권10, 숙종편

50_ 『열성어제』 권11, 숙종편

51_ 정영미, 앞의 논문, p.28. 진준현陳準鉉은 『열성어제』에 수록된 숙종의 시들은 연대순으로 정리되어 있음을 고려할 때 곽자의행락도와 관련된 숙종의 제시는 1701년~1704년 사이에 지어진 것으로 추정하였다. 진준현, 「숙종의 서화취미」, 『서울대학교박물관연보』 7,(서울대학교박물관, 1995), pp.3~37.

52_ 정영미, 앞의 논문, p.28.

53_ 『순조순원왕후가례도감의궤』純祖純元王后嘉禮都監儀軌(1802년), 『왕세자가례도감의궤』王世子嘉禮都監儀軌(1819년), 『헌종효현왕후가례도감의궤』憲宗孝顯王后嘉禮都監儀軌(1837년), 『헌종효정왕후가례도감의궤』憲宗孝定王后嘉禮都監儀軌(1844년), 『철종철인왕후가례도감의궤』哲宗哲仁王后嘉禮都監儀軌(1851년), 『고종명성왕후가례도감의궤』高宗明聖王后嘉禮都監儀軌(1866년), 『왕세자가례도감의궤』王世子嘉禮都監儀軌(1882년), 『황태자가례도감의궤』皇太子嘉禮都監儀軌(1906년) 등에서 확인된다.

54_ 정영미, 앞의 논문, p.33.

55_ 우현수禹賢受, 「朝鮮後期 瑤池宴圖에 대한 硏究」, 이화여자대학교대학원 석사학위논문, 1996, p.67.

56_ 최치원崔致遠(857~?)의 『계원필경』桂苑筆耕에 처음 등장한다.

57_ 이서우李瑞雨, 『송파집』松坡集 권7, 「畫幅雜咏」.

58_ 박은순朴銀順, 「正廟朝 〈王世子册禮稧屛〉: 神仙圖屛風의 한 가지 예」, 『미술사연구』 4(미술사연구회, 1990), pp.101~112.

59_ 박은순, 「純廟朝 〈王世子誕降稧屛〉에 대한 圖像的 考察」, 『고고미술』 174호(한국미술사학회, 1984), pp.40~75.

60_ 정영미, 앞의 논문, pp.30~31.

61_ 박정혜, 「궁중회화의 세계」, 『왕과 국가의 회화』(돌베개, 2011), pp.147~148.

62_ 윤열수, 『민화이야기』(디자인하우스, 2005), p.201.

63_ 당시 북학北學의 대두와 더불어 서화골동 등 중국산 문화상품에 대한 수요가 급증하는 분위기 속에서 진행된 듯하다. 조선 후기의 책거리 그림이 전래된 연원을 추측해 볼 수 있는 단서이다. 강관식, 앞의 책, p.549.

64_ 이성미·김정희, 『한국회화사 용어집』(다홀미디어, 2003), p.205.

65_ 강관식, 앞의 책, pp.589~590.

66_ 이 대목은 책가도를 통한 정조의 문방청완의 취향을 시사해 줌과 동시에 당시 심혈을 기울이고 있던 문풍文風의 교정矯正이라는 정치적, 문화적 함의를 책가도에 비유하여 이야기 한 부분들이 있다. 강관식, 위의 책, pp.591~593

67_ 안휘준, 「우리 민화의 이해」, 『꿈과 사랑, 매혹의 우리 민화』(호암미술관, 1998), p.154.

68_ 주인섭朱寅燮의 가족사진에 대한 글로는 윤진영, 「구한말 서울의 한 상업가 이야기」, 정민·김동준 외 지음, 『한국학 그림과 만나다』(태학사, 2011), pp.227~225.

69_ 윤진영, 위의 논문, pp.227~225.

70_ 최인진崔仁辰, 『한국신문사진사』韓國新聞寫眞史(열화당, 1992), p.360.

71_ 『신안주씨정숙공파세보』新安朱氏正肅公派世譜, 1997, pp.44~45.

72_ 주인섭은 45세(1883)에는 절충장군첨지중추부사折衝將軍僉知中樞府事 겸오위장兼五衛將에 올랐고(『승정원일기』 고종 20년(1883) 12월 29일조), 51세(1889)에는 가선대부嘉善大夫 호군護軍, 이듬해에는 동지중추부사同知中樞府事 겸오위장兼五衛將이 되었다.

73_ 파조교罷朝橋는 중구 묘동廟洞 57번지 현 단성사 앞쪽에 있던 다리이다. 관리들이 창덕궁에서 조회를 마치고 이 다리를 지나 퇴근하였기에 파조교라 했다고 한다.

74_ 강영심, 「일제시기 근대적 일상과 식민지문화」(이화여자대학교출판부, 2008), p.197. 여기에서 대표적인 서포로 예로든 것이 회동서관匯東書館, 주한영책사朱翰榮冊肆, 야소교서회耶蘇教書會, 동화서관 등인데, 이 중 주한영책사朱翰榮冊肆는 주인섭의 아들인 주한영이 운영한 것이다.

75_ 광통교 인근의 '그림 가게'에 대한 기록은 19세기 후반

기의 한글 가사인 『한양가』에 나오는 기록인데, 한글로 '그림 가게'라 되어 있어 한자 표기를 알 수 없다.

76_ 京城 特命全權公使 原敬, 『報告』 제10호(1896년 8월 27일).

77_ 박본수, 「오리건대학교박물관 소장 십장생병풍十長生屛風 연구─왕세자두후평복진하계병王世子痘候平復陳賀楔屛의 일례─」, 『고궁문화』제2호(국립고궁박물관, 2008), pp.11~38.

78_ 좌목에 기록된 사람들은 영중추부사 이유원李裕元, 지중추부사 민겸호閔謙鎬, 도승지 이재완李載完, 사관 민영준閔泳駿·이용직李容植, 가주서 이관회李觀會, 시강원 보덕輔德 박정양朴定陽, 수의 이중식李重植, 대령의관 이장혁李章赫·이긍주李兢柱·이해창李海昌·고훈高鑂·이긍현李肯鉉, 별장무관 최성우崔性愚 등 14명이다.

79_ 좌목에 적힌 14명 가운데 적어도 당상관인 이유원, 민겸호, 이재완 등 3인은 이 병풍을 소유하였을 가능성이 크다.

80_ 박본수, 앞의 논문, pp.14~15.

81_ 박본수, 앞의 논문, p.15.

82_ 조선총독부의 『한국지리풍속총서』韓國地理風俗叢書 경제 편에 조선 시장의 지물서화포紙物書畵鋪는 지류紙類와 집의 기둥이나 벽 등에 붙이는 서화를 판매하는 곳으로 소개되고 있다. 이는 당시의 지물서화포가 민간의 장식그림의 판매하는 유통의 중심이었음을 알려준다. 김윤정, 앞의 논문, pp.357~358.

1. 사료 및 문집류

『經國大典』

『慶運宮重建都監儀軌』(1904)

『景宗懿陵山陵都監儀軌』(1724)

『高麗史』卷60·69

『高麗史節要』忠肅王條

『高宗實錄』卷二

『舊唐書』卷120

『國譯 承政院日記』(고종 대), 한국고전번역원

『國譯 朝鮮王朝實錄』, 국사편찬위원회

『內閣日曆』 1816·1834年條

『唐書』卷180

『뎡미가례시일긔』; 황문환 외, 『丁未嘉禮時日記』, 한국학중
　　양연구원 출판부, 2010.

『東國輿地備攷』(第2版), 서울特別市史編纂委員會, 2000.

『東國地誌』

『私淑齋集』卷之一

『三國史記』卷四十四

『尙方定例』

『書經』

『璿源譜略修正儀軌』(奎 14121, 1874)

『宣懿王后山陵都監儀軌』(1730)

『宣祖實錄』卷二十四

『宣和畵譜』卷五·六

『世宗實錄』卷八·五十

『肅宗實錄』卷61

『純宗大王實錄儀軌』(奎 14179, 1838)

『承政院日記』

『新唐書』卷137

『新安朱氏正肅公派世譜』

『新增東國輿地勝覽』

『御眞模寫都監儀軌』(1688)

『燕山君日記』卷三

『列聖御製』

『影幀模寫都監儀軌』(奎 13992, 1901)

『英祖實錄』卷78

『禮記』

『五禮』

『園幸定例』

『六典條例』

『仁政殿營建都監儀軌』(1805)

『仁政殿重修都監儀軌』(1857)

『日省錄』

『正祖健陵山陵都監儀軌』上·下, 서울大學校 奎章閣, 1995.

『正祖實錄』卷37·39·46

『朝鮮王朝實錄』

『中和殿營建都監儀軌』(1904)

『昌慶宮營建都監儀軌』(1834)

『通文館志』卷四

京城 特命全權公使 原敬, 『報告』第10號

金令行, 『弼雲稿』册二

金正中, 『燕行錄』

金訢, 『顏樂堂集』卷之一

南有容, 『雷淵集』卷三

大原東野, 『名數畵譜』

朴瀰, 『汾西集』

朴瀰, 『汾西集』卷十一

成俔, 『虛白堂補集』卷五

申叔舟, 『保閑齋集』卷七

申玩, 『綑菴集』卷之二

申用溉 編, 『續東文選』第八卷

柳得恭, 『京都雜志』

柳得恭, 『京都雜誌』卷一

李奎景, 『五洲衍文長箋散稿』

李穡, 『牧隱藁』

李穡, 『牧隱詩藁』卷十二

李種徽, 『修山集』 卷三

李頤淳, 『後溪集』 卷五

張混, 『而已广集』 卷三

趙文命, 『鶴巖集』 册五

崔致遠, 『桂苑筆耕』.

洪錫謨, 『東國歲時記』(李錫浩 역), 乙酉文庫, 1971.

洪遇, 『忍齋集』 卷4; 秦弘燮 編著, 『韓國美術資料集成(4)』,
　　一志社, 1995.

2. 도록 및 단행본

강관식, 『조선후기 궁중화원 연구(상·하)』, 돌베개, 2001.

강명관, 『한양가』, 신구문화사, 2008.

고려대학교박물관, 『조선시대 기록화의 세계』, 2001

국립고궁박물관, 『궁궐의 장식그림』, 2009.

국립고궁박물관, 『조선왕실의 印章』, 2006.

국립문화재연구소, 『북궐도형』, 2006

국립민속박물관, 『민화와 장식병풍전』, 2006.

국립중앙박물관, 『明淸繪畵』, 2010.

국립중앙박물관, 『왕의 글이 있는 그림』, 2008.

국립중앙박물관, 『조선을 일으킨 땅, 함흥』, 2010.

국립중앙박물관, 『청록산수화』, 2006.

국립진주박물관, 『斗庵金龍斗蒐集文化財』, 2001

국립현대미술관, 『근대를 보는 눈: 한국근대미술』, 1998.

국립현대미술관, 『한국미술 100백년전』, 2005.

김용숙, 『朝鮮朝 宮中風俗 硏究』, 일지사, 1987.

김동욱, 『조선시대 건축의 이해』, 서울대학교출판부, 1999

김상엽, 『소치 허련』, 돌베개, 2008.

김왕직, 『알기쉬운 한국건축용어사전』, 동녘, 2007

까를로 로제티 저, 윤종태·김운용 역, 『Corea Coreani』, 서
　　울학연구소, 1994.

문화재관리국, 『宮·陵所藏遺物目錄』, 1985.

문화재관리국, 『日本繪畵調査報告書(昌德宮所藏)』, 1987.

문화재청 창덕궁관리소, 『동궐도 읽기』, 2006.

문화재청, 『사진으로 보는 경복궁』, 2006.

문화재청, 『한국의 초상화: 역사 속의 인물과 조우하다』,

2007.

박정혜, 『조선시대 궁중기록화 연구』, 일지사, 2000.

박정혜·양보경·이예성, 『조선왕실 행사그림과 옛 지도』, 민
　　속원, 2005.

박정혜·윤진영·황정연·강민기, 『왕과 국가의 회화』, 돌베
　　개, 2011.

삼성미술관 리움, 『朝鮮畵員大展』, 2011.

三星美術文化財團, 『民畵傑作選』(湖巖美術館 展示圖錄),
　　1983.

서울대학교 규장각, 『규장각명품도록』, 2000.

서울특별시, 『서울民俗大觀』 -1. 民間信仰編-, 1990.

小田幾五郎 著, 栗田英二 譯註, 『象胥紀聞―對馬島通事가
　　본 18世紀 韓半島文化』, 이회, 2005.

수원화성박물관, 『제왕으로 가는 길』, 2010.

안휘준·변영섭 編著, 『藏書閣所藏繪畵資料』, 한국정신문화
　　연구원, 1981.

안휘준, 『옛 궁궐 그림』, 대원사, 1997.

안휘준, 『한국 회화사 연구』, 시공사, 2000.

野崎誠近 著, 변영섭·안영길 옮김, 『중국미술상징사전』, 고
　　려대학교 출판부, 2011.

列聖御製 出版所 編, 『列聖御製』, 1924.

영건의궤연구회, 『영건의궤―의궤에 기록된 조선시대 건
　　축』, 동녘, 2010.

오주석, 『이인문의 강산무진도』, 신구문화사, 2007.

오주석, 『한국의 美 특강』, 솔, 2003.

윤방언, 『조선왕조 종묘와 제례』, 문화재청, 2002.

윤열수, 『민화이야기』, 디자인하우스, 2005.

이구열, 『近代韓國美術史의 硏究』, 미진사, 1992.

이명희, 『궁중유물』, 대원사, 1995.

이상희, 『꽃으로 보는 한국문화』 3, 넥서스 BOOKS, 2004.

이성미 외, 『조선왕실의 미술문화』, 대원사, 2005.

이성미, 『가례도감의궤와 미술사』, 소와당, 2008.

이성미, 『조선시대 그림 속의 서양화법』, 대원사, 2000.

이성미·유송옥·강신항 공저, 『藏書閣所藏嘉禮都監儀軌』, 한
　　국정신문화연구원, 1994.

이성미·유송옥·강신항 공저, 『朝鮮時代御眞關係都監儀軌』,
　　한국정신문화연구원, 1997

이성미·김정희, 『한국회화사 용어집』, 다홀미디어, 2003.

장경희, 『왕궁의 보물』, 국립고궁박물관, 2005.

정병모, 『한국의 풍속화』, 한길아트, 1998.

조용진, 『東洋畵 읽는 법』, 集文堂, 1989.

진준현, 『단원 김홍도』, 일지사, 1999.

최인진, 『韓國新聞寫眞史』, 열화당, 1992.

한국문화재보호재단, 『宮中遺物圖錄』, 1986.

한국문화재보호재단, 『朝鮮王朝遺物圖錄—宮中遺物展示館
　所藏』, 1993.

한국학중앙연구원 장서각, 『藏書閣 名品選』, 2009.

한국학중앙연구원, 『조선왕실의 행사그림과 옛지도』, 민속
　원, 2005.

한영우, 『창덕궁과 창경궁』, 열화당 효형출판, 2003.

허경진, 『평민한문학사』, 범우사, 1995.

허영환, 『定都 600年 서울地圖』, 汎友社, 1994.

홍선표, 『朝鮮時代繪畵史論』, 문예출판사, 1999.

홍순민, 『우리궁궐이야기』, 청년사, 1999.

3. 논문

강관식, 「朝鮮後期 宮中 册架圖: 조선후기 '민화' 개념의 새
　로운 이해를 위한 小考」, 『美術資料』 제66호, 국립중앙박
　물관, 2001. 8.

강관식, 「털과 눈: 조선시대 초상화의 祭儀的 命題와 造形的
　課題」, 『美術史學硏究』 248, 한국미술사학회, 2005.

강명관, 「조선후기 서울 성안의 신분별 거주지」, 『역사비평』,
　역사비평사, 1996. 5.

강민기, 「近代 轉換期 韓國畵壇의 日本畵 유입과 수용—
　1870년대에서 1920년대까지」, 홍익대학교 대학원 박사학
　위논문, 2004

강영심, 「일제시기 근대적 일상과 식민지문화」, 이화여자대
　학교출판부, 2008.

김경미, 「국립문화재연구소 소장 '경우궁도(景祐宮圖)'에 관
　한 연구」, 『文化財』 제44권 제1호, 국립문화재연구소,
　2011. 3.

김동원, 「朝鮮王朝時代의 圖畵署와 畵員」, 弘益大大學院 美

術史學科 碩士學位論文, 1980.

김선정, 「1920년 창덕궁 희정당 벽화」, 『도시역사문화』 제8
　호, 서울역사박물관, 2009.

김선정, 「朝鮮後期 百子圖 연구」, 이화여자대학교 대학원 석
　사학위논문, 2001.

김수경, 「도판해설」, 『國立中央博物館書畵遺物圖錄』 第十二
　輯, 국립중앙박물관, 2003.

김수진, 「제국을 향한 염원: 호놀룰루 아카데미 미술관 소장
　〈海鶴蟠桃〉 병풍」, 『美術史論壇』 제28호, 한국미술연구
　소, 2009. 6.

김시업, 「「許生傳」에 나타난 18세기 서울의 형상」, 『문학작
　품에 나타난 서울의 형상』, 한샘출판사, 1994.

김윤정, 「20세기 생활 공간에서의 민화(民畵)」, 『민화(民畵)
　와 장식병풍(裝飾屛風)』, 국립민속박물관, 2005.

김정숙, 「正祖의 繪畵觀」, 이성미 외, 『조선왕실의 미술문
　화』, 대원사, 2005.

김취정, 「開化期 畵壇의 後援과 繪畵 活動 硏究」, 高麗大大
　學院 文化財協同課程 碩士學位論文, 2007. 6.

김홍남, 「18세기 궁중회화—유교국가의 실현을 위하여」, 『18
　世紀의 韓國美術』, 국립중앙박물관, 1993.

김홍남, 「18세기 궁중회화」, 『18세기의 한국미술』, 국립중앙
　박물관, 1993.

김홍남, 「安平大君 소장 中國 書藝: 宋 徽宗, 蘇軾, 趙孟頫,
　鮮于樞」, 『美術史 論壇』 8호, 한국미술사연구소, 1999.

김홍남, 「조선시대 '궁모란병' 연구」, 『미술사논단』 제9호, 한
　국미술연구소, 1999년 하반기.

김홍남, 「조선시대 '일월오봉병'에 대한 도상해석학적 연구」,
　『중국 한국미술사』, 학고재, 2009.

김홍남, 「중국 〈郭子儀祝壽圖〉 연구—연원과 발전」, 『美術史
　論壇』 제33호, 한국미술사연구소, 2011. 12.

두다운, 「창경궁 명정전 건축구조 및 의장 특성에 관한 연
　구」, 한양대학교 석사학위논문, 2010.

류기수, 「中國과 韓國의 郭汾陽 圖像 硏究」, 『中國硏究』 제
　47권, 한국외국어대학교 중국문제연구소, 2009.

명세나, 「朝鮮時代 五峯屛 硏究: 凶禮都監儀軌 기록을 중심
　으로」, 이화여자대학교대학원 석사학위논문, 2008. 8.

박동수, 「心田 安中植 繪畵 硏究」, 한국정신문화연구원 박사

학위논문, 2003.

박본수, 「오리건대학교박물관 소장 십장생병풍(十長生屛風) 연구」, 『古宮文化』 제2호, 국립고궁박물관, 2008.

박본수, 「國立中央博物館 소장 〈十長生圖〉」, 『美術史論壇』 제15호, 한국미술연구소, 2002.

박본수, 「조선후기 십장생도 연구―궁중 '십장생병풍'을 중심으로」, 『병풍에 그린 송학이 날아올 때까지―십장생전』, 궁중유물전시관, 2004.

박본수, 「朝鮮後期 十長生圖 研究」, 홍익대학교대학원 미술사학과 석사학위 논문, 2002.

박심은, 「朝鮮時代 冊架圖의 起源 研究」, 한국정신문화연구원 한국학대학원 석사학위논문, 2001.

박윤희, 「궁궐 전각의 장식그림: 창호그림과 부벽화」, 『궁궐의 장식그림』, 국립고궁박물관, 2009.

박은순, 「純廟朝 〈王世子誕降稧屛〉에 대한 圖像的 考察」, 『考古美術』 174號, 韓國美術史學會, 1984.

박은순, 「正廟朝 〈王世子冊禮稧屛〉: 神仙圖屛風의 한 가지 예」, 『미술사연구』 4, 미술사연구회, 1990.

박은순, 「명분인가 실제인가―조선초기 궁중회화의 양상과 기능(1)」, 『항산 안휘준 교수 정년퇴임 기념 논문집: 미술사의 정립과 확산』 1권, 사회평론, 2006.

박은순, 「畵員과 宮中繪畵―조선초기 궁중회화의 양상과 기능」 『강좌 미술사』 26-Ⅱ, 한국불교미술사학회, 2006.

박정혜, 「대한제국기 진찬·진연의궤와 궁중연향계병」, 『조선후기궁중연향문화』 권3, 민속원, 2005.

박정혜, 「대한제국기 화원(畵院) 제도의 변모와 화원(畵員)의 운용」, 『근대미술 연구』, 국립현대미술관, 2004.

박정혜, 「도판해설」, 『조선시대 궁중기록화의 세계』, 고려대학교 박물관, 2001.

박정혜, 「儀軌를 통해 본 朝鮮時代의 畵員」, 『미술사연구』 제9호, 미술사연구회, 1995.

박혜순, 「〈郭汾陽傳〉 研究―구성과 인물 형상을 중심으로」, 고려대학교대학원 석사학위논문, 2006. 12.

박효은, 「17-19세기 朝鮮畵壇과 美術市場의 多元性」 『근대미술연구』, 국립현대미술관, 2006.

박효은, 「18세기 문인들의 회화수집활동과 畵壇」, 『美術史學 研究』, 한국미술사학회, 2002.

박희용, 「宮闕 正殿 唐家의 形式과 空間構造」, 『서울학 연구』 제33호, 2008년 11월

성혜영, 「古藍 田琦(1825~1854)의 繪畵와 書藝」, 홍익대대학원 미술사학과 석사학위논문, 1994. 12.

신미란, 「朝鮮後期 책거리 그림과 器物 研究」, 홍익대학교대학원 미술사학과 석사학위논문, 2006. 6.

신한나, 「조선왕실 凶禮의 儀仗用 屛風의 기능과 의미」, 홍익대학교대학원 미술사학과 석사학위논문, 2008. 12.

심은애 외, 「조선시대 영건의궤에 나오는 창호 명칭 분석」, 『한국건축사학회 추계학술발표대회 논문집』, 한국건축사학회, 2008.

안휘준, 「奎章閣所藏 繪畵의 內容과 性格」, 『韓國文化』 10輯, 서울대 한국문화연구소, 1989.

안휘준, 「우리 민화의 이해」, 『꿈과 사랑: 매혹의우리 민화』, 호암미술관, 1998.

안휘준, 「조선시대의 화원」, 『한국회화사 연구』, 시공사, 2000.

오주석, 「金弘道의 〈朱夫子詩意圖〉」, 『美術資料』 56, 국립중앙박물관, 1995.

오주석, 『오주석의 한국의 美 특강』, 솔출판사, 2003.

王純信, 「朝鮮族의 "十長生圖"」, 『社會科學戰線』 1994年 第6期, 1994. 6.

우현수, 「미국필라델피아미술관 소장 〈봉황·공작도〉 쌍폭에 대하여」, 『궁궐의 장식그림』, 국립고궁박물관, 2009.

우현수, 「조선후기 瑤池宴圖에 대한 연구」, 이화여자대학교대학원 미술사학과 석사학위논문, 1996.

유미나, 「〈萬古奇觀帖〉과 18세기 전반의 畵員 繪畵」, 『강좌 미술사』 제28호, 한국미술사연구소, 2007.

유홍준, 「朝鮮時代 記錄畵·實用畵의 類型과 內容」, 『藝術論文集』 24輯, 1985.

유홍준, 「헌종의 문예취미와 서화컬렉션」, 『조선왕실의 印章』, 국립고궁박물관, 2006.

윤열수, 「민화의 새로운 해석을 위한 시도」, 『겨레그림, 꿈과 현실의 아름다운 동행』, 온양민속박물관, 2008.

윤진영, 「구한말 서울의 한 상업가 이야기」, 『한국학 그림과 만나다』, 태학사, 2011.

윤진영, 「朝鮮時代 契會圖 研究」, 韓國精神文化研究院 韓國學大學院 박사학위논문, 2004.

이구열, 「1910년 前後期에 來韓했던 日本人 畵家들」, 『한국 현대미술의 흐름』石南古稀記念論叢, 一志社, 1988.

이구열, 「국립중앙박물관의 일본 근대미술 콜렉션」, 국립중앙박물관, 『國立中央博物館 所藏 日本近代 美術—日本畵篇』, 2001.

이구열, 「한국근대회화와 청덕궁 이왕가」, 『空間』1977. 5.

이선옥, 「成宗의 書畵愛好」, 이성미 외, 『조선왕실의 미술문화』, 대원사, 2005.

이성미, 「藏書閣所藏 朝鮮王朝 嘉禮都監儀軌의 美術史的 考察」, 『藏書閣所藏 嘉禮都監儀軌』, 韓國精神文化研究院, 1994.

이성미, 「朝鮮王朝 御眞關係 都監儀軌」VII. 御眞과 五峯山屛, 『朝鮮王朝 御眞關係 都監儀軌 研究』, 韓國精神文化研究院, 1997.

이성미, 「조선후기 進爵·進饌儀軌를 통해 본 宮中의 美術文化」, 『조선후기궁중연향문화』권2, 민속원, 2005.

Yi Sŏng-mi, "The Screen of the Five Peaks of the Chosŏn Dynasty", 『조선왕실의 미술문화』, 대원사, 2005.

이성훈, 「숙종대 역사고사도 제작과 〈謝玄破秦百萬兵圖〉의 정치적 성격」, 『美術史學研究』262, 한국미술사학회, 2009.

이성훈, 「요지연도」, 『역사와 사상이 담긴 조선시대 인물화』, 학고재, 2009.

이수미, 「궁중 장식화의 개념과 성격」, 『조선시대 궁중장식화 특별전—태평성대를 꿈꾸며』, 국립춘천박물관, 2004.

이원복, 「책거리 小考」, 『근대한국미술논총』, 학고재, 1992.

이종숙, 「조선후기 국장용 모란병의 사용과 그 의미」, 『고궁문화』창간호, 국립고궁박물관, 2007.

이태호, 「英祖의 요청으로 그린 〈潭州崦庵圖〉에 대한 考察」, 『조선후기 그림과 글씨』, 학고재, 1992.

이태호, 「조선 후기 민화의 재검토: 연구의 올바른 방향 설정을 위한 시론」, 『월간미술』1989년 8월, 중앙일보사.

이혜경, 「傳 秦再奚의 丁丑年作〈蠶織圖〉小考」, 『國立中央博物館韓國書畵遺物圖錄』14집, 2006.

이훈상, 「책거리 그림 작가의 개명 문제와 제작 시기에 대한 재고찰」, 에드워드 와그너 지음, 이훈상·손숙경 옮김, 『조선왕조 사회의 성취와 귀속』, 일조각, 2007.

日吉守, 「朝鮮美術界의 回顧」, 『朝鮮の回顧』, 近澤書店, 1945.

정규, 『人物韓國史』, 博友社, 1965.

정병모, 「國立中央博物館所藏〈八駿圖〉」, 『美術史學研究』189, 한국미술사학회, 1991.

정병모, 「민화와 민간년화」, 『강좌미술사』7, 1995.

정병모, 「조선시대 후반기 耕作圖」, 『美術史學研究』192, 한국미술사학회, 1991.

정병모, 「한국회화사의 체계로 본 민화의 위상」, 『講座美術史』29, 한국미술사연구소, 2007. 12.

정붓샘, 「운현궁의 서화유물」, 『운현궁 생활유물VI 書畵』, 서울역사박물관, 2008.

정영미, 「朝鮮後期 郭汾陽行樂圖 研究」, 韓國精神文化研究院 韓國學大學院 석사학위논문, 1999. 2.

조규희, 「1746년의 그림: '시대의 눈'으로 바라본〈장주묘암도〉와 규장각 소장〈관동십경도첩〉」, 『미술사와시각문화』, 미술사와시각문화학회, 2007.

조인수, 「조선시대 어진제작과 봉안」, 『다시 보는 우리 초상의 세계』, 국립문화재연구소, 2007.

조인수, 「조선후기『歷代圖像』」, 『그림으로 읽는 역사인물사전』, 아주문물학회, 2003.

조재모, 「朝賀 儀禮動線과 宮闕 正殿의 建築型式」, 『대한건축학회지』제26권 제2호, 대한건축학회, 2010.

진준현, 「肅宗의 書畵趣味」, 『서울대博物館年報』7, 서울대박물관, 1995.

차미애, 「恭齋 尹斗緒 一家의 繪畵 研究」, 홍익대학교대학원 미술사학과 박사학위논문, 2010. 6.

채홍기, 「民畵 현상과 한국 회화의 近代性」, 『한국근대미술사학』, 제15집, 2005 특별호.

최경환, 「곽분양(郭汾陽) 연구—고전문화 속의 인물 읽기」, 『한국고전연구』18집, 한국고전연구학회, 2008.

최미애, 「조선시대 후기 영건의궤를 통한 궁궐창호에 관한 연구」, 고려대학교 대학원 석사학위논문, 2002.

하수경, 「민화와 경제: 조선후기를 중심으로」, 『比較民俗學』제27집, 비교민속학회, 2004.

허균, 『전통미술의 소재와 상징』, 교보문고, 1991.

홍선표, 「기복호사풍조와 민화류의 범람」, 『조선시대 회화사론』, 문예출판사, 1999.

홍선표, 「朝鮮前期 繪畵의 思想的 基盤」, 『韓國思想史大系』, 한국정신문화연구원, 1991.

홍선표, 「조선후기 기복호사 풍조의 만연과 민화의 범람」, 『반갑다! 우리민화』, 서울역사박물관, 2005.

홍선표, 「조선후기 韓·日間 畵蹟의 교류」, 『미술사연구』 제11호, 미술사연구회, 1997.

홍선표, 「朝鮮後期 繪畵의 새 傾向」, 『朝鮮時代 繪畵史論』, 文藝出版社, 1999.

황정연, 「朝鮮時代 書畵收藏 硏究」, 한국학중앙연구원 박사논문, 2007.

황정연, 「조선시대 진전(眞殿)의 역사와 신선원전」, 『新璿源殿』, 국립문화재연구소, 2010.

Ellen Johnston Laing, "Auspicious Images of Children in China: Ninth to Thirteenth Century", *Orientations* Vol. 27 No. 1, January, 1996.

Kay E. Black with Edward W. Wagner, "Court Style Ch'aekkŏri," *Hopes and Aspiration—DECORATVE PAINTING of KOREA*, Asian Art Museum of San Francisco, 1998.

Kay E. Black with Edward W. Wagner, "Ch'aekkori Painting: A Korean jigsaw Puzzle", *Archives of Asian Art*, Vol. XLVI, 1993.

Terese Tse Bartholomew, "One Hundred Children: From Boys at Play to Icons of Good Fortune", *Children in Children Art*, University of Hawai'i Press, 2002.

도판목록_

제1부 궁중 장식화의 세계

부분, 8첩 병풍, 1829년, 비단에 채색, 149.5×415.0cm, 리움미술관 소장.

도68_ 《화조도》 8첩 병풍, 비단에 채색, 각 123.9×42.4cm, 통도사 성보박물관 소장.

도69_ 《서수낙원도》瑞獸樂園圖 10첩 병풍, 비단에 채색, 113.0×320.3cm, 리움미술관 소장.

도70_ 〈봉황도〉〈공작도〉 쌍폭, 종이에 채색, 156.2×54.6cm, 필라델피아 미술관 소장.

도71_ 〈서조도〉, 비단에 채색, 94.0×140.0cm, 국립진주박물관 (구 김용두 소장).

도72_ 《화접도》花蝶圖 쌍폭, 비단에 채색, 165.5×53.8cm, 서울역사박물관 소장.

도73_ 《연화수금도》蓮花水禽圖, 4첩 병풍, 비단에 채색, 국립고궁박물관 소장.

도74_ 〈곽자의〉郭子儀, 《역대도상》歷代圖像 제3권(이利)에 수록, 종이에 채색, 26.0×18cm, 북촌미술관 소장.

도75_ 〈곽자의칠십대수백관배수도〉郭子儀七十大壽百官拜壽圖, 청 중기, 비단에 채색, 195.0×116.0cm, 중국 CNTV.

도76_ 《곽분양도칠병풍》郭汾陽圖漆屏風, 8첩 병풍, 청 1685년(강희 24), 각 204.0×38.5cm, 소더비 경매품(2011년).

도77_ 〈채색자기〉彩色磁器 중 곽자의도 문양 부분, 청 강희 연간 (1662~1722), 세로 80.6cm, 가로 22.9cm, 미국 메트로폴리탄 박물관 소장.

도78_ 〈곽분양행락도〉, 전 김득신, 비단에 채색, 143.9×123.6cm, 국립중앙박물관 소장.

도78-1_ 관서 부분

도78-2_ 곽분양과 자손 부분

도78-3_ 무희와 양관 진상 부분

도78-4_ 부인 부분

도79_ 《곽분양행락도》郭汾陽行樂圖, 8첩 병풍, 비단에 채색, 144.5×49.9(제1·8첩), 53.0(제2~7첩)cm, 국립중앙박물관 소장.

도79-1_ 곽분양과 자손 부분

도79-2_ 무희와 양관 진상 부분

도79-3_ 부인 부분

도79-4_ 내당의 어린이 부분

도80_ 《곽분양행락도》 8첩 병풍, 비단에 채색, 131.0×415.0cm,

리움미술관 소장.

도81_ 《곽분양행락도》 8첩 병풍, 비단에 채색, 144.4×427.0cm, 제3회 마이아트옥션 경매품.

도81-1_ 무희 부분

도81-2_ 내당의 어린이 부분

도81-3_ 수각水閣 부분

도82_ 《곽분양행락도》 수각水閣 부분, 비단에 채색, 100.0×365.8cm, 서울역사박물관 소장.

도83_ 《곽분양도칠병풍》郭汾陽圖漆屏風, 12첩 병풍, 청 18세기, 각 204.0×38.5cm, 소더비 경매품(2009년).

도84_ 〈곽자의팔자칠서〉郭子儀八子七婿, 종이에 담채, 260.0×59.9cm, 국립중앙박물관 소장.

도85_ 《곽분양행락도》 10첩 병풍, 비단에 채색, 99.0×349.0cm, 한양대학교박물관 소장.

도86_ 〈요지연도〉瑤池宴圖, 18세기, 비단에 채색, 151.5×122.7cm, 국립중앙박물관 소장.

도87_ 〈요지헌수도〉瑤池獻壽圖, 전 유송년劉松年, 16세기 초, 비단에 채색, 198.7×109.1cm, 대만 국립고궁박물원 소장.

도88_ 《인물고사도책》人物故事圖册, 구영仇英, 16세기, 비단에 채색, 41.1×33.8cm, 북경 고궁박물원 소장.

도89_ 《군선경술도》群仙競述圖, 전 인조仁祖, 쌍폭 중 한 폭의 부분, 비단에 채색, 각 144.5×49.3cm, 리움미술관 소장.

도90_ 〈요지연도〉, 전 윤두서, 18세기, 비단에 채색, 34.8×61.7cm, 개인 소장.

도91_ 〈요지군선도〉, 전 윤두서, 18세기, 비단에 채색, 34.8×61.7cm, 개인 소장.

도92_ 〈군선회축도〉群仙會祝圖, 전 구영仇英, 17세기 중엽, 비단에 채색, 99.0×148.4cm, 대만 국립고궁박물원 소장.

도93_ 《요지연도》 8첩 병풍, 비단에 채색, 164.0×440.0cm, 크리스티 경매품.

도94_ 《정묘조왕세자책례계병》正廟朝王世子册禮稧屏 8첩 병풍, 1800년, 비단에 채색, 112.6×237.0cm, 국립중앙박물관 소장.

도94-1_ 제7첩 호랑이 탄 신선 부분

도95_ 《요지연도》 8첩 병풍, 비단에 채색, 141.5×373.6cm, 미국 피바디 에섹스 박물관 소장.

도96_ 《요지연도》 8첩 병풍, 비단에 채색, 각 134.2×47.2cm, 경기도박물관 소장.

1865년경, 탑본첩, 서울대학교 규장각 소장.

도129_〈백자희춘도〉百子戱春圖, 송, 부채그림, 비단에 채색, 28.7
×31.2cm, 대북 국립고궁박물원 소장.

도130_《백자단원도》百子團圓圖 중 〈영장원귀〉迎狀元歸, 초병정
焦秉貞, 청, 비단에 채색, 27.5×20cm, 북경 고궁박물원 소장.

도131_ 명 효정황후孝靖皇后 쇄선수축금룡백자희灑線繡蹙金龍百
子戱 협의夾衣(배면背面)와 세부

도132_ 곤녕궁坤寧宮 희상喜床의 백자장百子帳, 비단에 자수, 북
경 자금성紫禁城 소장.

도133_〈백자도장〉百子圖帳, 청 초, 격사緙絲, 국립고궁박물원 소장.

도134_〈흑칠나전영희도장〉黑漆螺鈿嬰戱圖欌, 명, 높이 186cm,
너비 126cm, 북경 고궁박물원 소장.

도135_《백자도》百子圖, 6첩 병풍, 비단에 채색, 각 74.8×46.3cm,
국립고궁박물관 소장.

도136_《백자도》 6첩 병풍, 비단에 채색, 각 72.8×40.6cm, 서울
역사박물관 소장.

도137_《백자도》 8첩 병풍, 비단에 채색, 국립중앙박물관 소장.

도138_《백자도》 8첩 병풍, 비단에 채색, 서울역사박물관 소장.

도139_《백자도》, 일본 1850년경, 6첩 병풍, 종이에 채색금박,
111.7×304.8cm, 미국 미시간주립대학교 Kresge Art Museum.

도140_ 매화 따기

도141_ 연꽃 따기

도142_ 연잎 위의 아이

도143_ 손목 때리기

도144_ 원숭이 놀이

도145_ 관리 행차 놀이

도146_《백수백복도》百壽百福圖, 10첩 병풍 부분(제7~10첩), 비
단에 채색, 각 123.3×37.2cm, 서울역사박물관 소장.

도146-1_ 인장 세부

도147_《백수백복도》百壽百福圖, 4첩 병풍, 비단에 채색, 각
102.0×29.0cm, 계명대학교 행소박물관 소장.

도147-1_《백수백복도》 4첩 병풍 세부

도147-2_《백수백복도》 4첩 병풍 세부

제2부 조선시대 궁중 감상화

도1_ 창덕궁 대조전 사랑방(복원된 모습)

도2_〈적벽공범도〉, 강필주, 국립중앙박물관 소장.

도3_〈역대제왕도권〉歷代帝王圖卷(부분), 전傳 염립본閻立本, 당
唐, 비단에 채색, 51.3×531.0cm, 미국 보스턴미술관 소장.

도4_《고선군신도상》古先君臣圖像 중 '유비', 작자미상, 첩帖, 목
판본, 31.5×23.0cm, 한국학중앙연구원 장서 각(정경세 종가
위탁품).

도5_〈만고제회도상〉萬古祭會圖像, 전기田琦, 첩, 1854년, 종이에
먹, 38.4×29.3cm. 소장처 미상.

도6_《현후실적도》賢后實蹟圖 중 〈송태조모황후두씨〉宋太祖母皇
后杜氏, 전 이제현, 연대미상, 비단에 채색, 28.9×45.9cm, 국
립중앙박물관 소장.

도7_〈여사잠도〉女史箴圖(부분), 고개지顧愷之, 동진東晉(후대 모
본), 비단에 채색, 349.5×25.0cm. 영국박물관 소장.

도8_〈사현파진백만대병도〉謝玄破秦百萬大兵圖, 작자미상, 1715년,
병풍, 비단에 채색, 170.0×418.6cm, 국립중앙박물관 소장.

도9_〈사현파진백만대병도〉(부분)

도10_〈동국신속삼강행실도〉에 수록된 〈순신역전도〉舜臣力戰圖

도11_『오륜행실도』五倫行實圖 중 〈석진단지〉石珍斷指, 정조正祖
명命, 전 김홍도金弘道 밑그림, 1797년, 종이에 채색, 각 22.0
×15.0cm, 리움미술관 소장.

도12_〈장주묘암도〉漳州茆庵圖, 전 정선, 18세기(1746년 영조 어
제御製), 비단에 담채, 112.0×63.0cm, 개인 소장.

도13_《주부자시의도》朱夫子詩意圖 (제1-2폭), 김홍도, 1800년,
비단에 채색, 각 125.0×40.5cm, 리움미술관 소장.

도13-1_《주부자시의도》(제5-6폭)

도14_《성적도첩》聖蹟圖帖 중 〈자로문진〉子路問津, 김진여, 1700
년, 비단에 채색, 32.0×57.0cm, 국립전주박물관 소장.

도15_《공부자성적도》孔夫子聖蹟圖 중 〈자로문진〉子路問津, 1904
년, 채색목판, 27.6×37.8cm, 한국학중앙연구원 장서각 소장.

도16_〈빈풍도〉(부분), 작자미상, 청淸 18~19세기, 비단에 채색,
57.3×316.0cm, 국립중앙박물관 소장.

도17_〈빈풍도〉(부분), 작자미상, 17~18세기, 비단에 채색, 132.4
×48.8cm, 국립중앙박물관 소장.

도18_〈빈풍도〉(부분), 작자미상, 17~18세기, 비단에 채색, 131.0

제3부 궁궐을 장식한 벽화

230.0cm, 舊 창덕궁 현 국립고궁박물관 소장.

도21, 21-1_ '壽福' 자字가 그려진 덕수궁 준명당浚明堂 천장

도22_ 덕수궁 즉조당 천장의 용문양

도23, 23-1_ 덕홍전 전경과 내부

도24_ 장벽화가 장식된 에도성江戸城의 오히로마大廣間(다이묘大名가 쇼군에게 알현하는 공적 공간) 복원 모형, 출처: 江戸東京博物館 자료

도25_ 《산수 후스마에》, 가나이 덴로쿠金井天祿, 1917년경, 비단에 수묵 담채, 125.6×214cm, 국립고궁박물관 소장.

도25-1_ 〈노안도〉, 가나이 덴로쿠金井天祿, 1917년경, 비단에 수묵 담채, 125.6×214cm, 국립고궁박물관 소장.

도26, 26-1, 26-2_ 창덕궁 희정당 내부와 전경

도27_ 〈총석정절경도〉叢石亭絶景圖, 김규진, 1920년, 비단에 채색, 195×880cm, 희정당 동쪽 벽.

도28_ 〈금강산만물초승경도〉金剛山萬物肖勝景圖, 김규진, 1920년, 비단에 채색, 195×880cm, 희정당 서쪽 벽.

도29, 도29-1_ 창덕궁 대조전 전경과 내부

도30_ 〈봉황도〉鳳凰圖, 오일영·이용우, 1920년, 비단에 채색, 197×579cm, 대조전 동쪽.

도31_ 〈백학도〉白鶴圖, 김은호, 1920년, 비단에 채색, 197×579cm, 대조전 서쪽.

도30-1_ 〈봉황도〉(부분)

도31-1_ 〈백학도〉(부분)

도32_ 〈조일선관도〉朝日仙觀圖, 노수현, 1920년, 비단에 채색, 184×526cm, 경훈각 동쪽.

도33_ 〈삼선관파도〉三仙觀波圖, 이상범, 1920년, 비단에 채색, 184×526cm, 경훈각 서쪽.

도32-1_ 〈조일선관도〉(부분)

도33-1_ 〈삼선관파도〉(부분)

도34_ 〈도원행〉桃源行, 이상범, 1922년, 비단에 채색, 10첩 병풍, 159×407cm, 개인 소장.

도35_ 〈우의〉羽衣, 와다 산조和田三造, 총독부 건물의 남쪽과 북쪽 벽화, 1926년, 캔버스에 종이를 덧붙인 바탕에 유채, 중앙: 457×449cm, 좌우:414×395cm, 국립중앙박물관 소장.

도35_ 〈우의〉가 그려진 총독부 건물 북쪽 벽

도1_ 종로 쪽에서 바라본 광통교, 1900년경 촬영.

도2_ 광통교의 서편, 1930년경.

도3_ 종로의 보신각 앞, 1900년 촬영

도4_ 〈조선경성도〉(부분), 19세기 중엽, 서울시 종합자료실 소장.

도5_ 〈한양도성도〉(부분), 1750년대, 서울대학교 규장각 소장.

도6_ 「생도예조차첩」, 1816년, 서울대학교 규장각 소장.

도7_ 《진연도첩》의 어좌 부분, 1706년, 비단에 채색, 29.0×41.0cm, 국립중앙도서관 소장.

도8_ 〈태조어진〉 감실의 일월오봉도, 전주 경기전 소장.

도9_ 신선원전의 어진 봉안 감실

도10_ 〈오봉도〉, 19세기 말, 비단에 채색, 114.0×98.5cm, 영국박물관 소장.

도11_ 『영정모사도감의궤』(1901) 「도설」 중 〈삽병〉, 한국학중앙연구원 장서각 소장.

도12_ 〈일월부상도〉, 19세기 말, 모시에 채색, 149.5×122.0cm, 리움미술관 소장.

도13_ 〈관운장내외상〉, 서울시 방산동 성제묘.

도13-1_ 〈관운장내외상〉(부분)

도14_ 〈관운장신상〉, 서울시 숭인동의 동묘.

도15_ 굿당 벽면의 일월오봉도

도16_ 신선원전 감실의 모란도

도17_ 《모란도》, 비단에 채색, 4첩 병풍, 각 166.8×45.4cm, 국립고궁박물관 소장.

도18_ 《모란도》, 19세기 말, 종이에 채색, 10첩 병풍 중 2폭, 각 174.2×48.0cm, 리움미술관 소장.

도19_ 《모란도》, 19세기 말, 비단에 채색, 8첩 병풍 중 2폭, 각 186.1×49.2cm, 서울역사박물관 소장.

도20_ 《모란도》, 19세기, 비단에 채색, 8첩 병풍, 각 202.5×52.5cm, 국립고궁박물관 소장.

도21_ 《모란괴석도》, 종이에 채색, 각 125.0×44.0cm, 개인 소장.

도22_ 《모란도》, 19세기 말, 크기 미상, 개인 소장.

도23_ 궁녀, 1890년경 촬영

도24_ 혼례식, 19세기 말 촬영

도25_ 《무신진찬도병》, 1848년, 비단에 채색, 각 136.1×47.6cm, 국립중앙박물관 소장.